本书作者
（按姓氏笔画排序）

王寿林　王　梅　邓海英　巩秋仁　吕红波
朱学萍　邬沈青　杨永利　苏加毅　吴　丹
赵兴华　黄昆仑　傅达林　蔺春来　颜晓峰

建设法治中国

BUILD A RULE OF LAW CHINA

颜晓峰 主编
王寿林 邓海英 副主编

社会科学文献出版社
SOCIAL SCIENCES ACADEMIC PRESS (CHINA)

目　录

第一章　推动法治成为治国理政的基本方式 ······ 1
　一　法治是治理文明的必然要求 ······ 1
　二　法治在治理方式中居主导地位 ······ 6
　三　国家治理领域一场广泛而深刻的革命 ······ 10

第二章　中国古代法制传统 ······ 20
　一　中国古代法制的概念及思想体系 ······ 20
　二　中国古代法制传统发展的历史脉络 ······ 27
　三　中国古代法制传统的当代启示 ······ 39

第三章　外国法治理念和模式 ······ 46
　一　外国法治理念和模式的生成与演进基础 ······ 46
　二　外国法治理念的主要内容 ······ 49
　三　外国法治模式的表现形式 ······ 56
　四　借鉴外国法治有益经验，但决不照搬外国法治理念
　　　和模式 ······ 59

第四章　社会主义法治建设的历史探索 ……………………… 66

一　马克思、恩格斯和列宁的法治思想 ………………… 66

二　苏联法治建设的历史进程 …………………………… 71

三　东欧社会主义国家法治建设的探索 ………………… 76

四　苏联东欧社会主义法治建设的历史启示 …………… 79

第五章　中国共产党领导法治建设的历史进程 ……………… 85

一　改革开放前法治建设的发展历程 …………………… 85

二　改革开放以来法治建设的发展历程 ………………… 92

三　中国法治建设存在的主要问题 ……………………… 101

第六章　坚持中国特色社会主义法治道路 …………………… 105

一　从世界历史看法治道路具有多样性 ………………… 105

二　中国特色社会主义法治道路的核心要义 …………… 111

三　中国特色社会主义法治道路是建设法治中国的唯一
　　正确道路 ……………………………………………… 118

第七章　建设中国特色社会主义法治体系 …………………… 125

一　形成完备的法律规范体系、高效的法治实施体系、严密的
　　法治监督体系、有力的法治保障体系 ……………… 125

二　坚持依法治国、依法执政、依法行政共同推进 …… 133

三　坚持法治国家、法治政府、法治社会一体建设 …… 141

第八章　实现全面推进依法治国总目标的基本原则 ………… 147

一　全面推进依法治国必须始终遵循"五个坚持"的
　　基本原则 ……………………………………………… 147

二　坚持中国共产党的领导 ……………………………… 150

三　坚持人民主体地位 …………………………………… 153

四　坚持法律面前人人平等 ……………………………… 156

五　坚持依法治国和以德治国相结合 …………………… 159

六　坚持从中国实际出发 …………………………………… 163

第九章　科学立法 …………………………………………………… 167
　　一　深刻理解科学立法的重要意义和科学内涵 …………… 167
　　二　不断完善以宪法为核心的中国特色社会主义
　　　　法律体系 ………………………………………………… 171
　　三　通过完善立法体制机制努力增进立法科学性 ………… 176

第十章　严格执法 …………………………………………………… 181
　　一　严格执法的地位和作用 ………………………………… 181
　　二　严格执法的体制改革 …………………………………… 185
　　三　严格执法的方式转型 …………………………………… 191
　　四　严格执法的程序完善 …………………………………… 197
　　五　严格执法的考核监督 …………………………………… 201

第十一章　公正司法 ………………………………………………… 208
　　一　司法是维护社会公平正义的最后一道防线 …………… 208
　　二　实现司法公正的关键在于制度 ………………………… 211
　　三　用制度保障司法公信力 ………………………………… 217
　　四　改革是解决司法公正问题的根本途径 ………………… 220

第十二章　全民守法 ………………………………………………… 227
　　一　全民守法是建设法治国家的基础 ……………………… 227
　　二　全民守法的基本要求 …………………………………… 231
　　三　实现全民守法的主要路径 ……………………………… 236

第十三章　建设社会主义法治文化 ………………………………… 245
　　一　社会主义法治文化的理论解析 ………………………… 245
　　二　建设中国特色社会主义法治文化的重要性和
　　　　紧迫性 …………………………………………………… 252
　　三　中国特色社会主义法治文化的建设路径 ……………… 257

第十四章　法治中国建设的组织和人才保证 ····· 265
- 一　建设法治中国依靠高素质法治工作队伍 ····· 265
- 二　推进法律职业化进程，加快构建法律职业共同体 ····· 269
- 三　加强法律服务队伍建设 ····· 274
- 四　创新人才培养机制，造就大批高素质社会主义法治人才 ····· 279

第十五章　把党的领导贯彻到全面推进依法治国全过程 ····· 286
- 一　抓关键：坚持依法执政 ····· 286
- 二　硬自身：运用党内法规管党治党 ····· 289
- 三　提能力：提高党员干部依法治国素养 ····· 292
- 四　牢基础：推进基层治理法治化 ····· 295
- 五　强保障：深化依法治军从严治军 ····· 299

第十六章　积极主动推进法治新发展 ····· 303
- 一　充分认识推进法治新发展的重要意义 ····· 303
- 二　深刻理解推进法治新发展的科学内涵 ····· 306
- 三　系统把握推进法治新发展的实践要求 ····· 309

参考文献 ····· 314

后　记 ····· 323

第一章
推动法治成为治国理政的基本方式

"法者,国仰以安也。"党的十八大以来,发展中国特色社会主义、实现中华民族伟大复兴进入新的发展阶段,以习近平同志为总书记的党中央协调推进全面建成小康社会、全面深化改革、全面依法治国、全面从严治党,依法治国在党和国家工作全局中的地位更加突出、作用更加重大。党的十八届四中全会作出《中共中央关于全面推进依法治国若干重大问题的决定》(以下简称《决定》),系统部署加快建设社会主义法治国家,号召全党和全国各族人民为建设法治中国而奋斗。建设法治中国,是党执政兴国的主要途径,是人民幸福安康的根本保障,是党和国家长治久安的基本保障。全面推进依法治国、推动法治成为治国理政的基本方式,标志着我们党治国理政的科学化水平达到新高度,中国特色社会主义全面建设进入新阶段,依法治国的理论与实践实现新跨越。

一 法治是治理文明的必然要求

法治是一种治国方式,即依据法律的治理;法治是一种国家治理状态,即以法治为基础的运行;法治是一种政治价值,即不允许超越宪法法律的特权存在。法治属于政治文明,国家如何治理是政治文明的重要内容。虽然古代社会就有"修法治"、"法治应当优于一人之治"的论述，但法治成为治国理政的基本方式，是人类自有国家以来几千年文明史发展的演变结果，是国家治理方式顺应经济社会发展要求、符合最大多数人利益要求、反映治国理政规律要求的必然趋势。

（一）治理：国家运行的基本机制

党的十八届三中全会明确提出"完善和发展中国特色社会主义制度，推进国家治理体系和治理能力现代化"的全面深化改革总目标，第一次把国家治理放到社会历史发展的高度来对待，这使得我们重新审视治理范畴。从治理与历史的关系看，治理不只是近几十年才有的国家与社会实践，而且是从来就有的国家与社会实践；从治理与社会的关系看，治理不只是个别的、枝节的、辅助性的国家与社会实践，而且是普遍的、基本的、重要的国家与社会实践；从治理与哲学的关系看，治理不只是政治学、社会学、经济学范畴，而且可以作为历史唯物主义范畴。作为社会历史基本要素的治理，是与生产、交往、文化等要素一起，构成社会结构特别是政治结构；作为社会历史基本机制的治理，是与革命、改革、创新等机制一起，构成社会机制特别是政治机制；作为社会历史基本实践的治理，是与统治、管理、法治等实践一起，构成社会实践特别是政治实践。

法律是国家产生后形成的治国重器，运用法律治国理政是一种统治方式。从马克思主义国家学说看，原始社会有管理和治理，没有阶级对立就没有统治，也没有法制；共产主义社会国家消亡，没有统治，也就不需要法治，但仍然需要管理和治理，因为仍然要劳动生产，要有对劳动过程的管理和对劳动产品的分配。在存在国家的社会中，国家进行统治、管理、治理的功能和手段同时存在、同时运用。阶级社会也需要管理和治理。只不过在一定历史条件下，统治、管理、治理的作用、分量、运用不同。只要有国家，就存在统治，就需要法制。

国家治理现代化是时代潮流，推进中国特色社会主义治理是我们党的长期探索。从四个现代化到治理现代化，从中国特色社会主义制度到中国特色社会主义治理，从社会主义生态文明到社会主义现代治理，从中国梦到中国治理，从基层治理到国家治理，从传统治理到现代治理，从治理体系到治理能力，从治理体系到价值体系，从国家治理到系统治理，从国家治理现代化到全面推进依法治国，都是我们党在中国特色治理道路上的坚实脚步和拓展深化。

治国理政需要回答和解决治理目的、治理本质、治理内涵、治理境界、治理领域、治理方式、治理动力、治理标准、治理伦理、治理评价等问题，这些问题相互交织、相互作用。其中，法治属于治理方式，即主要依靠何种机制、何种方式、何种途径达到治理目的。确立国家治理现代化的一个主要目标，就是明确现代国家治理，特别是中国特色社会主义国家治理的基本方式。党的十八届四中全会明确提出，法治是国家治理体系和治理能力的重要依托，建设中国特色社会主义法治体系、建设社会主义法治国家是实现国家治理体系和治理能力现代化的必然要求，必须在法治轨道上推进国家治理体系和治理能力现代化。这是建设社会主义治理文明的科学结论和正确抉择。

（二）从人治到法治：人类政治文明的发展规律

法治和人治问题是人类政治文明史上的一个基本问题，也是各国在实现现代化过程中必须面对和解决的一个重大问题。纵观世界近现代史，凡是顺利实现现代化的国家，没有一个不是较好解决了法治和人治问题的。相反，一些国家虽然一度实现快速发展，但并没有顺利迈进现代化的门槛，而是陷入这样那样的"陷阱"，出现经济社会发展停滞甚至倒退的局面。后一种情况很大程度上与法治不彰有关。[①]

人类社会从形成国家时起就有了法制，法制是统治利益、统治意志、统治权力的固定化、规范化、权威化表达，如古罗马的"十二铜表法"、秦始皇的"秦律"等。但法制还不等于法治，作为国家治理的基本方式而言，古代社会属于人治社会，法制只是人治的附属品，我国几千年来的人治传统根子很深。因为法的上层建筑是一定经济基础的产物，马克思在《路

---

① 参见《学习时报》2014年11月10日，第1版。

易·波拿巴的雾月十八日》著作中，深刻分析了法国小块土地所有制的经济关系是怎样造就了人治的土壤。小农"他们不能以自己的名义来保护自己的阶级利益，无论是通过议会或通过国民公会。他们不能代表自己，一定要别人来代表他们。他们的代表一定要同时是他们的主宰，是高高站在他们上面的权威，是不受限制的政府权力，这种权力保护他们不受其他阶级侵犯，并从上面赐给他们雨水和阳光。所以，归根到底，小农的政治影响表现为行政权支配社会"①。社会的经济关系还没有发展到足以有效约束政治权力的程度，这就造就了人治的土壤。人治就是治理主体及其行为不受法律限制和制裁，可以为所欲为、以人代法，"朕即国家"、"朕即法"，有法制、无法治。即使我国古代出现过"文景之治"、"贞观之治"等封建盛世，也只是某些贤君良主的一时政绩，并不能保证长治久安，不能逃脱"其兴也勃焉，其亡也忽焉"的治乱循环。

随着社会的发展进步，法律的体系逐步完善，法制的功能逐步强化，法治的权威逐步确立，法治在治理中的地位作用愈益上升，法治成为治理文明的显著标志。法治的本质正如党的十八届四中全会《决定》所表述的："任何组织和个人都必须尊重宪法法律权威，都必须在宪法法律范围内活动，都必须依照宪法法律行使权力或权利、履行职责或义务，都不得有超越宪法法律的特权。"简而言之，就是人服从法、权从属于法、行受制于法，就是依法治国。推动法治普遍化、深入化、实践化的力量，是经济、政治、文化、社会发展的内在趋势，是人民群众争取和维护自身权益的迫切要求，是先进政党引领社会历史发展潮流的法治自觉。法治成为治国理政的基本方式，是人类政治文明包括治理文明发展的必然趋势。虽然法制是由人制定的、法治是靠人实施的，但法制一旦形成，就有了制约人（包括法制制定者）的行为的力量；法治一旦确立，就有了高于个人和组织（包括法治实施者）的权威，就能把权力关进制度的笼子里。

法治兴则国家兴，法治衰则国家衰。什么时候重视法治、法治昌明，

---

① 《马克思恩格斯文集》第2卷，人民出版社，2009，第567页。

什么时候就国泰民安；什么时候忽视法治、法治松弛，什么时候就国乱民怨。① 法治能够为国家稳定发展提供坚实基础，为国家有序发展提供规范框架，为国家持续发展提供确定空间。法治是治国理政的基本方式，这是我们党深刻认识人类社会发展规律、社会主义建设规律、共产党执政规律得出的重要结论。党的十八届三中全会提出全面深化改革总目标，实现这一总目标必须全面推进依法治国。全面推进依法治国是国家治理领域一场广泛而深刻的革命。

（三）依法治国：中国特色社会主义的文明追求

改革开放以来，我们党一贯高度重视法治，在中国特色社会主义旗帜上鲜明地写下了"依法治国"四个大字。邓小平在党的十一届三中全会上总结我国民主法制建设正反两方面经验和教训，特别是吸取"文化大革命"中法制遭到严重破坏的沉痛教训时深刻指出："必须使民主制度化、法律化，使这种制度和法律不因领导人的改变而改变，不因领导人的看法和注意力的改变而改变。"② 这指明了改革开放、社会主义现代化建设的前进方向，确立了法治作为治国理政基本方式的重大原则。党的十五大提出依法治国、建设社会主义法治国家，强调依法治国是党领导人民治理国家的基本方略，是发展社会主义市场经济的客观需要，是社会文明进步的重要标志，是国家长治久安的重要保障。党的十六大提出，发展社会主义民主政治，最根本的是要把坚持党的领导、人民当家作主和依法治国有机统一起来。党的十七大提出，要全面落实依法治国基本方略，加快建设社会主义法治国家。党的十八大提出，法治是治国理政的基本方式，要全面推进依法治国，更加注重发挥法治在国家治理和社会管理中的重要作用。党的十八届三中全会进一步提出，建设法治中国，必须坚持依法治国、依法执政、依法行政共同推进，坚持法治国家、法治政府、法治社会一体建设。党的十八届四中全会第一次在中央全会上

---

① 参见《学习时报》2014年11月10日，第1版。
② 《邓小平文选》第2卷，人民出版社，1994，第146页。

专题研究依法治国问题，作出第一个关于加强法治建设的专门决定，明确提出了全面推进依法治国的指导思想、总目标、基本原则，作出全面部署。这些都表明了我们党推动当代中国发展进步的法治信念和治国方略。

追求与倡导文明是人类社会总的趋向，文明是我们党建设社会主义现代化国家的发展目标，中国特色社会主义文明是一种新型文明。按照社会结构的分类，人类文明可大致分为物质文明、精神文明、政治文明、社会文明、生态文明和人的文明等形式。政治文明建立了社会运行的基本机制，维护了社会发展的必要秩序，提供了解决矛盾和冲突的制度途径。改革开放以来，我们党对建设社会主义文明愈益自觉和深入，对社会主义文明内涵的认识愈益拓展和深刻。从政治文明到治理文明，从治理文明到法治文明，都反映了社会主义文明的内涵在深化。我们党明确地把法治作为社会主义核心价值观之一，说明了法治在国家、社会、公民层面的基础性作用。党的十八届四中全会《决定》提出法治国家、法治政府、法治社会，法治精神、法治文化、法治思维，等等，实质上都是在倡导和建设社会主义法治文明，都是在普及和推广法治核心价值观。中国特色社会主义法治文明，坚持中国特色社会主义法治道路，依据中国特色社会主义法治体系，汲取中华法律文化精华，学习借鉴世界上优秀的法治文明成果，推进社会主义法治创新，在建设社会主义法治国家进程中必将形成新型的法治文明。

二 法治在治理方式中居主导地位

法治是治国理政的基本方式，这一重要判断是建设法治中国的依据。习近平总书记在十八届四中全会上指出："法治是人类文明的重要成果之一，法治的精髓和要旨对于各国国家治理和社会治理具有普遍意义。"[①] 从国家治理方式总的趋势看，目前世界上142个国家有成文宪法，法治

---

① 习近平：《加快建设社会主义法治国家》，《求是》2015年第1期。

是现代国家治理的主导方式。在人类政治文明的进程中，法治逐步成为治国理政的基本方式，有其客观必然性。

（一）治国理政依靠系统合力

治理是随着社会的形成而产生的组织协调机制。凡是社会都要有交往、交换等活动，就需要解决社会关系之间的各种问题、矛盾、纠纷与冲突，就产生了不同的治理方式。在原始氏族部落中，一切争端和纠纷，"都由当事人自己解决，在大多数情况下，历来的习俗就把一切调整好了"①。这种十分单纯质朴的氏族"协商民主"，构成了原始氏族制度的主要治理方式。国家是社会在一定发展阶段上的产物，这就是"需要有一种表面上凌驾于社会之上的力量，这种力量应当缓和冲突，把冲突保持在'秩序'的范围以内"②。由于国家治理目标、手段、对象以及态势的复杂性，运用国家力量维护秩序的方式就具有多样性。保持国家和社会的运行需要多种机制，任何历史时代都不只是单纯使用一种方式，治国理政有着多种方式。实际上，治国理政是多种方式综合运用的结果。

我国古代就提出了"礼法合治，德主刑辅"的思想。汉朝立国后，"或以威服，或以德致，或以义成，或以权断，逆顺不常，霸王之道杂焉"。"霸王之道杂焉"，是将法家、儒家思想兼而并用，或"外儒内法"。《汉书·元帝纪》载：宣帝的太子刘奭（汉元帝）"柔仁好儒，见宣帝所用多文法吏，以刑名绳下，大臣杨恽、盖宽饶等坐刺讥辞语为罪而诛，尝侍燕从容言：'陛下持刑太深，宜用儒生。'宣帝作色曰：'汉家自有制度，本以霸王道杂之，奈何纯任德教，用周政乎！且俗儒不达时宜，好是古非今，使人眩于名实，不知所守，何足委任！'乃叹曰：'乱我家者，太子也！'"。

治国理政的力量来源，是公共权力的运用。通过不同方式运用公共权力，以实现治理目标。一是无为而治与有为而治。汉初统治者看到

---

① 《马克思恩格斯文集》第 4 卷，人民出版社，2009，第 111 页。
② 《马克思恩格斯选集》第 4 卷，人民出版社，2012，第 187 页。

"秦非不欲治也，然而失之者，举措太众，刑罚太极故也"①。因而"治道贵清净而民自定"，"其治要用黄老术"。无为与有为都是权力运用与治理的方式，取决于利弊得失的权衡。二是自发交易与权力处置。生产生活中大量的产品、服务交换活动，由交换者按照市场形成的交易规则完成，政府只需承认交易的合法性，并保护这种交易的结果。不能按照市场交易规则解决的利益关系，就需要通过第三方即公共权力加以处置。市场与政府的边界是有弹性的，取决于市场的发育程度和政府的控制能力。三是行政权力与法制权力。法制是普遍的权力，又是抽象的权力；行政是具体的权力，又是实在的权力。二者既可合一，又可分离。行政权力效率高，但容易受掌权者能力、素质、品德等主观因素所左右；法制权力稳定通用持久，但怎样保证立法、执法、司法的科学性公正性有效性，是人类政治文明的重大课题。四是依法治国与以德治国。治理既可推行法治天下、强化法律权威，也可推行道德教化、强化伦理约束。相对于人治而言，法治是不同历史阶段不同性质的治理；相对于德治等其他治理方式而言，法治是共同进行治理的不同机制。五是法治机构与武装力量。国家维护统治、维持秩序、实施治理，都需要一定的国家机器做后盾。法治机构与武装力量都属于国家机器，都具有强制性，二者的应用条件、范围、程序、效果不同，往往是根据不同情况配合使用、互为补充。

（二）法治方式统领治理方式

在多种治理方式中，必有一种方式起主导的支配性作用。法治作为基本方式，统领着其他治理方式，就是说在不同层次的治理方式中，法治方式是基础性的方式。如习俗从古至今一直是确定社会交往规则、解决矛盾纠纷的常用办法，但在法治社会中，法律高于习俗、重于习俗，习俗不能与法律相抵触，必须服从法律。在不同类型的治理方式中，法治方式是主导性的方式。如行政手段是治理的重要手段，即使在法治国

---

① 《新语·无为》。

家也是必须的，但行政手段必须依法行政，法无授权不可为，否则就是滥用权力，就是违法。在不同功能的治理方式中，法治方式是根本性的方式。如法律和道德都具有规范社会行为、维护社会秩序的作用，道德是法律的基础，法律是道德的保障，但法律是硬约束，是道德失范后的最后防线。

党的十八届四中全会《决定》提出，国家和社会治理需要法律和道德共同发挥作用，坚持一手抓法治、一手抓德治，实现法律和道德相辅相成、法治和德治相得益彰。习近平指出，"发挥好法律的规范作用，必须以法治体现道德理念、强化法律对道德建设的促进作用"，"发挥好道德的教化作用，必须以道德滋养法治精神、强化道德对法治文化的支撑作用"[①]。法律要有伦理支撑，硬约束要有软约束配合，法治方式不能成为唯一方式。德治方式重在激发道德意识对人的行为的导向作用，强化道德规范的约束作用。社会不仅要形成法律敬畏，不越法律红线；而且要培育道德敬畏，不逾道德底线。德治方式可以拓展国家和社会治理的范围，降低社会运行和控制的成本，增强人们履行责任义务的道德满足和愉悦。

坚持依法治国和以德治国相结合，同时要把法治作为治国理政的基本方式，这是因为治国理政的基本方式不是任意选择的结果，而是基于经济运行的基本方式，基于社会运行的基本规律。法治的存在和发展归根到底是由生产力和生产关系的发展决定的，都应该从社会的经济生活条件中得到解释。恩格斯指出，"民法准则只是以法的形式表现了社会的经济生活条件"[②]。

改革开放 30 多年来，我国经历了从高度集中的计划经济体制到充满活力的社会主义市场经济体制、从封闭半封闭到全方位开放的伟大历史转折。建设社会主义法治国家既是这两大转折的历史成果，也是实现这两大转折的历史条件。在计划经济体制下，国家掌握绝大部分经济资源，

---

① 习近平：《加快建设社会主义法治国家》，《求是》2015 年第 1 期。
② 《马克思恩格斯文集》第 4 卷，人民出版社，2009，第 307 页。

控制社会生产、交换、分配、消费的各个环节，行政权集中体现为计划权，计划权可以代表行政权。这就限制了法制的发展。发展社会主义市场经济，政府不能直接控制经济社会生活的方方面面，同时又必须为市场经济培育一个良好环境，必须以科学有效的方式实行经济社会治理。于是，法治应运而兴、顺势而盛。在封闭半封闭条件下，与国外经济贸易、文化交流、科技协作、国民往来很少，中国在世界上还是一个神秘的国度。一旦对外开放，引进外资和技术，扩大出口贸易，就必须向世界展现中国的公开公平，提供确定性保证，建立平等的交往规则，规范的法制、公正的法治，则是中国走向世界的最好"通行证"，是世界走进中国的最好"信用卡"。

我国实行社会主义市场经济，市场经济适应了现代经济发展资源配置效率的内在要求。党的十八届四中全会《决定》明确提出，社会主义市场经济本质上是法治经济，使市场在资源配置中起决定性作用和更好发挥政府作用，必须以保护产权、维护契约、统一市场、平等交换、公平竞争、有效监管为基本导向，完善社会主义市场经济法律制度。可以说，没有法治就没有社会主义市场经济，法治是社会主义市场经济的生命，也是社会主义现代化的基石。经济关系是社会主体的基本关系，决定了法治是社会运行的基本保障。

三　国家治理领域一场广泛而深刻的革命

党的十八届四中全会关于全面推进依法治国的决定，与党的十八届三中全会关于全面深化改革的决定形成姊妹篇。全面深化改革的总目标是完善和发展中国特色社会主义制度、推进国家治理体系和治理能力现代化。推进国家治理现代化，根本途径是推动法治成为治国理政的基本方式。全面推进依法治国，是国家治理现代化的深化与拓展，是国家治理领域一场广泛而深刻的革命。这场革命的关键，是建设中国特色社会主义法治体系。

第一章 推动法治成为治国理政的基本方式

（一）国家依法治理，实现国家治理基础的重大转变

中国特色社会主义法治体系是一个内容丰富的整体，包括完备的法律规范体系、高效的法治实施体系、严密的法治监督体系、有力的法治保障体系和完善的党内法规体系。这五大体系托起法治国家的基本框架，涵盖全面推进依法治国的基础建设，构成国家治理体系的骨干工程。建设法治中国，就要牢牢把握法治体系这一总抓手，夯实基础、全面加强。

完备的法律规范体系是法治实施、法治监督、法治保障的前提。改革开放30多年来，以宪法为核心，以宪法相关法、民法商法、行政法、经济法、社会法、刑法、诉讼与非诉讼程序法等多个法律部门的法律为主干，由法律、行政法规、地方性法规等多个层次的法律规范构成的中国特色社会主义法律体系已经形成，国家和社会生活的各个方面总体上实现了有法可依。同时，我国法律制度还存在许多不适应经济社会发展和民主法治建设的问题。比如，有的法律法规未能全面反映客观规律和人民意愿，针对性、可操作性不强；立法工作中部门化倾向、争权诿责现象较为突出，有的立法实际上成了一种利益博弈；一些地方利用法规实行地方保护主义，对全国形成统一开放、竞争有序的市场秩序造成障碍。形成完备的法律规范体系，就是要在中国特色社会主义法治道路指引下，坚持宪法的核心地位，通过完备的法律推动宪法实施；紧紧围绕建设中国特色社会主义总体布局，推动法律体系完善发展；加强党对立法工作的领导，完善党对立法工作中重大问题决策的程序；深入推进科学立法、民主立法，提高立法质量。

法律是治国理政的重大制度发明。汉代贾谊在《治安策》中写道："立经陈纪，轻重同得，后可以为万世法程，虽有愚幼不肖之嗣，犹得蒙业而安，至明也。"依法治国，首先要有法可依。法为治理之本，法治构成治理的基本秩序；法为治理之矩，法治构成治理的基本依据；法为治理之用，法治构成治理的基本机制；法为治理之衡，法治构成治理的基本仲裁。全面推进依法治国，首要任务就是形成完备的法律规范体系。"立善法于天下，则天下治；立善法于一国，则一国治。"形成完备的法

律规范体系，重要目的在于增强法律法规的及时性、系统性、针对性、有效性，为全面推进依法治国提供基本遵循。增强及时性，才能解决因某些法规滞后而无法可依，或实际上的某些"法规失效"问题；增强系统性，才能解决不同位阶的法律之间衔接不够紧密、匹配性和协调性不够的问题；增强针对性，才能解决某些法规存在的问题导向、原则立场不清楚的问题；增强有效性，才能解决某些立法不尊重法治规律、难以操作执行的问题。

形成完备的法律规范体系，标志着国家治理基础的重大转变。法律规范体系是法治国家的制度基础，完备的法律规范体系构成了国家治理的系统法规基础，"有利于在法治轨道上推进国家治理体系和治理能力现代化，有利于在全面深化改革总体框架内全面推进依法治国各项工作，有利于在法治轨道上不断深化改革"[①]。法规的不完善、不协调，就产生了有法可依与无法可依同时存在，依法行事与不依法行事并存不悖的状况，本身就为人治留下了"空档"。宪法是根本法、总章程，是国家治理法治基础的根本。坚持依法治国首先要坚持依宪治国，坚持依法执政首先要坚持依宪执政。良法是善治的前提。不是所有的法都能治国，不是所有的法都能治好国，不良之法比起无法可依危害更大。法律体系的建设并不仅仅是保证有法可依，更重要的是保证良法治国。法律体系本身必须因时而变，而且要明确立法权力边界，从体制机制和工作程序上有效防止部门利益和地方保护主义法律化。

（二）严格执法司法，实现国家治理机制的整体转型

"天下之事，不难于立法，而难于法之必行。"完备的法律规范体系依靠高效的法治实施体系来贯彻，否则，再完备的法规体系也只是存在于纸面上、停留在口头上，徒有其名、无济于事。法律的生命力在于实施，法律的权威也在于实施，全面推进依法治国的重点是保证宪法法律

[①] 习近平：《关于〈中共中央关于全面推进依法治国若干重大问题的决定〉的说明》，《人民日报》2014年10月29日，第2版。

严格实施。形成高效的法治实施体系，根本要求是维护社会主义法制的统一、尊严、权威，形成人们不愿违法、不能违法、不敢违法的法治环境，做到有法必依、执法必严、违法必究。党的十八届四中全会《决定》提出创新执法体制，完善执法程序，推进综合执法，严格执法责任，坚持严格规范公正文明执法，完善司法管理体制和司法权力运行机制，规范司法行为，推进严格司法，等等，都是形成高效的法治实施体系的总体部署。

我国传统人治社会的影响至今甚远，从法制到法治，是一个长期的历史过程。现实生活中，部分社会成员尊法、信法、守法、用法、护法意识不强，不少人崇拜权力、迷信金钱、深谙"关系"，唯独不敬仰法治，对依法治国构成重大障碍。习近平总书记在十八届四中全会的讲话中指出："现在，一些党员、干部仍然存在人治思想和长官意识，认为依法办事条条框框多、束缚手脚，凡事都要自己说了算，根本不知道有法律存在，大搞以言代法、以权压法。"① 一是有法不信法。"信访不信法"、"十个法规抵不上一个批示"，就是典型表现。二是有法不畏法。法不责众、"刑不上大夫"、"有钱能使法失效"等现象，仍在一定程度上存在。三是有法不靠法。办事找人、"摆平"靠钱，潜规则盛行，法规则疲软，良好的法治生态还未形成。一些领导干部违法干预司法，影响了司法公正，有的甚至酿成冤假错案。这些表明，有了法律规范体系作为国家治理基础，还要有法治实施体系作为国家治理机制，才能真正让法律运转起来，发挥效能。习近平尖锐地指出："如果在抓法治建设上喊口号、练虚功、摆花架，只是叶公好龙，并不真抓实干，短时间内可能看不出什么大的危害，一旦问题到了积重难返的地步，后果就是灾难性的。"②

形成高效的法治实施体系，推动国家治理机制的整体转型。建设法治国家、法治政府、法治社会，都要牢牢确立法治这一基本机制和基本方式，转变传承已久、根深蒂固的人治方式，确立法治国家通行的办事

---

① 习近平：《加快建设社会主义法治国家》，《求是》2015年第1期。
② 习近平：《加快建设社会主义法治国家》，《求是》2015年第1期。

依法、遇事找法、解决问题用法、化解矛盾靠法的法治思维和法治方式，使法治成为通则、成为铁律、成为习惯。习近平指出："人类社会发展的事实证明，依法治理是最可靠、最稳定的治理。要善于运用法治思维和法治方式进行治理。"① 高效的法治实施体系将改变执法司法不公问题，实现法律面前人人平等。任何人违反宪法法律都要受到追究，绝不允许任何人以任何借口和任何形式以言代法、以权压法、徇私枉法。高效的法治实施体系将克服法治实施过程中的低效运转状况，解决立案难、诉讼难、执行难问题，防止社会逐渐失去法治信心和法治信任，充分发挥司法的权利救济、定分止争、制约公权、维护社会公平正义等基本功能。高效的法治实施体系将解决滥用自由裁量权、选择性执法、权力寻租等问题，坚持法定职责必须为、法无授权不可为，确保严格执法、公正司法，遏制人情案、关系案、金钱案，坚决维护法治权威。农村是法治建设相对薄弱的领域，2015年中央1号文件强调："必须加快完善农业农村法律体系，同步推进城乡法治建设，善于运用法治思维和法治方式做好'三农'工作。"② 通过加强农村法治建设，形成高效的法治实施体系。

（三）依法约束权力，实现国家治理监督的有效强化

法治能否实施，需要进行监督。即使是宪法实施，也离不开宪法监督，宪法监督是保证宪法实施、维护宪法权威和尊严的重要制度形式。同时，立法、执法、司法等法治方式，本身就具有国家权力性质，是在行使立法权、执法权、司法权。权力必须受到监督，监督权也要受到监督，法治权力也不例外，否则就有滥用法治权力、以法权谋私利的可能。因此，法治监督是法治体系不可缺少的部分，形成严密的法治监督体系是建设中国特色社会主义法治体系的重要任务。法治监督是从良法到善治的保证。四中全会《决定》要求强化对行政权力的制约和监督，加强

---

① 习近平：《在庆祝澳门回归祖国15周年大会暨澳门特别行政区第四届政府就职典礼上的讲话》，《人民日报》2014年12月21日，第2版。
② 《中共中央国务院印发〈关于加大改革创新力度加快农业现代化建设的若干意见〉》，《人民日报》2015年2月2日，第1版。

党内监督、人大监督、民主监督、行政监督、司法监督、审计监督、社会监督、舆论监督制度建设，努力形成科学有效的权力运行制约和监督体系，增强监督合力和实效；要求加强对司法活动的监督，完善检察机关行使监督权的法律制度，加强对刑事诉讼、民事诉讼、行政诉讼的法律监督。法治监督体系越是严密和坚实，法治效能就越能发挥和强化。

法律即使是科学公正的，在实施过程中由于人的认知误差或私欲驱动，仍有可能偏离或扭曲。一些公职人员滥用职权、失职渎职、执法犯法甚至徇私枉法，严重损害国家法治权威，一些司法人员作风不正、办案不廉，"吃了原告吃被告"，群众对执法司法不公和腐败问题反映强烈。这些问题很大程度上都是法治监督不力的结果。没有监督的法治权力同样会导致法治腐败。法治是社会公平正义的守护神，是人民群众寻求公正庇护的最高合法形式，执法司法不公和腐败就会导致"法治失效"，对国家治理的公正性、有效性具有致命破坏作用。因此，法治监督是权力监督的重中之重，严密的法治监督体系是全面推进依法治国的制度保证。特别是在社会主义初级阶段，在发展社会主义市场经济的条件下，更要着力防止和遏制把立法权、执法权、司法权变为某些执掌这些权力的个人的设租权、交易权、谋私权。没有法治监督的法治是有缺陷、有隐患的法治，将会使法治与其宗旨相悖、与其本意相离；没有严密的法治监督体系，就不是成熟的、成功的法治体系。随着法治中国的建设发展，法治监督体系必将愈益严密、有力、有效。

形成严密的法治监督体系，促使国家治理监督的极大强化。解决好权力监督问题是国家治理现代化的重大课题。早在我们党执政前夕，毛泽东就意识到执政权力要接受人民监督，指出"只有让人民来监督政府，政府才不敢松懈"。国家治理监督是指要把对权力的监督作为国家治理的重要内容，包括国家治理活动本身也要受到监督。"法网恢恢，疏而不漏。"周永康案件给人的深刻警示是，负责政法工作的权力更要受到监督，不能成为法外王国。一旦失去监督、为所欲为，更有可能严重违纪违法、滑向犯罪深渊，危害极大。国家治理之器不能成为治理之弊、治理之患。严密的法治监督体系可以加强监督的全面性，压缩监督的"盲区"、"特区"、"禁区",例如:推行政府权力清单制度,坚决消除权力设租寻租空间等;增强监督的强硬性,改变一些领域监督乏力、若有若无、"象征性监督"的积弊,如保障依法独立行使审计监督权,对公共资金、国有资产、国有资源和领导干部履行经济责任情况实行审计全覆盖等;提高监督的精准性,防止出现重点领域监督失控的问题,如对财政资金分配使用、国有资产监管、政府投资、政府采购、公共资源转让、公共工程建设等权力集中的部门和岗位实行分事行权、分岗设权、分级授权,定期轮岗,强化内部流程控制等;增强监督的威慑性,打消规避监督的侥幸心理,如建立领导干部干预司法活动、插手具体案件处理的记录、通报和责任追究制度,"为领导干部干预司法划出'红线',建立防止司法干预的'防火墙'和'隔离带'"①。形成严密的法治监督体系,是国家治理领域的革命。

(四)全民崇尚法治,实现国家治理文化的现代更新

法治的运行,需要相应的保障体制。形成有力的法治保障体系,是建设中国特色社会主义法治体系的题中应有之义。中国共产党的领导是社会主义法治最根本的保证。只有在党的领导下依法治国、厉行法治,人民当家作主才能充分实现,国家和社会生活法治化才能有序推进。建设一支德才兼备的高素质法治队伍至关重要,这是加快建设社会主义法治国家的强有力组织和人才保障。人民是依法治国的主体和力量源泉,法律的权威源自人民的内心拥护和真诚信仰。全体人民都成为社会主义法治的忠实崇尚者、自觉遵守者、坚定捍卫者,尊法、信法、守法、用法、护法成为全体人民的共同追求,社会主义法治国家才能建成。法治精神、法治观念、法治意识是法治运行的文化氛围,全面推进依法治国,必须弘扬社会主义法治精神,建设社会主义法治文化。

推进法治社会建设,是一个法律制度与法治文化相互促进、相互协

---

① 习近平:《科学统筹突出重点对准焦距 让人民对改革有更多获得感》,《人民日报》2015年2月28日,第1版。

调的过程。法律制度反映了社会的经济制度、政治制度，凝结为精神文化层面，就形成了法治文化。法治文化一旦形成，又能够塑造和引导社会的法律制度。没有全民崇尚法治的文化环境，法律制度就很难见效，法治社会就不能建成。法治信仰是法治文化的灵魂，就是从心底培育对法治的尊崇，不断强化自觉坚定的法治意识，不为外部压力所动摇，不受金钱美色所诱惑，不因无人知晓而故犯。法治文化具有丰富具体的内涵，核心的内容是把法治作为信仰、让法治成为信仰。公民不仅要敬畏自然、敬畏道德，而且要敬畏法治。

塑造法治文化、培育全民守法，将促成国家治理文化的现代更新。现代治理文化的重要内涵是法治文化。法治文化确立了治国理政的基本理念，标志着治理文化的本质属性，决定着治理文化的制度取向。治理现代化要实现治理文化的变革，根本要求是在全社会努力塑造法治文化，让法治文化成为居主导地位的治理文化。塑造法治文化，全面推进依法治国就有了思想的推进器、观念的定向仪。形成守法光荣、违法可耻的社会氛围，全民守法成为一种内心自觉，就能大大降低法治的费用成本。全民自觉守法，恪守法治信仰，就能有力遏制法治的"破窗效应"，不因有人违法犯罪暂时没有受到惩处而效法；就能有效防止法治的"囚徒困境"，不因担心他人违法却得利、自己守法却吃亏而放弃守法底线。增强全民法治观念，要教育和引导立法、执法、司法人员牢固树立社会主义法治理念，恪守职业道德，做到忠于党、忠于国家、忠于人民、忠于法律。坚持法治教育从娃娃抓起，把法治教育纳入国民教育体系和精神文明创建内容，由易到难、循序渐进不断增强青少年的规则意识。治理必治心，法治文化就是让法治深入人心、教化人心、转变人心的过程，是国家治理的文化变革。

（五）全党模范守法，实现国家治理能力的大幅提升

依法治国、依法执政，要求党依据宪法法律治国理政，也要求党依据党内法规管党治党。我们党是依法治国的领导者，也是依法治国的贯彻者，党内法规体系是中国特色社会主义法治体系的有机组成，是依法

治党的基本依据。遵行党内法规制度，是全党同志履行党员职责的要求，也是履行法律义务的要求。党内法规制度体系包括党章、准则、条例、规则、规定、办法、细则，是管党、治党、建党的重要法宝。党章是我们党立党、管党、治党的总章程，是最根本的党内法规，在党内具有最高的权威性和最大的约束力。党的十八届四中全会《决定》强调，党规党纪严于国家法律，党的各级组织和广大党员干部不仅要模范遵守国家法律，而且要按照党规党纪以更高标准严格要求自己。完善的党内法规体系，以党章和宪法为基本遵循，与中国特色社会主义法治体系相衔接、相协调，体现党的先锋队性质和作用。全党严格遵行党内法规体系，模范遵守法律法规，就能保证走在法治中国建设前列。

"法先自治以治人，先治近以及远。"全面推进依法治国，关键在党。全体党员带头守法、模范守法，可以为全民守法作出示范。我们党作为执政党，不仅不能超越于国家法律之外，而且要以严格的标准、规范的行为、严厉的惩处来遵纪守法，以身作则、以上率下。法治国家就是要做到无论执政与参政、官员与群众，都要在同一个法治的大厦下，遵从同样的法律义务。一些党的领导干部自以为享有法外特权，有恃无恐、胆大妄为，视法律为儿戏、党纪为玩物，最终在党纪国法面前碰得头破血流。2015年2月2日，习近平总书记在省部级主要领导干部学习贯彻十八届四中全会精神全面推进依法治国专题研讨班上发表重要讲话。他强调，各级领导干部在推进依法治国方面肩负着重要责任，全面依法治国必须抓住领导干部这个"关键少数"。领导干部要做尊法的模范，带头尊崇法治、敬畏法律；做学法的模范，带头了解法律、掌握法律；做守法的模范，带头遵纪守法、捍卫法治；做用法的模范，带头厉行法治、依法办事。"领导干部要把对法治的尊崇、对法律的敬畏转化成思维方式和行为方式，做到在法治之下、而不是法治之外、更不是法治之上想问题、作决策、办事情。"[①] 党员干部要模范守法，还要善于用法。党员干

[①] 习近平：《领导干部要做尊法守法学法用法的模范　带动全党全国共同全面推进依法治国》，《人民日报》2015年2月3日，第1版。

部是全面推进依法治国的重要组织者、推动者、实践者，要自觉提高运用法律思维和法治方式深化改革、推动发展、化解矛盾、维护稳定的能力。法治思维和法治方式崇尚法治的权威和规则。无论什么人都要服从于法，无论多大权力都要从属于法，无论何种行为都要受制于法。要用法治思维和法治方式维护法律的公正。道德谦让、协商妥协、达成交易、权力处置等，都可以作为解决问题、协调利益、化解矛盾的方式，但法治是基础和准绳。

实现依法治国与依规治党的统一、模范守法与善于用法的统一，大幅提升了我党治国理政的能力。坚持把法治作为治国理政的基本方式，是党领导人民实行法治成功经验的总结运用，是对我国古代法制传统和成败得失的择善而用，是对世界上优秀法治文明成果的学习借鉴，是推进国家治理现代化的主要路径，标志着党的国家治理能力的新跃升。如何在法治轨道上推进国家治理体系和治理能力现代化，如何推动从传统人治社会向现代法治国家的转型，如何在中国特色社会主义法治道路上建设法治国家，如何实现中国特色社会主义法治体系与国家治理体系的有机融合，如何把法治基本方式与其他治理方式综合运用，如何保证法治成为善治、成为人民幸福的卫士，如何把党的领导贯彻到依法治国全过程和各方面、不断提高党领导依法治国的能力和水平，等等，都是新的课题、新的探索、新的实践，都需要在国家治理现代化的进程中不断深化认识、提高能力、实现目标。

第二章

中国古代法制传统

习近平同志深刻地指出，要"科学对待文化传统。不忘历史才能开辟未来，善于继承才能善于创新"。中华传统法制文化根植于中华文明的沃土，是中华传统文化的重要组成部分。建设当今法治中国，离不开对传统法制文化精华的汲取继承，也离不开对中华传统法制文化不足的批判总结。

一　中国古代法制的概念及思想体系

中国古代有着悠久的法制传统。中华法系历时数千年，传播广泛，影响深远。

（一）中国古代法制概念

在汉字构造中，"法"属会意字，金文从廌，从去，从水。隶变之后的楷书写作"灋"或"法"。《说文解字·水部》解释为："灋，刑也。平之如水，从水；廌，所以触不直者，去之，从去。"[①] 意思是说"法"就是刑法。法像水一样平正，所以从水；廌是古代神话中一种能明辨是非，用角抵触不正确一方的神兽，并使之离去，所以从去。在原初的词

[①] 《说文解字·水部》。

义中，法即包含有明辨是非、判明善恶、维护公平正义的含义。人是一种社会性的动物。人类社会的存在要建立起保证社会有序运转的秩序，因而依赖于能够明确规范人们各种行动的规则。《管子》中认为"尺寸也、绳墨也、规矩也、衡石也、斗斛也，角量也，谓之法。……不明于法，而欲治民一众，犹左书而右息之"[1]。《管子》运用形象性的比喻来说明什么是法。尺寸、绳墨、规矩、衡石、斗斛、角量都是古代用于测量的规范性标准。因此法就是规范人民各种行为的标准。如果法律不明确，要想治理人民，统一人民的行为，就像是用左手写字，而用右手拉住左手使其停止一样，互相冲突，不可实现。从这个意义上看，中国古人认为法具有标准、规范的含义。《管子》中还认为："法者，天下之程式也，万事之仪表也。"[2] 所谓程式，是"古人长期对社会观察后，归纳、总结以及约定俗成的格式与成规"[3]。从这一角度讲，中国古代的法具有在总结经验教训基础上形成的方法、办法、制度、规章的含义。《尚书》中说："惟作五虐之刑曰法。"[4] 可见，法还有刑法、戒律的意思。制也属会意字。《说文解字》解释说："制，裁也。从刀从未。未，物成有滋味，可裁断。一曰止也。"[5]《说文解字》认为，制有裁剪的意思。字形采用"刀"、"未"会意。未，表示植物的果实已初步长成，略有滋味，末梢和新枝可以裁断了。一种说法认为，"制"是"抑止"的意思。制的引申义有三种：一是作为名词，有限度、规章、法规的含义；二是作为动词，有约束、限定、规定的含义；三是作为动词，有创造、创作的意思。将"法"与"制"连用，我国古已有之。《管子》中说："法制不议，则民不相私。"[6] 贾谊认为："仁义恩厚，此人主之芒刃也；权势法制，此人主之斤斧也。"[7] 中国古代的法制具有两层基本的含义：一是指管理社会、

---

[1] 《管子·七法第六》。
[2] 《管子·明法解第六十七》。
[3] 王斐弘：《治法与治道》，厦门大学出版社，2014，第116页。
[4] 《尚书·吕刑》。
[5] 《说文解字·刀部》。
[6] 《管子·法禁第十四》。
[7] 《汉书·贾谊传》。

约束人民的法律规范及其制度体系；二是运用法律规范对民众的制约、管理活动。应当认识到，中国古代的法制不同于当今我们建设的法治。我国早在春秋战国时期即有法治一词。《管子》中说："威不两错，政不二门，以法治国则举错而已。"① 这句话的含义是，权力不能由两处运行，政令不可从两处制定，以法治国就是一切事务按照法度来处理。我国的古人在很早之前已经认识到，判定是否依法治国的根本标准在于一切事务能否按照法律来处理。受到时代的局限，在我国古代的法律运用中一直有高悬于法律监督和管理之外的存在，因此中国古代社会不是法治，而是运用法律的人治。尽管如此，中华民族的祖先在漫长的历史演进中建立起完备的中华法律体系，创造出很多熠熠生辉的法制思想，在世界法律史上独树一帜，很长时间内处于领先地位。

（二）中国古代法制的特征

中国古代法制产生于以农耕为主的社会生产实践中，具有以道为基石的体系建构性、礼法并举的家族式伦理文化倾向等特征，与古代西方法制体系有许多不同之处。

1. 以道为基石的体系建构性

道是中国哲学最基本的概念，被儒、道、法等各家共同奉为圭臬，也是中国古代法制体系构建的理论基石。正由于道这一概念的根本性，古代各家学派都争相诠释它。老子认为"道可道，非常道"②。他认为作为至高无上的道，是不能被我们所言说的。能被我们所言说的道，就不是原来的道了。他还认为"道生一，一生二，二生三，三生万物"③。在这里，道是指衍生万物的本源。作为儒家思想形而上学基石的《易传》认为，"形而上者谓之道，形而下者谓之器"④，"一阴一阳之谓道"⑤。在

---

① 《管子·明法第四十六》。
② 《老子·第一章》。
③ 《老子·第四十二章》。
④ 《周易·系辞》。
⑤ 《周易·系辞》。

这里，道是指事物运行发展的规律。《论语》中也多次提到道。《论语》中说："君子务本，本立而道生。"① 孔子也说："道不行，乘桴浮于海。"② 《论语》中的道，是指儒家以"仁"为核心的道德原则体系。而在法家思想中，韩非子认为："道者，万物之始、是非之纪也。是以明君守始以知万物之源，治纪以知善败之端。"③ 他认为道是万物的根源、是非的准则。在古代中国，法是道的产物。有什么样的道，就会有什么样的法。正所谓"道生法"④。其实，我国古人一开始并不认为是道生法，而认为是天生法，是上天的意志产生了法。对比中外法律，在法制孕育的初期都将法律的权威建立在神权的基础上，是一种神权法。神的意志难以捉摸，因此神意的体现往往为垄断神权的统治阶级所掌握。神权法难以伸张法的公平与正义。与西方在中世纪时代尚处于神权法的控制不同，中国法制早在西周时期就摆脱了神权的垄断。从维护社会良好秩序运行处着眼，重视法的世俗社会治理效益性。于是具有人格化特征的"上帝"逐渐被客观化、伦理化的"道"所取代。这当然是一种历史的进步。道是世界的根源、绝对的真理、万物的规律，是客观外在的。而作为具有主观能动性的人对道的正确把握，就是德。故"德者得也"⑤。古代社会，不同身份的人被赋予不一样的道德要求。君有君德，臣有臣德，民有民德。例如《管子》一书中就详细阐述了古代社会对于处在社会体系不同位置的人的道德要求。作为最高立法者和司法者的君主，最大的德是"正"，要公正裁定万物的命运；应该综合考量道的变化、人民的心性、事物的特点等因素来制定法律；法律制定后要严格实施，带头执行，不能因私枉法、废法治国；要研究管理官员的方法，但不干预具体的事物；要统一法度使人民不会疑惑。官员的职责是根据法令来管理和教化民众。筹划全局是君主的职责，分管各项具体事务是官员的职责，

---

① 《论语·学而第一》。
② 《论语·公冶长第五》。
③ 《韩非子·主道第五》。
④ 《黄帝四经·道法》。
⑤ 《管子·心术上第三十六》。

遵守法令是民众的职责。尽管有不同的表现形式，但德最重要的体现是生民之德，这也是中国古代民本思想的根据。根据不同的身份遵守不同的德，产生对其他人应有的行为方式即是礼。对民众守德和循礼的教育即是教。对礼义无反顾地践行就是义。礼的强化就是法。对于违法者的惩处则依赖"兵"与"刑"。道在法律实施中的体现则为"理"。中国传说中第一位司法官皋陶所担任的职务就是"李"。"李"通"理"。而且古代最高的审判机关往往被称作大理寺。意思是说，司法就是按照道来理清事物的来龙去脉，分清案件中的是非因果。于是，古代中国以道为体系基石，以德为价值依据，以礼、法为双翼，以兵、刑、教化等为工具，构筑了一套完整的法制体系结构，在几千年里领先于世界，保证了中华文明的生存和延续。

2. 礼法并举的家族式伦理文化倾向

古代中国是一个地域广阔、民族众多的农业国。农业生产春种、夏耘、秋收、冬藏，有一个漫长的生产周期。因此，以农耕为主的生产方式要求一个稳定和谐的社会环境。古代中国的地域广大、民族众多，交通受客观条件的限制，不是十分发达。因此，为实现社会的统一和秩序的稳定，需要建立中央集权式的管理模式来实现社会系统的整合。而整个系统的联结则是以家庭式伦理关系来形成的。在漫长的历史演进过程中，中华民族的祖先"观乎人文以化成天下"[①]。由一个个原始的部落演化为一个个具有特色的民族，再整合为一个大一统的国度。中国古人认为社会不过是放大的家庭，家庭不过是缩小的社会。家庭中要父慈子孝，兄友弟恭；社会上要君君臣臣，君贤臣忠。这样整个社会以家庭关系为纽带整合在了一起，成为一个牢不可破的社会网络。农业生产需要依赖长者的生产经验，家庭和睦需要以老人为中心形成家庭秩序。这些因素产生了中华民族尊敬长者的优良传统，也确定了礼仪上的尊卑关系。长者为尊，幼者为卑。家庭关系中的长幼尊卑体现在法律上是权利的不均等。家长的法律权利要高于子女，君王的法律权利要高于臣民。在古代，

---

① 《周易·贲卦》。

子女控告父母本身就是一种最严重的罪行。而子女隐瞒父母的罪行在法律上却被视为合法。在这个体系中，君王作为整个国家的家长具有法律上最高的权力。君王的诰令具有最高的法律效令。

由于古代中国的法渊源于家庭关系中的礼，因此古代社会十分重视礼法并举来调节社会关系。正所谓："礼者禁于将然之前，而法者禁于已然之后。"① 法将源自家庭的礼扩大至整个社会，礼用源于国家的法来巩固家庭关系。礼赋予法道德的底蕴，法赋予礼强制的约束力。法与礼的结合赋予整个社会以强有力的秩序性。古代中国非常重视教育，而教育的重点就是对家庭伦理关系的灌输。古代中国非常重视学习，学习的重点也是对家庭伦理关系的体悟。这种教育和学习，使法和礼具有代代相传的性质，使以家庭伦理方式为主体的社会整合更为成功。有人说每个中国人都是一棵庄稼，走到哪里根系都会连接在一起。礼、法正是通过家庭式的伦理整合来完成的。而同时期的西方法律体系由于文化传统、生产方式、社会结构等多重因素的共同影响，始终无法形成稳定的政治核心。没有核心即意味着缺乏秩序。在中世纪时期，西方法律还延续封建体系，内容相当混乱，被历史学家所诟病。但正因为秩序的混乱，带来了社会矛盾的激化，各种社会力量的博弈更为残酷。由于没有一种社会力量可以作为凝结社会秩序的核心，所以法律作为各种社会力量博弈的结果和明确权利义务的工具被抬高到越来越重要的地位。1215年英国国王与贵族们签订《大宪章》之后，法律越来越被赋予社会契约的角色，成为各种社会力量实现政治权利的基础。

3. 法制发展的结构不均衡性

法律体系从内容上可以分为刑法、行政法、经济法等维护社会公共秩序的公法和调节民事关系、维护个人权利的民法；在司法性质上可以分为刑法、行政法、经济法、民法等实体法和刑事诉讼法、行政诉讼法、经济诉讼法等程序法。中国古代法制发展具有重公法、轻民法和重实体法、轻程序法的结构不均衡性。中国古代倡导"天下一家"、"天下为

---

① 《汉书·贾谊传》。

公"的思想观念，更强调个体对集体的服从和个人对社会的奉献，从而造成作为调节社会公共秩序的刑法、行政法、经济法的发达，作为维护个人权益和调节民事纠纷的民法相对落后。

自唐朝后，我国商品经济开始发展，民法也相应受到一定重视。但从总体来看，我国公法体系和民法体系的发展并不均衡。我国古代颁布了很多成文法典，却没有产生一部专门的民法典，民法都是附着于刑法等条文之后的。这就是中国古代法制重公法、轻民法的法律文化特征。反观西方古代法律体系，由于商业交换发达，不平等就无法达成交易。因此法律更为注重个人的权利维护，很早就区分了公法和私法。民法发展相对成熟完善。

我国古代法制还具有重视刑法、行政法等实体法，轻视刑事诉讼法、行政诉讼法等程序法的特点。自周朝之后，我国法制建设就确立了"慎刑"的司法倾向，也制定了严格的审讯判决制度。在秦朝《法律问答》中明确了当事人认为审判不当可以要求复审（"乞鞫"）的制度。汉代法律规定，审判行为在判决时必须"读鞫"，即宣读审判结果。如果当事人认为审判不公正可以要求复审（"乞鞫"）。要求复审权利的期限为宣判后三个月内。隋唐时期，我国中央司法机关由刑部、大理寺和御史台共同担任，三者互为分工，互相监督，重要案件需三者会审，以减少冤假错案。但是在封建时代，法制体系更为重视的是实体法而非程序法。在司法活动中，往往以犯罪嫌疑人的口供作为定罪的依据，而轻视证据的搜集和确认，尤其轻视抗辩行为。这就造成执法机构往往用刑讯逼供、严刑拷打的方式取得口供，然后用口供来给犯人定罪，产生了大量冤假错案。我国古代的成语"请君入瓮"就是对这种司法方式取证过程最形象的讽刺。重实体法、轻程序法的司法倾向也体现在行政对司法活动的干预上。由于古代中国基层行政机关和司法机关合二为一，在案件审理过程中只重视法律条文而轻视司法程序的客观公正，用行政判断来代替司法审判也就不足为奇了。

二　中国古代法制传统发展的历史脉络

中国是一个十分重视历史的国度。"以史为鉴，可以知兴替。"要理解中国古代法制传统的得失，就要对中国古代法制发展的历史过程进行仔细的考察和认真的梳理。

（一）中国古代法制体系的起源

中国历史自商朝开始进入有文字（甲骨文）可考的年代，而在此之前漫长历史时期内的社会情况，人们只能依据考古发现并综合上古传说来加以合理的推测。关于法在中国的源起，我们不得不借助古代学者的考据来进行分析。最初，古人认为法源于上天意志。《尚书》中记述："天讨有罪，五刑五用哉。"[①]"故圣人因天讨而作五刑。"[②]这种法源学说，反映了在中华民族文明发展的初始，尚不能以科学的方法来认识与理解世界，因此将法律的产生归结为天意在人世的体现。我国春秋战国时期，一些学者将法的产生归结为道，认为"道生法"，其实是对这种理解方式进一步客观化的结果。

随着社会的进步，先民认识客观世界的能力逐渐增强，一些学者开始认为法源于社会治理的需求。《管子》中说："人故相憎也，人之心悍，故为之法。法出于礼，礼出于治。治、礼，道也。万物待治礼而后定。"[③]意思是说，社会初始，人与人之间存在相互憎恨的状况。正由于人心凶悍，所以需要法律约束，法律出自礼仪，礼仪出自治理的需要。万事万物都依赖于礼仪和治理，然后其位置就确定了。《商君书》中讲："天地设，而民生之。当此之时也，民知其母而不知其父，其道亲亲而爱私。亲亲则别，爱私则险，民众而以别险为务，则民乱。当此时也，民务胜而力征。务胜则争，力征则讼，讼而无正，则莫得其性也。故贤者立中

[①]《尚书·皋陶谟》。
[②]《尚书·大禹谟》。
[③]《管子·枢言第十二》。

正，设无私，而民说仁。当此时也，亲亲废，上贤立矣。凡仁者以爱利为务，而贤者以相出为道。民众而无制，久而相出为道，则有乱。故圣人承之，作为土地财货男女之分。分定而无制，不可，故立禁。禁立而莫之司，不可，故立官。官设而莫之一，不可，故立君。即立君，则上贤废，而贵贵立矣。然则上世亲亲而爱私，中世上贤而说仁，下世贵贵而尊官。"① 这段话阐释了商鞅对于法律起源的理解。他认为开天辟地之后，人类从蒙昧中走来。起初，人们依据母系血缘来区分亲疏远近，只知其母而不知其父。人们遵循只爱自己的亲人，维护私人利益的原则。只爱自己的亲人则会亲疏有别，仅仅维护自身的利益就会带来社会环境的险峻，从而社会产生了纷争。于是人们推举出贤德能干的人来处理纠纷。贤德的人以仁爱作为自己的本务，纷纷提出自身的学说和见解。人众多而没有制约，学说纷纭而无法确定根本，于是人们就设定了法度和国家。

　　法源于社会治理需求的理论得到了考古与历史考证的支持。人类社会由野蛮发展到文明有一个漫长的历史进程。早在五六十万年前的旧石器时代，中华民族的祖先就在中华大地上生息繁衍。著名的有北京周口店附近的"北京人"、云南的"元谋人"、陕西蓝田的"蓝田人"。当时，人类的存在还是一个个的点，过着原始的群居生活，以采集和打猎作为生存的基础。此时，人类尚没有法律，但已经开始存在维系族群共居所必需的简要规则。比如，采集的食物如何分配，族群的秩序如何管理，违反了族群共同信奉的规则如何惩处，等等。这些最原始的社会组织原则与方式可以看作法律的起源。随着族群的日益庞大，生产的进一步发展，社会分工的逐渐显现，它们的作用也将日益凸显。考古资料显示，在距今五千年左右的新石器时代晚期，中国社会跨入部落联盟时代。一方面，人类的社会组织已跨越单一的村落，不同的族群已经开始了联系和交往；另一方面，随着人们精神生活的丰富与发展，已经产生了依据血缘和地域观念衍生出来的文化认同。根据传说，此时在长江和黄河流

---

① 《商君书·开塞》。

域已经出现了数个稳定的联盟部落，其中最著名的三个是华夏、苗蛮和东夷。当时，社会生产方式已经由以采集、狩猎为主，发展到以种植为主、采集和畜牧为辅，土地已经成为社会的主要财富，也为战争的发动提供了最好的理由。生产力的发展带来社会财富的增加，剩余资料的产生促进了社会分工的加速，社会阶层的分化。一部分人已经开始凌驾于另一部分人之上。出于社会管理的需要，礼仪产生了。部落联盟时期的"兵"与"礼"，是中国古代法律的萌芽。

（二）夏商西周时期：中国古代法制体系的初步建立

公元前 21 世纪，夏禹破坏了原始部落联盟的推举禅让制，传位于其子启，开启了中国的王朝时代。公元前 17 世纪，商汤推翻了夏王朝，建立起了中国历史上第二个奴隶制王朝——商王朝。公元前 11 世纪，发源于黄河渭水流域的周部落取代商朝建立周朝。从周朝建立到周平王于公元前 770 年迁都洛邑的一段历史时期被称为西周。夏商西周时期是我国古代封建宗法制的形成与完善时期。

国家的形成是一个由点到面，由一个个人群进化为一个个部落，再演进为国家的过程。夏商西周时期，众多部落联盟分化组合，互相竞争，最强者胜出，在名义上统治管理所有部落，形成国家。这一时期的法律属性为封建宗法制。所谓的封建，是指分封建国。此时的国家尚未实现真正意义上的统一，政治组织形式还是由众多部落所组成的联盟。天子作为国家最高的统治者只是拥有管理国家的名义。"普天之下，莫非王土；率土之滨，莫非王臣。"① 天子在名义上拥有整个国家的统治权，然后再以分封的形式将土地及所辖范围内的各种权力分封给诸侯。大大小小的诸侯在自己的封地中拥有实质上的行政、司法、经济与军事上的特权。国家依赖于源自宗法血缘基础上的"礼"和战争征伐的"兵"来调节天子与诸侯、诸侯与诸侯之间的关系。因此，此时的法律制度是一种建立于宗法血缘关系上的封建制。

---

① 《诗经·小雅》。

在法律思想上，夏商时期主要秉承一种"天罚神判"的指导思想。夏商时期，社会生产力发展水平不高，人们认识自然的能力还十分有限。法律源自神鬼意志的观念十分流行。统治阶级为了加强自身统治的合法性，也对神鬼观念大加宣扬。统治阶级宣称他们的统治代表了上天的意志。大禹时期，就开始举办祭祀典礼，"致孝于鬼神"。启建立夏王朝时，宣称"受命于天"。商朝统治者也将天意作为自身统治的依据。在这种理论基础上，统治阶级声称礼仪、刑杀、征伐等法律活动都是上天意志的种种体现。西周时期，周朝的建立者汲取了商朝统治者因横征暴敛、治理失当而带来亡国的教训，将"德"这一重要的原则引入政治思想中。天子代表上天来进行统治管理。但是，天子的行为并不都是符合上天意志的。符合上天意志的行为就是"有德"，不符合上天意志的行为就是"失德"。周朝统治者提出了"以德配天"的统治思想。"以德配天"的统治思想落实在法律上就是"明德慎罚"的法制思想。由"天罚神判"发展到"明德慎罚"，体现了夏商西周时期法制思想的逐步成熟完善。

在法律形式上，夏商时期主要以习惯法为主、君王颁布的命令为辅，分为礼和刑两大部分。西周时期的法律形式继承了夏商时期的法律形态，主要分为礼和刑两部分。但西周开始了成文法的颁布，这是一种历史的进步。夏商时期的刑法主要为"禹刑"和"汤刑"。"禹刑"和"汤刑"主要是夏商统治者根据氏族部落时期积累保存下来的各种习惯法和经验法制定的，其具体内容已不可详细考察。罪名主要包括不孝、违命、不敬天等。刑罚体系主要包括大辟（死刑）、髌（砍足）、宫（破坏生殖器）等五种，因此也被称为五刑体系。除了五刑体系外，甲骨文中也记载了其他肉刑的使用，例如炮烙、剖心等。夏商时期，阶级社会刚刚形成不久，严酷的刑罚反映了社会尚处在野蛮的状态。周朝的成文法主要包括周公旦编纂制作的《周礼》、刑事法律的汇编《九刑》和《吕刑》。夏商西周时期，中华法系还处于草创时期，体系建立尚未完善，但法制的一些基本原则和倾向已经开始确立，并影响中华法系的发展方向。

（三）春秋战国至秦朝：中国古代法制体系的历史转型

春秋战国至秦朝是我国封建宗法制向帝制法制过渡的关键时期。由封建宗法制向君主集权的帝制法制过渡，从根本上说是生产力发展的结果。古代中国的主体部分是一个以农耕生产为主要生产方式的社会组织体系。社会发展初期，生产力还很不发达，农业生产依赖于许多人的分工协作，于是就产生了封建宗法制集中式的社会生产形态。到了春秋战国时代，生产力发展，犁等金属性生产工具开始使用，这就为小农经济的诞生创造了条件。小农经济不再需要带有人身依附的宗法式管理方式，而大权独揽的诸侯实质割据也带来社会的极度不稳定。在这种社会形势下，消灭封建割据，收归各种权限，建立中央集权式君主制国家成为社会发展趋势。但是，君主一个人无法管理庞大的国度，于是运用法制规范官僚体系来管理社会就成为一种必然。在这一阶段，诸子百家中的重要学派法家提出了"以法治国"的口号，进行了长达数百年的轰轰烈烈的法制改革，最终迎来了中华民族统一的时代。

春秋战国时代的法制改革源于封建制发展的结构性矛盾。公元前7世纪，中国历史上发生了著名的周幽王烽火戏诸侯的事件。事件导致西周灭亡，周平王迁都洛邑，史称东周。周朝迁都的后果是打破了原来社会力量的均衡。周王朝实质上是一种大的部落联盟。由力量最强大的周部落来管理其他大大小小的部族。洛邑处于我国中原位置，周围被诸侯国所环绕，缺乏拓展的空间，其土地和税收都相对有限。随着诸侯力量的不断发展，周王朝的力量不足以维持旧有的"朝贡"体系，于是社会系统发生矛盾时，失去了原来的裁判者，战争的威胁立刻凸显。而战争是社会改革的催化剂，在春秋战国这一生死存亡的竞技台上，为了打赢战争，各诸侯国竞相改革传统的制度。鲁国宣公十五年实行"初税亩"，这是一种经济上按亩收税的经济法规，实质上是承认土地的私有，这就打破了过去表面上的土地国有制，分封的基础自然也就不存在了。楚国、晋国相继设立郡县，政治上的分封制也瓦解了。伴随着封建宗法制的瓦解，各国的君主逐步将司法权收归自己所有。自魏国李悝颁布成文法典

《法经》之后，各诸侯国纷纷颁布自身的成文法。法律形式由习惯法过渡到了成文法时代。

春秋战国各个诸侯的竞争，类似于我国传说中的"养蛊"方式。将许许多多的毒虫放在一起，互相残杀，最后剩下的一条最为强大。春秋战国各国的改革或为序幕，或为过程，其中，改革最彻底、国家最强盛的秦国在竞争中胜出，建立起中国历史上第一个中央集权式的皇朝。秦朝建立后强化君主中央集权，在中央实行三公九卿的辅政制度，在地方实行中央垂直管理的郡县制度。在全国范围内统一法度，厉行法制，严选官吏，注重监察，建立起了中国以行政控制为主、法制规则为辅的政治管理格局。这一模式影响了此后两千年的政治形态。

（四）两汉时期：中国古代法制体系的发展成型

秦朝灭亡后，中国又陷入了群雄逐鹿的局面。公元前202年，出身于市井的刘邦战胜了其对手项羽，建立起第二个大一统的中央集权式皇朝。汉朝吸取了秦朝灭亡的教训，法制更为成熟完善。汉初统治者认为，秦朝法律严苛，严刑峻法使百姓民不聊生，这是其灭亡的根本原因。因此，汉初的立法以"无为而治"的黄老思想作为指导。汉武帝时，随着国力的不断强盛，出于对外矛盾的凸显和社会等级化管理的需要，儒家思想被"定于一尊"，成为社会的法定治理思想。从此，中国的法律思想进入"外儒内法"、"阳儒阴法"、"以儒为主，道、法相辅"的时代。

汉高祖刘邦在攻入秦朝首都咸阳之后，即与关中父老"约法三章"：杀人者死，伤人及盗抵罪。刘邦削减繁杂苛刻的秦法，保留三条最基本的法律，符合广大人民的现实需要，成为其战胜强横对手最重要的凭借之一。汉朝建立后，"三章"律法过于简化，无法满足社会治理需求。宰相萧何以魏国李悝《法经》为蓝本，制定了《九章律》。汉代立法活动较为频繁，除《九章律》外，还陆续颁布了《傍章律》、《越宫律》和《朝律》等。从法律形式上看，汉代存在律、令、科、比四种基本的法律样式。律是汉朝基本的法规，具有相对的稳定性。令是皇帝根据特定的事件颁布的诏令,具有最高的法律效力。科是对犯罪者实施科刑的意思,主要是针对某种行为做出的规范和约束,是律的重要组成部分。比是比附,类似于近代司法中的类推原则。

在行政法律方面,汉初在中央实行三公九卿制,在地方实行郡县和分封并行制。在三公九卿制设立之初,作为皇帝副手的丞相,具有相对完整的行政权,对于皇帝既有辅助又有制约作用。汉武帝时,抬高皇权,削弱相权,将属于丞相下面的"九卿"改为由"三公"分属。汉初刘邦认为没有分封亲族加以藩卫的因素是秦朝二世而亡的重要原因。于是,汉初在保留秦郡县制基础上对刘室宗亲进行了分封。分封的国度尾大不掉,终于爆发割据叛乱的"七国之乱"。汉朝从文景时期开始削藩,至汉武帝时取得显著成效,这主要是由于颁布了《推恩令》。《推恩令》改革了诸侯国嫡长子继承制度,众庶子也可继承封侯。于是诸侯国力量越分越小,中央越来越强。这一政策是由贾谊、主父偃等人所提出的,正可谓"国有道其言足以兴"①。汉朝时期进一步发展监察体系,中央的监察主要由御史大夫执掌,地方的监察则由刺史担任。在经济法律方面,汉朝制定了一系列政策以维护国家利益,调节经济的运行。在赋税上,两汉由《田租税律》、《田律》、《租挈》等律法规范来调节税收。两汉多采用实物地租形式,东汉末年改为货币地租。此外,汉代还从重农抑商的基本国策出发,向商人征收极高的赋税。法家一向重视利用法律来加强商业的管理,汉代继承了这一传统。为增加政府的收入,汉武帝时任用桑弘羊进行经济改革,采用盐铁官营和均输平准政策。这些经济政策的采用,在一定程度上保证了抗击匈奴等国家重要战略的完成。在刑法方面,汉朝时期一方面继续加强对威胁皇权和社会治安等犯罪的打击,另一方面也顺应历史潮流适当减轻了刑法处罚的力度,废除了部分肉刑,体现了轻刑化的原则。在民事法方面,汉朝加强对土地所有权的保护。严禁官田在市场上流通,严防私田兼并。但是,对于小农经济社会形态来说,土地兼并问题是一个挥之不去的梦魇,最终会导致王朝的覆灭。

---

① 《礼记·中庸》。

汉代的司法体系中，皇帝具有最高的审判权。一方面，皇帝可以对一些重大案件进行审理复核；另一方面，皇帝也可以亲自审理一些案件。汉代时，九卿中的廷尉是最主要的中央司法长官，如果碰到一些疑难重大案件，则由丞相、御史大夫、廷尉共同审理。在地方上，行政长官和司法长官二者合一。地方长官县令和郡守具有初级和中级的审判权力。在诉讼和审判活动中，汉代分为告劾、鞠狱、乞鞠、录囚、执行五个阶段。汉武帝独尊儒术之后，"春秋决狱"的司法理念开始实行，开启了法律儒学化和儒学法律化的进程，在审案过程中往往根据儒家经典的内容作为判案的依据。从总体上来说，汉朝继承和巩固了春秋以来的法制改革成果，发展和完善了秦朝的各项律法政策，继续发展中央集权制度，维护了中华民族大一统的格局，具有历史进步意义。

（五）隋唐时代：中国古代法制体系的成熟完善

东汉结束后，中国进入三国两晋南北朝的大动荡年代。在三四百年的大动荡时代中，战争频仍，阶级和民族矛盾激化，给人民带来了深重的苦难。战乱迫使人民不停地迁徙，加速了民族间的融合，也促使统治阶级更为注重法制建设以维系生存。公元581年，北周权臣杨坚夺取外孙的皇位，建立隋朝。公元589年，隋朝消灭最后一个割据政权南陈，中国核心文化区域结束了长达三个半世纪的动荡分裂局面。隋朝是一个短命的朝代，但其进行的一系列法制改革影响深远，举足轻重。在法制建设上，隋朝延续了自汉武帝时开始的法制儒家化成果，开启了以后历代"礼法合一，出礼入法"的法制传统。隋文帝时，颁布制定的《开皇律》成为中华法系最重要的律法《唐律》的蓝本。隋朝建国之初，法律务求宽平，社会生产迅速恢复。隋文帝晚年，也开始用刑随意，施刑酷虐。到了隋炀帝时，法令更为残暴，随意增加徭役、兵役。人民纷纷揭竿而起，叛乱不断。隋朝三世而亡，享国37年。

公元618年，隋朝旧臣李渊在长安建立唐朝。唐初统治者汲取隋朝施用严苛刑法三世而亡的教训，认为"水能载舟，亦能覆舟"，在法制建设和运用中坚持以德礼为本、以刑法为用的法制思想，以仁爱立政，以宽平施法，注重维护法度的统一和稳定，使中华法系趋于完备，流传广泛，影响深远。终唐一朝，始终重视立法。早在隋大业十三年，李渊于太原起兵占领长安后，为争取民心，维护秩序，即效法汉高祖刘邦的"约法三章"，与军民"约法十二条"。立国不久，李渊命大臣裴寂、崔善为等人依据《开皇律》修订刑律，颁布《武德律》。唐太宗李世民时期，根据《开皇律》和《武德律》，修订颁布《贞观律》。永徽年间，唐高宗李治责令长孙无忌、于志宁等人撰写颁布《永徽律》。其后，针对在案件审判过程中各级司法机关对律法理解不一致的问题，唐高宗李治责令长孙无忌、于志宁等人撰写《永徽律疏》，作为法律解释的标准。唐玄宗时期，对原有律法又进行了全面的修改删订，相继颁发《唐六典》、《开元律》、《开元律疏》等法典。

唐朝统治者对法制的重视，使唐律体系完备，功能完善。

在政治制度方面，唐朝在中央沿用隋朝三省六部制，在地方设州、县两级。唐初，君臣多为隋朝旧臣。隋炀帝一意孤行三征高丽，数度南巡，严刑峻法亡国的教训，使唐朝在初期的政治制度设置中突出了对皇权的限制。中书省代表皇帝，拥有诏书的拟制权、立法权；门下省作为决策的审核机关，拥有附署权和封驳权；尚书省是决策和法律的执行机关。唐代时地方的军政职责尚未分开。唐代州的地方长官叫刺史，县的地方长官被称为县令，执掌地方行政、司法、军事等各项事务。唐玄宗时，为防止外敌入侵，在边海疆地区设置了八个节度使。节度使拥有完整的行政、财政、军事等各项权力，随着中央吏治的腐败，藩镇力量的增强，埋下了唐朝中后期政局动荡的根源。

在经济法规方面，唐初统治者汲取汉朝后期土地兼并造成社会动乱的教训，也根据传统大同社会的理想追求，实行均田制。武德七年，唐高祖颁布《均田令》。《均田令》规定，授丁男和18岁以上中男20亩"永业田"和80亩"口分田"。"永业田"归私人所有，可以继承和在符合条件下买卖。"口分田"归国家所有，不得私自买卖，田主死后收归国有。但是，在农业经济时代，土地是最重要的财富，粮食是堪比黄金的财产。均田制未能遏制住土地兼并的趋向。安史之乱后，均田制自行废止。在赋税制度方面，唐初在均田制的基础上建立了"租庸调法"。均田制废止后，租庸调制也无法实行。唐德宗建中元年，开始实行两税法。因两税法简便易行，为后世历代所沿用。

在刑事法律制度方面，唐代沿用隋的"笞、杖、徒、流、死"五刑制度。唐代刑事法律最明显的特色是"援礼入法"的发展，例如制定准五服以论罪制度、老幼病残犯罪减免刑罚原则等。由于唐代法制中礼与法的高度融合，过去的"春秋决狱"体系自然失去了存在的意义，因而在唐代被废止。在民事法律制度方面，唐代将民事权利的主体分为良人和贱民两类。良人包括士、农、工、商四个群体，贱民分为官贱民和私贱民两类。随着法律儒家化进程的大幅推进，唐朝的民事法进一步明确了家长制的权威，确立了家长的教令权，明确了丈夫对妻子的夫权。

唐律的伟大之处或许不在其完备，而在于其蕴含于威严法度之后充满脉脉温情的理想追寻。中华民族是一个充满理想的民族，大同社会的追求汇集了儒、墨、道、法等各家对美好社会的向往。无论是三省制对君主权限的限制，均田制对社会公平的追求，还是刑律中宽宥老幼的条款，都为唐律镀上了一层光辉的色彩。唐律代表了中华法系的完善成熟，逐渐流传开来，被周边的日本、朝鲜、越南等国家采用，影响深远。

（六）宋元明时期：中国古代法制体系的衰落

日中则昃，物盛则衰。中华法系的发展亦是如此。度过唐朝法制的繁盛期后，中华法系自宋朝起开始衰落。唐朝末年，藩镇割据问题越来越严重，最终华夏大地四分五裂，又陷入动荡时代。公元960年，五代后周大将赵匡胤于陈桥兵变，黄袍加身，建立宋朝。宋初统治者针对自唐以来藩镇割据、武将掌权的社会状况，制定了"强干弱枝"、"守内虚外"、重惩"盗贼"、重用文臣、贬低武臣、优待士大夫及不抑兼并的基本国策，继续强化中央集权，导致国家军事上的衰落，此后游牧民族数度进军中原，掌握国家政权。宋朝开国不久，太祖赵匡胤通过"杯酒释兵权"的政治手法收回了大将石守信等人的兵权。由于大批武将被改为文臣，以及宋初统治者优待士大夫的决策，终宋一朝，土地兼并问题十分严重，许多农民流离失所。一方面，无业农民的增多带来了商品经济的发展；另一方面，许多无法生存的农民铤而走险，落草为寇，增加了社会治安的压力。我国著名小说《水浒传》描述的正是这种历史条件下的事件。北宋时期，理学开始兴起，到南宋朱熹集于大成。理学从主客二分的哲学原则出发，将属人的世界划分为一边天理，一边人欲。理学的目标是存天理而灭人欲，用天理的独大来实现世界的归一。理学被统治者用于禁锢人们的思想和行为，中国诸子百家曾齐齐绽放的花朵日渐凋零。但根据哲学否定之否定的辩证规律，也催生出后来明朝时期阳明心学之兴起，成为很多士人精神皈依的选择。在法律制度上，宋朝在继承唐律的基础上，更加重视皇权的统治，因此敕、例等皇权立法形式的运用更为普遍。在刑事法中，宋朝沿用五代的做法，在五刑外增设凌迟、刺配、决杖等酷刑，这是对历史轻刑化趋势的一种反动。在民事经济法方面，由于商品经济的逐渐发达，经济立法有所增强。典卖、借贷、租佃等契约制进一步发展。婚姻、继承等方面的法律有所完善。

公元1279年，南宋灭亡，中国历史上第一个由少数民族建立的统一中央集权制国家——元朝建立。元朝是由游牧文化少数民族建立起来的军事政权，其法律思想充满了民族压迫和民族歧视色彩，浸染了征服者的骄傲。在政治制度上，元朝建立后即实行政教合一的政治制度，僧侣在国家中享有重要的政治地位。元朝以法律的形式确立民族间的不平等。在法制建设上，元朝保留了蒙古族部落根据习惯法处理社会事务的传统，又吸纳了许多军法军规作为法律，同时借鉴了唐律、宋律的部分内容。由于元朝的法律系统一开始就充满了不平等的色彩，因此在实践运用中就更为暴虐，为元朝日后在民族反抗的洪流中瓦解种下了因由。

取元代之的是明朝。明太祖朱元璋出身微末，成功于草莽之间。元末吏治的腐败、社会的动荡、人民的苦难都影响了他的治国思想。他以"明刑弼教"、"礼法并用"、"乱世用重典"及法律宜普及易懂为法律建设思想，加强集权，废除宰相，创设"廷杖"，重法治国。为加强皇权，明初统治者除颁布基本法典《大明律》外，还颁行御制《大诰》。《大诰》诰文采集汇编对罪犯严惩的典型案例、朱元璋的峻法严令以及对臣民的训导话语等，具有很高的法律效力。明朝法律体系最重要的特色莫过于厂卫对司法的干预。厂卫都是直属于皇帝指挥的特务机构。出于加强皇权的需要，也由于对官僚阶层的不信任，明朝设立厂卫特务系统并赋予侦察、逮捕、刑讯、审问等各项执法司法权力。厂卫制度打开了明朝特务机构兼理执法和司法的"潘多拉魔盒"。

（七）清朝时期：中国古代法制体系的终结

清朝是中国最后一个帝制王朝，也是中华法系的终结时代。以鸦片战争作为分界线，可将清朝分为前后两个时期。清朝前期是中华法系发展的继续，是对明朝专制法制的继续巩固和强化。清朝后期，西方列强跨洋而至，用坚船利炮敲开了古国的大门。在接下来的一个世纪当中，中华民族多灾多难，战乱频仍，屡遭欺凌。在中西文化的激烈交锋中，在半殖民地半封建经济体系的影响下，在内外矛盾交织的困境里，中华法系在延续近五千年后最终解体。但中国法律的建设却掀开了新的篇章。

问题是时代的号角。历史上的重要改革无不是对重大问题的回应。清末法制的转型亦是如此。清朝末年面临的首要问题是外患问题。1842年，中英鸦片战争落幕。清朝惨败，被迫签订丧权辱国的中英《南京条约》。列强至此之后通过一系列的战争逐步获得我国部分领土的行政管理权限，也逐渐获得领事裁判权等不合理的执法司法权限。鸦片战争惊醒了中国人天朝上国的迷梦。此时，一部分清醒的官员和知识分子主张改革，向西方学习。当时的改革派主要把目光聚焦于经济改革和军事改革上。他们认为中国的落后主要是技术上的落后，于是提出了"师夷长技以制夷"的主张。自1842年至1895年半个世纪之间，清朝的改革主要限于经济和军事装备上，未涉及制度的根本。1895年，中日甲午战争爆发。清朝虽拥有表面上的军事优势却遭惨败，签订了割地赔款的《马关条约》。这使许多国人极为愤慨伤痛。当时，康有为、梁启超等人组织1300余名在京应试的举人联名上书光绪帝，痛陈国家所面临的危亡之局势，提出拒和、迁都、练兵、变法等主张，史称"公车上书"。公车上书标志着资产阶级改良派登上了历史的舞台。1897年冬天，德国军队强占山东胶州湾,进一步引发了各国列强瓜分中国的狂潮,光绪帝不愿做"亡国之君",请康有为筹划全面变法事宜。1898年6月11日,光绪帝颁发"明定国是"诏书,维新变法正式启动。在接下来三个多月的变法过程中,光绪帝颁布上百部诏书,采用开放言路、任用新人、设立咨询机构、鼓励民办企业、改用西方军事训练、改革教育制度等新法革故鼎新。1898年9月,戊戌变法失败,社会矛盾进一步激化。资产阶级改良派发展为君主立宪派,以孙中山等人为首的资产阶级革命派也开始兴起发展。1901年,八国联军入侵北京,慈禧太后携光绪帝逃往西安。形势的严峻,使得慈禧太后认识到不变法则亡国。于是,她以光绪帝的名义颁发了一道"预约变法"的上谕,要求官员提出变法意见。1901年始,中国进入晚清"新政"时期。1904年日俄战争在我国辽东半岛爆发,最终日胜俄败。日本胜利的因素被国人认为是君主立宪政体的优越,国内实行君主立宪制的呼声高涨。1905年,清政府派五大臣出洋考察西方政治制度。五大臣回国后,向慈禧太后汇报立宪改革对清政府来说有永固清廷皇位、减轻外患、消除内乱三大好处。五大臣的报告打消了清政府实行君主立宪的顾虑。1906年9月1日,清政府颁布《宣示预备立宪谕》,宣称要为立宪做准备。而立宪的内容主要为改革行政制度、律法内容、经济法规,开办新式教育,建立新型军队,等等。晚清预备立宪可分为三个阶段:第一阶段是《钦定宪法大纲》的颁布;第二个阶段是资政院和咨议局的设立;第三个阶段是《十九信条》的颁布。但清政府的立宪活动没有挽救其衰败没落的命运,1911年10月,辛亥革命爆发,彻底终结了中国王朝时代。清朝结束后,中华民族的法律建设开始了新的篇章。

三 中国古代法制传统的当代启示

中国古代法制传统自中华民族诞生之时即开端至清朝末年落幕,延续数千年,为中华文明的延续发展做出了重要的贡献,其经验值得汲取,其教训可引以为鉴。

（一）摒弃古代人治传统，实施依法治国

习近平同志深刻指出，要坚定不移地走中国特色社会主义法治道路，清晰表达了我们要走的是法治道路，而不是人治的道路。这一思想的正确可以被中国古代法制建设的正反经验教训所印证。中国古代的法制建设对于中华文明的形成和巩固具有重要意义。梁启超认为，国家主权之"表示于外者谓之法，故有国斯有法，无法斯无国"[①]。从这个意义上讲，在秦朝建立前，我国并未建立起真正意义上统一的国度。夏商周时期，政治分封，国家政权被大大小小的封建贵族所分割控制。春秋战国时期，法家兴起，中国历史上开始了大规模运用法制对国家运行进行改造建设的活动。在秦朝时期，中国开始步入了大一统的中央集权式王朝时代，中华文明的主体得以稳固，从而避免了陷入古罗马帝国分崩离析式的局面。但是，由于时代的局限，古代中国的法制建设还很不成熟，本质上还是一种人治。因此古代中国历史产生了一种规律性的现象。往往一个朝代建立初始，法律被社会系统各阶层所重视，官僚阶层相对廉洁奉公，法制运行状态良好，社会秩序井井有条。到了王朝中后期，官员阶层逐渐腐化，法制不被重视，社会治理混乱。唐朝贞观年间，君贤臣明，法制运行良好，法律意识强化。贞观六年12月，唐太宗放天下死囚回家与亲人团聚，约定第二年的秋天回京领受死刑。当时共有390名被判死刑的犯人，被释放回家后并未派人监管。第二年秋天，囚犯全部如期回来受刑，无一人逃跑。这个典故反映了在古代中国法制运行良好时期，司法公正，法制普及并被尊重认可。而在魏晋南北朝时期，政局动荡，社会混乱，法律秩序被破坏。当时，晋朝并州州长司马腾为了筹措粮饷，大规模抓捕胡人，贩卖奴隶。许多奴隶在贩运途中悲惨死去，其中有一名逃跑的奴隶石勒建立了后赵国，用暴力手段杀死了更多无辜的人。因此，中国古代法制带有明显"其人存，则其政举；其人亡，则其政息"[②]

[①]《梁启超论诸子百家》，商务印书馆，2012，第49页。
[②]《礼记·中庸》。

的人治色彩。这给我们带来的启示是，不但要建立法制，更要建立法治。社会秩序的形成，要处理好价值判断、是非取舍的问题，这要求必须明确规范体系为社会所有问题的最后"裁判"。这个"裁判"就是法律，这种治理方式就是法治。法律在法治状态下，与其说是"导民一轨"的社会规范体系，不如说是凝结多元社会的一种权益对话平台，规则明确系统。同时，法治并不排斥德治，反而是将模糊的"德"这一概念更为明确化、规则化，从而更能尊重人的人格，保障人的权益。因此，从这个意义上讲，法治就是最根本的德治。只有依法治国，法律的运行水平才不会因人事的变换而忽上忽下、忽高忽低，才会为社会发展的良好运行提供强有力的法律保障。

（二）汲取古代立法经验教训，实现科学立法

党的十八届四中全会提出，法律是治国之重器，良法是善治之前提。只有建立完备而蕴含公平正义精神的法规体系，才会为社会的法治化运行提供完善的法律依据。中国古代有着丰富的立法思想，值得我们细细盘点梳理并批判承继。一是重视立法，注重法典的完备性。《管子》中主张，立法要"博而不失，因以备能而无遗"[①]，即法律只有完善没有遗漏，其功能才会完备而没有遗失。春秋战国时代，各诸侯国实施变法，开始了成文法典的颁布活动。秦朝时，以李悝的《法经》为蓝本制定了秦律。1975年12月在湖北省云梦县睡虎地秦墓中出土的《睡虎地秦墓竹简》显示，秦律已包含刑法、行政法、经济法、军事法、诉讼程序法、法律疑难问答等完备的法律内容。汉朝时，相继颁布了《约法三章》、《九章律》等汉律六十篇以及《酎金律》等法典，并形成了以律、令、科、比、"故事"等综合各种形式建立法律体系的方式。由于重视立法，我国古代形成了十分完备的法律内容体系，为法制的运行奠定了良好基础，也使中华法系在很长时间内处于世界领先地位。二是以民为本，端正立法根据。我国自周代开始提出以民为本的德治思想，形成了从民众需求出发、

---

① 《管子·宙合第十一》。

立法为公的立法思想传统。法家代表人物慎到认为,"法制礼籍,所以立公义也。凡立公,所以弃私也"①。他认为法制建立必须立公弃私、遵从大义。《管子》、《商君书》、《荀子》中也都有法度建立的思想。在立法实践中,我国历朝历代的立法活动都着重突出"德主刑辅"的法律思想。其中,最根本的"德"是以民为本,是生民之德。以民为本的立法思想,使中华法系的发展具有理想追求的道义性,也催生了法制史上许多感人肺腑的故事。三是立法有道,优化立法方式。古代立法施政,在很多时期十分注重根据环境的变化而调整法策。古人总结出很多有价值的立法方法,值得我们参考。例如,《管子》中系统阐释了颁布政策、制定法律的理论方法。管子认为治政立法要依据"则、象、法、化、决塞、心术、计数"七方面综合考察。所谓的"则"就是"道",是指万物运行的规律。不依据道,而要立法定制,就会像把测度时间的标杆插在转动的陶轮上,摇动竹竿而妄想稳定它的末端一样不可得。所谓的"象"就是形象,是指事物的形状、功能、名称、时间、相似、类属、次序、状态等。不了解形象,而想用人施政,就好比把长材短用、短材长用一样不匹配。所谓的"法"就是"规范",是指尺寸、绳墨、规矩、衡石、斗斛、角量等。不了解事物的规范,而想治理人民、统一群众的行为,就好比用左手写字,而用右手拉住左手使其停止一样荒谬。所谓的"化"就是教化,施用教化使百姓渐渐改变、慢慢顺应、接受磨炼熏陶、适应习惯。不明白教化的道理而想移风易俗,就好比早上刚揉弯木头制造车轮,晚上就要乘上新车一样而不可得。所谓的"决塞",是指通过调控给予与夺取、危险与平安、好处与害处、困难与容易、开放与关闭、死亡与生存等来引导人们的行为。不了解决赛之术而想驱使人民,就好比使水倒流一样是不可行的。所谓的"心术"就是品德,是指待人是否老实、忠诚、宽厚、帮助、理解、宽恕等。不把握品德习性而想对人们发号施令,就好比背着靶子射箭而希望准确命中一样是做不到的。所谓"计数"是指"计量",是指测量事物的刚柔、轻重、大小、虚实、远近、多少等。不

---

① 《慎子·威德》。

细致测量掌握情况而想要办成事业,就好比没有船舶而想渡过水险一样不会成功。总之,立法定制必须要探寻事物背后的规律,准确把握事物的性能和人的特长,善于运用校正行为的规范;深刻理解人们的心理特征;综合运用引导人们行为的各种方法,对事物的进程要进行精确的把握和科学的筹划。①

限于时代的局限,古代中国的立法传统还有很多的不足。其中最重要的一点是立法活动只是官僚阶层极少部分人的行为,法律的制定缺乏广泛的民众参与,极易与社会实践脱节。以这种方式制定出来的法律,其目的与实践效果往往南辕北辙。西汉末年的王莽是极富儒家大同社会理想的统治者,曾令杀死奴婢的儿子偿命,无论在中西方历史上都极为罕见。他在执政后以儒学理想为蓝本修订了许多法律,在中国古代法制史上具有重要的地位。王莽的法制改革以建立更为平等的社会体系为抱负,具体举措包括推行恢复国有土地所有权的井田制,改革币值,平均分配土地,禁止使用奴隶,等等。但是王莽的立法以儒家的《周礼》为蓝本,以闭门造车的方式来制订,无法有效地指导社会实践。当社会爆发严重的危机时,王莽仍在研究《周礼》,修订以《周礼》为根据的法令,无疑难以成功。古代立法的不足之处,启示我们立法工作一定要紧紧依靠人民,联系社会实践,以有效规范社会系统。

(三)严格执法,公正司法,维护法律公平正义

《管子》认为:"政者,正也。正也者,所以正定万物之命也。"② 管子认为政治是用来公正确定万物的位置和命运的。这需要运用良法来治国,既需要制定良好的法律规范体系,也需要维护优良的法律运行状态。商鞅认为:"国皆有法,而无使法必行之法。"③ 建立法律后,如何执法、怎样司法成为维护法律公平与正义的关键。一是要正确处理法与情之间的关系。中国古代社会是一个人情味非常浓厚的社会。人情有其合理之

---

① 参见赵兴华《立之以道 富国强兵》,《解放军理论学习》2015年第2期。
② 《管子·法法第十六》。
③ 《商君书·画策》。

处。"自诚明,谓之性。"① 人情出自人与人之间互相关爱的本性,是沟通人与人之间关系的纽带和桥梁。浓浓的人情将整个中国社会牢牢维系在了一起。法不外乎人情。法律规则也是抽象出来的最基本的人情。但是,人与人之间有不同的人情,如果按照每个人不同的人情来执法司法,无疑会破坏法律的公正。历史的经验告诉我们,维护法律的公平正义,要施法"平之若水",不可徇私情而枉国法。但古代的执法司法者往往面临国法和私情取舍的两难选择。我国战国时期,楚国有位宰相名叫石奢。石奢为官清正廉洁,不阿权贵,不徇私情。有一天,石奢到地方巡视,路上遇到一名罪犯行凶杀人后逃跑。在追捕的过程中,他发现该罪犯竟然是他的父亲。他羞愤难当,命令属下不要再追捕了,放走了父亲。回来后,石奢命人把自己捆绑起来,请求司法部门论罪处置。楚王爱惜石奢是国家的栋梁,要宽恕他的罪行。石奢表示:"不放走父亲,就是不孝;不遵守国法,就是不忠。大王宽恕我的罪过,是大王的恩德;伏法而死,却是臣的职责。"最终石奢以身殉法,自刎而死。国法和私情的冲突往往会使执法司法者无所适从,或徇私枉法,或面对内心情感的纠葛。严格执法、公正司法,要正确处理国法和人情之间的关系。要令国法成为最重要的人情,要使人情服从国法。二是要掌控好法律实施的"度"。法律以强制力为基础维护社会的秩序,建构社会的公平与正义。因此执法司法过程中,需要科学掌握法律实施的"度",既不可"过",又不能"不及"。法律实施过于刚性,会让法律受体感到规则的压迫力;法律的实施过于柔性,就不能起到以规则来治理社会的目的。因此,执法与司法过程中,以事实为依据,以法律为准绳,科学开展法律活动,才能达到法律的目的。三是要科学处理法律实施机构的"分"与"合"。法律实施机构的分与合,实际上讲的是法律权力根据功能的分工合作问题。在我国奴隶制封建时代,实行贵族共治制度,各种司法执法权力合为一体。春秋战国时代,权力监督思想发展完善。《管子》中说:"是故有道

---

① 《礼记·中庸》。

之君,上有五官以牧其民……下有五横以揆其官。"① 当时已经从理论上开始重视对官员的监督管理问题。自秦之后,各级政府开始分化出专门的监管部门,在中央设置廷尉、刑部、大理寺等机构行使执法和司法功能。但是由于时代的局限,古代执法、司法权力与行政权紧紧结合在一起。在地方,最高的行政长官也是最高的执法者、司法者。在中央,皇帝拥有最高的司法权限。在这样的情况下,对于执法和司法的监管是非常有限的。许多正直的监管官员反受正直所累,丢官舍命之事在历史上时有记载。这启示我们,依法治国要做好法律权力的监督管理。只有让权力运行在阳光之下,执法才会严格,司法才会公正。

---

① 《管子·君臣上第三十》。

第三章

外国法治理念和模式

党的十八届四中全会强调,全面推进依法治国,必须"借鉴国外法治有益经验,但决不照搬外国法治理念和模式"。有效借鉴国外法治有益经验是坚持和发展中国特色社会主义法治理论的必然要求,是实现国家治理体系和治理能力现代化的客观需要。人类社会发展的历史证明,国外法治有益经验是人类文明的智慧结晶,对人类社会的发展与进步发挥着重要推动作用,加强社会主义法治建设应加大对其借鉴和吸收的力度。同时,也要充分认清国外法治理念和模式的阶级本质与理论局限,坚持一切从实际出发,立足国情,借鉴国外法治理念和模式的精髓,走中国特色社会主义法治发展道路,推进中国特色社会主义法治体系构建,建设社会主义法治国家。

一 外国法治理念和模式的生成与演进基础

外国法治理念和模式是一定社会物质条件的产物,是在特定历史环境中产生和发展的,有其存在和演进的物质基础与精神支撑。全面思考和分析外国法治理念和模式,特别是比较典型的西方法治理念和模式的生成与演进基础,对于认识和理解外国法治理念的内涵本质、特点规律等具有重要作用。

第三章　外国法治理念和模式

（一）外国法治理念和模式生成与演进的经济基础

西方不断发展的经济为其法治理念和模式的产生与发展奠定了坚实的经济基础。西方法治理念和模式是其经济发展的产物，并伴随经济发展而不断演进，同经济发展水平与贸易繁荣程度密切相关。早在古希腊罗马时期，私有制度、财产观念、商业精神等有力促进了西方法治文化的萌芽。随着资本主义经济充分发展，法治理念和模式也获得较大程度的发展。西方社会商品经济比较活跃，贸易流通不断增速，市场范围日趋拓展，反映商品经济发展要求的法治文化十分发达，并由此提出了法律至上、契约自由、权利保障、权力制约等一系列法治理念，并在此过程中，受不同国家条件与历史环境的影响，形成和积淀了相应的法治模式。经济的发展对法治的影响是全面而深刻的，不仅促进了法律原则和规则的构建，而且促进了法治精神和意识的培育。法治不是外在的强制，而是错综复杂、瞬息万变的现实经济生活迫切的内在需求，成为维护经济权利与自由的有力保障。经济发展的客观需要，有力推动和促进了法治的丰富与完善。大多数西方国家法治现代化进程是内发的，是特定社会自身力量特别是经济力量产生的法的内部创新，呈现自下而上的、渐进变革的特点。西方法治绝不是一蹴而就的，有其深刻的经济因素和雄厚的物质基础，是其长期以来经济发展造成的，经济的日益发展为西方法治理念和模式的逐步演化与不断改进注入动力。

（二）外国法治理念和模式生成与演进的政治条件

西方法治传统是西方政治传统的一部分，深深根植于西方政治传统。西方法治理念和模式来源于西方政治传统，在西方政治传统中孕育变化，并成为西方政治传统的彰显与体现。西方法治理念产生于古希腊城邦的公民政治共同体：公共政治活动是法治理念的源头；作为公民政治文化表现形式的戏剧活动对法治理念的形成具有促进意义；作为公共文化空间的体育竞技场所也是法治理念孕育的摇篮。① 近现代法治传统的形成需追溯到11世纪,法治的发展得益于多元集团彼此抗争妥协这个政治因素。西方资产阶级兴起后,风起云涌的资产阶级革命为法治思想注入了新的内容。在洛克、孟德斯鸠、卢梭等人的思想激励下,英国、美国、法国爆发了资产阶级革命,推翻了封建统治,确立了议会的主权地位,加强了权力制约,强调公民权利与自由保护。同时,在其政治进程影响下,也开始了法治模式的探索。英国自由法治学说与德国法治国理论并不相同,是因为它们面临的政治历史环境不同。英国以议会为据点,制定法律,以限制王权、恢弘法治。而德国以皇帝和首相为重心,议会不能对政府进行有效约束,行政权较强。其法治国理论注重对已制定的法律进行解释,用以对抗权力独大的政府。西方法治理念和模式发展历程同西方政治进程密切相关,西方政治进程的演进推动了其法治理念和模式的演变。直到今天,西方法治理念和模式的演变仍然深受西方政治进程的影响,同西方政治进程存在千丝万缕的联系。

(三) 外国法治理念和模式生成与演进的文化传统

西方法治理念和模式的形成不仅有其特定经济基础与政治条件,还受到其源远流长的文化传统的深刻影响。西方文化为西方法治理念和模式的形成和发展提供环境与条件,注入持续发展的思想支持与信念动力,并成为西方法治理念和模式的灵魂与精神。西方人文主义文化传统历史悠久,对法治发展的意义尤为深远。人文主义把人的主体地位放在突出而重要的位置加以强调,注重人的价值、尊严和生存意义。人文主义将以人为本、张扬理性、精神关怀等作为价值追求。西方法治理念和模式是在其人文主义文化传统中产生和孕育的,并不断变化演进。西方人文主义文化传统奠定了其法治理念和模式的发展方向与运行轨道,西方法治理念和模式深受其人文主义文化传统的影响,并不断从中吸取养分和动力。现代西方法治

---

① 沈瑞英:《法治理念:希腊城邦政治文化的精粹》,《上海大学学报》(社会科学版) 2003年第5期。

理念和模式历经古希腊罗马道德观、自然观与欧洲中世纪宗教观,并基于工业文明对神治的理性批判而生成。文艺复兴运动大力张扬科学、理性、博爱、人权精神,西方法治理念和模式在这一大背景下逐步发展,最初突出的是限制王权,并经启蒙思想洗礼。现代西方法治理念崇尚自由、平等、公平、正义精神,注重理性主义、民族主义等民主意识,强调权利保障和权力制约,现代西方法治模式形式多样,呈现不同特色,都是其厚重文化历史传统的产物,也是其文化历史传统的传承。

(四)外国法治理念和模式生成与演进的社会结构

西方法治理念和模式产生的深层根源在于西欧中世纪形成的国家和社会之间独特的社会架构——市民社会。市民社会是西方法治理念和模式的生存土壤,是西方法治理念和模式实现的社会基础。形式多样、活力无限的市民社会既促进了经济发展与市场繁荣,也促进了法治理念和模式的不断变化与改进。市民社会内化着现代法治理念和模式。法治尤为关注的是人的自由,法治的价值目标应当是自由意义上的平等。市民社会是以自由产权为核心的市场经济社会与契约社会,在长期的商品交换与贸易流通中,自由和平等精神必然潜滋暗长并不断孕育;市民社会通过发展市场经济,为实现法治创造基础性条件。在市民社会中,多种自治组织培育得到广泛重视,有力促进了市场拓展与经济发展,为实现法治创造了有利环境;市民社会突出强调以权利制约权力,限制滥用职权。现代法治以限制权力与保障权利为基石,强调法律面前人人平等,市民社会重视保障权利,注重限制权力,并在二者的有效互动中实现法治的目标与追求。[①]

二 外国法治理念的主要内容

在较长的发展历程中,由于受各方面主客观因素的影响和推动,外

---

① 龙一平:《西方市民社会法治对架构我国法治之路的启示》,《法制与社会》2014年第4期。

国法治理念的内容不断丰富，呈现由不成熟走向成熟、由不完善走向完善的变化趋势。了解外国法治理念的主要内容，有助于系统掌握外国法治理念的脉络与结构，加深对其实质与作用的认识和把握。

（一）崇尚理性精神

西方理性精神源远流长，逐渐发展，从古希腊罗马开始一直演进到中世纪、近代直至现当代社会。在西方法治进程中，形成和发展了包括古希腊罗马法治理论、中世纪西方法治理论、近代西方法治理论、现代西方法治理论、当代西方法治理论等在内的一系列体现理性精神的法治理论。

西方自然法蕴含深刻的理性精神，具有丰富内涵。理性即自然法，自然法即理性。从斯多葛学派正式表达到西塞罗对自然法系统化，从格劳修斯崇尚自由、人权的古典自然法，到罗尔斯重申法的道德性的新自然法，都蕴含丰富的理性精神。自然法的发展历史就是理性的发展历史，自然法的前进历程就是理性的前进历程。在自然法思想影响下，近现代西方法治理念与其理性精神一脉相承：强调自然法是人定法基础，人定法须合乎自然法；注重自由、平等、民主和法治等；强调实体正义与程序正义；重视对公民权利和自由的保障。

文艺复兴以来，法律理性得到充分张扬。近代西方法学家大都强调法律对社会生活的重要性，肯定法律的强制性、普遍性、确定性、平等性等特性，法治内涵逐渐丰富充实。如霍布斯疏离宗教神性的极端法律理性观，洛克以法律理性为核心且以自然法精神为补充的温和法律理性观，黑格尔把法与自由绑定考察的辩证法律理性观，等等。20世纪70年代兴起的经济分析法学创始人波斯纳仍然非常重视理性，强调人是对自我利益的理性的最大限度的追求者。

尽管20世纪以后产生的批判法学、现实主义法学与后现代法学等认为，法律是非理性的，法律理性只是一种虚无缥缈的"神话"，但是他们并不能列举充分的理由否认法律的道德因素与理性精神。伯尔曼《法律与革命》的写作目的就是摆脱西方法律理性面临的危机。他焦虑地认为，现代西方法律正变得远离道德而更加接近权术，迫切需要形成新的法律信仰。当代西方社会有重新整合法律理性，回归法治传统精神的内在愿望。

（二）推崇正义观念

正义观念是西方法治理论的主线。从正义论视角看，西方法治理论思想渊源的脉络包括：古希腊罗马思想家的思想渊源是抽象正义论，近代思想家的思想渊源是正义论基础上的古典自然法理论，现当代西方思想家的思想渊源则是基于不同政治主张的正义论和自然法理论。

正义是西方许多思想家，特别是法学家高度关注的核心问题。古希腊罗马的正义观对西方法治传统影响深远，构成西方法治传统的重要价值。柏拉图名著《理想国》关注和探讨的中心问题就是正义问题。德国法学家拉德勃鲁赫指出，法律理念，首先是指正义，正如罗马法学所指出的："法律来自正义就像来自它的母亲，所以正义先于法律。"比利时哲学家佩雷尔曼认为，正义是人类最宝贵的价值。罗尔斯强调，"正义是社会制度的首要价值"[①]。博登海默认为，"正义观念往往是同自然法概念联系在一起。人类关于正义的思想演化同人类假定的'自然法'的存在及其存在的重要意义的各种探究之间的关系极为深厚"[②]。英国法学家菲尼斯认为，"正义的要求是实践理智性基本要求的具体含义，即人们应有利于和促进他的社会的共同幸福"。纯粹法学代表人物凯尔森认为，正义是一种主观的价值判断，人们无法判定某一法律是否正义，但他同时不得不强调，如果将正义理解为"合法性"，那么法律科学中就可以包括正义概念。西方学者并不满足对正义的单纯强调，而是对正义进行更为深入的研究，试图从更深层面把握正义的本质与内涵。德国的施塔姆勒认为自由是正义的核心；拉德勃鲁赫认为是平等；耶林认为是安全；罗尔斯认为是自由和平等二者，但第一位的是自由。

---

① 罗尔斯：《正义论》，转引自俞可平主编《西方政治学名著提要》，江西人民出版社，2000，第398页。
② 博登海默：《法理学法律哲学与法律方法》，邓正来译，中国政法大学出版社，1999，第271页。

（三）突出法律至上

法律至上思想萌生于古希腊罗马时期。西塞罗认为，执政官乃是会说话的法律，法律乃是不会说话的执政官，意在强调法律无比重要。在希伯来文化与希腊文化融合后，法律至上得到空前的重视和强调。当时的法律思想家认识到，将法律置于至高无上的位置，以法律确立的标准为标准，以法律认定的尺度为尺度，以法律作为解决纠纷、化解矛盾的依据，对于树立法律权威、维护法律尊严、反对等级特权、落实法律面前人人平等原则、有效防范和克服政府权力对公民权利的侵害等具有重要作用。

西方近现代法治思想家提出符合资产阶级需求的法治思想，将法律置于至高无上的位置。哈林顿强调，共和国是法律的王国，而不是人的王国。卢梭认为，国家构成的基本要素不是官员而是法律，应该以法律来规范国家的治理，以法律来限制、控制权力的运作和操作，以法律来监督统治者、官员的执政，以法律来界定其权能和职能。现代法治思想家对法治的认识愈加深刻，法治就是法律至上，法律统治世界。包括新自然法学派、实证主义法学派和社会法学派在内的当代西方三大法学流派，都主张各国在立法、执法和司法过程中应体现法治原则，确保公民权利和自由。如英国新分析实证主义法学代表人物拉兹认为，政府应由法律统治并服从法律。其意在强调，政府应接受法律监督和制约，严格在法定权限内依法行使权力，不得滥用权力，徇私枉法。

（四）强调权利自由

古希腊时代确立的以权利自由为核心价值的法治理念是西方不同时代的共同主题。法治对权利自由的崇尚的实质是对人的尊重与关怀，是对人生存和发展基础的维护与捍卫。季特尔认为，罗马法认定，对于个人权利的保护是国家存在的主要目标。[①] 约翰·亚当斯强调，权利是"人性的结构，扎根于智力和道德世界"，来自"宇宙的伟大立法者"。"人

---

① R. G. Gettell, *History of Political Thought*, Appleton-Century-Crofts, Inc., 1924, p.68.

民，即使在最底层，也变得更加关心他们的自由，越寻根究底、越下定决心要保卫他们自己……"① 戴雪指出，法治精义在于个人权利和自由，法律是个人权利和自由的保证。英国法理学家麦考密克认为，自由之宝贵在于它是人类实现自我尊重以及有能力追求自己关于完美和有价值生活的满足的条件。有的法学家对权利自由的关注更为细致，如美国法理学家德沃金指出，在所有个人权利中，最重要的是平等的权利，"政府必须不仅关怀和尊重人民，而且要平等地关怀和尊重人民"。

西方法治危机促使其倍加关注权利自由。法律实证主义公然抛弃法律中的道德意义与理性价值，将法治工具价值推向极端，法律在世俗生活中沦为追名逐利的手段。两次大战的惨痛经历让人类充分体味技术理性的苦果，生命被践踏，权利被蹂躏，自由被剥夺。二战后，在总结深刻教训的基础上，法治价值取向发生转变，由注重法治工具价值转向法治实体价值，越来越多的国家在法治实践中将人的尊严、权利与自由置于核心地位，并采取切实有效的措施加以保护。

在法治理论研究上，现当代西方思想家、法学家等对权利自由进行持续深入的探索分析。哈耶克从经济入手，从古典自由主义立场对传统法治进行继承与批判，强调现代社会应注重保障权利自由。罗尔斯对自由进行阐释，认为在肯定自由优先的前提下还应注重公平和正义。从诺内特等人的回应型法②，到哈贝马斯程序性法③等的各种理论尝试，都致力于寻找合乎人性能充分彰显权利自由的法。二战以来，西方法治价值由以个人权利自由为核心的形式法治向注重社会公平正义的实质法治转变，由注重工具理性向重视价值理性转变。越来越多的人认识到，只有

---

① Clinton Rossiter, "The American Consensus, 1765 – 1776", in *The Causes of the American Revolution*, edited and introduced by John C. WahIke, third edition, D. C. Heath and Company, 1973.
② 回应型法主动面对社会对法律的需求，根据社会需要参与社会调整，消解冲突，重构社会关系。在应对社会问题的同时也不断促进自身的改革完善，进而在参与社会转型并重整社会秩序的过程中树立法律的权威。
③ 西方法治现状存在严重的工具主义倾向，急需法范式的转换与更新、重构与革命。哈贝马斯的程序主义法范式是为解决西方法治危机而提出的。他重视程序，认为法治的正当性来自民主程序。

把权利自由置于法治的核心地位才能使法治不丧失其目标。现代西方法学理论同时认为,权利自由不是绝对的,法律既保护个人权利自由,也制约滥用权利自由的行为。

(五) 重视权力制约

人类社会发展的实践充分证明,权力既给人类带来巨大利益,也给社会造成深重灾难。权力能否有效运行关键在于能否受到有效制约。绝对的权力导致绝对的腐败,完善权力制约机制是走向现代政治文明和建设法治国家的坚实保障。

西方权力制约思想源远流长。美国法学家埃尔曼在《比较法律文化》中强调:"从古代起,西方人便激烈而无休止地讨论着法律与权力的关系,这种争论奠定了法治观念的基础。"① 在自然主义理性观指导下,希腊人提出人类应"与自然和谐一致生活"的人生观与价值观,开启了西方人对蕴含着权力制约思想的法治国的探索。② 当时的人们认识到,权力受到制约,限制统治者权力,才能达到法治状态。

权力制约思想在西方不断发展。洛克"分权制"、孟德斯鸠"权力制约说"以及卢梭"人民主权说"等都是权力制约思想的经典理论。孟德斯鸠认为:"一切有权力的人都容易滥用权力,这是万古不易的一条经验。有权力的人们使用权力一直遇到有界限的地方才休止。"卢梭指出:"一切合法的政府都是共和制的。"③ 戴雪在《英宪精义》一书中强调:"法治有如下意思,任何人不应因做了法律未禁止的行为而受罚;任何人的法律权利或义务几乎不可变地由普通法审决;任何人的个人权利不是联合王国宪法赋予的,而是来自宪法赖以建立的依据。这首先意味着自由权是受固定的法律制约的,这就排斥政府的任意干涉。"④ 在他们看来,只有坚持人民主权、权力制约和监督,才能生成权在法下、保障人权、

---

① 埃尔曼:《比较法律文化》,三联书店,1994,第92页。
② John M. Kelly, *A Short History of Western Legal Theory*, Oxford University Press, 1997, p.17.
③ 卢梭:《社会契约论》,商务印书馆,1994,第51页。
④ 戴维·M. 沃克:《牛津法律大辞典》,光明日报出版社,1988,第790页。

制约权力、严格执法和公正司法的法治文化。

(六) 注重法律信仰

西方思想家、法学家普遍认同法律的存在离不开信仰的支持。法律信仰作为主观心理状态，是人们对法治生活方式心悦诚服地认同和依归，集中体现法律认知、情感和行为的统一。伯尔曼强调，法律必须被信仰，否则它将形同虚设。它不仅包含人的意念，而且还包含他的情感、直觉和献身，以及他的信仰。卢梭强调，一切法律之中最重要的法律"既不是铭刻在大理石上，也不是铭刻在铜表上，而是铭刻在公民的内心里"。西方法学家认为，只有外在法律符合人的心理或情感，并促使其从内心敬重法律、信仰法律时，法律才能真正被重视，被强调，并有力地发挥作用。

社会主体对法律信仰应具备两个前提。一是法律自身的正义性。自然法学者认为，恶法非法，良法才是法，唯有符合公平正义精神的法才能称之为法，并值得人们尊重和信仰。博登海默指出："法律是正义和秩序的综合体。"社会主体对法律的信仰来自法律自身所具有的公平正义理念和对人类的关爱精神。二是法律实施的正义性。社会主体对法律的信仰在于法律实施的正义对法律产生的神圣感与认同感。法律实施公正无私，才能将法律所蕴含的公平正义精神落到实处。否则，即便法律本身符合公平正义精神，由于执法不严，违法不纠，甚至滥用权力，严重侵权，法律设定的目的也难以实现，法律信仰也难以生成。

西方相当数量的人规则意识较强，法治观念较浓，与他们内心深处对法律的信赖密切相关，与他们重视培育法律信仰紧密相连。在他们看来，将法律内化于心，外化于行，执行法律不再是外在强制，而是内在的需求、源泉和动力。遵守法律、崇尚法律、热爱法律、献身法律成为自觉自愿的愿望、渴慕和追求，法律信仰就会逐渐确立起来。

三 外国法治模式的表现形式

在外国法治发展进程中，由于不同国家面临的历史条件、发展环境及法系不同，法治发展模式呈现一定的差异，各种发展模式既相互对立，又相互借鉴，构成了法治模式丰富多样、持续改进的发展态势。

（一）经验主义法治模式与建构主义法治模式相互促进

西方法治模式源于其历史文化传统。由于渊源、环境、传统等诸多不同，形成英美法系和大陆法系，也形成各自不同的法治模式。基于文化、政治以及经济相似性，英美法系和大陆法系的法治模式在本质上是一致的，只是由于民族与地域的差异呈现不同的特色。无论是英美法系，还是大陆法系，都将法律置于至高无上的位置，主张法治，排斥人治，且将理性主义和科学主义作为哲学基础。由于两大法系在历史传统和政治体制上存在差异，法治发展道路存在较大不同：英美法系深受经验主义哲学影响，建立起重视经验的判例法制度，选择了经验主义法治发展模式；大陆法系受理性主义影响较深，建立起成文法制度，选择了建构主义法治发展模式。

西方法治模式相互交织，相互促进，共同构成西方法治发展道路。西方法治发展历程表明，没有纯粹经验主义法治模式，也没有纯粹建构主义法治模式。英国习惯自然演进，但随着经济日益发展，各方面事务急剧增多，迫切需要法律规范，在"遵循先例"基础上，制定了大量成文法，对于维护社会秩序、促进社会发展发挥了非常重要的作用。德国国家立法虽然占据主导地位，但在萨维尼时期，法律是民族精神的体现成为响亮的口号，对德国法律传统和民族精神的研究成了当时的主流，不仅没有否认经验，而且非常重视经验。因此，无论建构主义法治模式，还是经验主义法治模式，都是两种进路交互作用的产物，只不过在两者中，谁占主导地位而已。

（二）社会优越型法治模式与国家优位型法治模式相互演进

根据对公民权利与政府权力重视程度的不同，还可以将西方法治模式分为英国的"法的统治—社会优越型法治模式"与德国"法治国—国家优位型法治模式"。两种模式既具有各自明显的特色与特征，在实践中又注重相互借鉴彼此的优势和特长。社会优越型法治模式与国家优位型法治模式侧重点有所不同，社会优越型法治模式更加注重对市民社会权利与自由的维护，国家优位型法治模式更加强调维护政府的权力与权威。社会优越型法治模式和国家优位型法治模式并不是截然对立的，只不过立足点不一样。二者既相互对立，又相互统一。无论是社会优越型法治模式，还是国家优位型法治模式，都非常注重根据历史进展与时代需要不断进行相应的调整与改进，以寻求更好的发展。

"法的统治"意为法律之治，无论是国家和社会事务，还是人们的活动，都必须接受符合理性、正义的法的统治，统治者也必须服从法律。其核心理念是捍卫市民社会的权利、个人自由和限制政府权力，以防范政府官员滥用职权，利用手中的权力侵犯公民的权利。近代强国英国所形成的法治模式具有典型的代表性，并对美国等英语国家和地区产生了深远影响。关于近代英国社会优越型法治模式的特征，英国宪法学者戴雪归纳为三点：一是法律优位，禁止政府拥有广泛的自由裁量权；二是法律上主体平等，要求行政权与普通公民都应服从法律，同样在法院接受裁判；三是将宪法作为"通常法律的结果"，英国宪法是法律在法院实际被适用过程中所产生的结果，其所保障的权利，也可在法院中得到救济。英国社会优越型发展模式也不是一成不变的，在法治实践过程中，也注重吸取和借鉴国家优位型法治模式的特长和优势，并进行相应的改进和调整。

德国法治模式与英国不同，被表达为"法治国"。"法治国"理论主张国家依法实施统治，强调国家对市民社会进行管理和约束，重心在国家，认为国家大于市民社会，通过强化行政权力推动社会变革。其确立所依据的是"形式法治国"原理。19世纪后半期，法律实证主义在德国居于主导地位,法被认为只是指现实社会中制定和实施的法律,而不包括蕴含道德意义与理性精神的自然法,法治国家被理解为实现"依(照)法(律)行政"的国家,而法律是否应包含保障自由的内容,不再被视为应关注的问题。公法学家奥托·麦耶对所谓"依(照)法(律)行政"的论述具有代表性,深刻地反映和折射了国家优位型法治模式的特征。他认为"依(照)法(律)行政"包含如下三点:第一,法律优位原则。行使行政权不得违反法律,不允许依照行政法规变更废止法律,变更废止法律的只能是法律。第二,唯有法律拥有"法规范"创制力原则。"法规范"是限制公民权利或以设定公民义务为内容的法规范,其创制只能依照议会制定的法律来进行,而不能依照行政法规。第三,法律保留原则。行政权限制公民权利或使其承担义务,须有法律根据。德国"形式法治国"理论是在立宪君主制基础上形成的,其行政权与立法权各自范围大小是君主与议会相互斗争、相互妥协的产物,也是双方现实实力的反映。一方面,君主与议会共同行使立法权,并接受法律约束;另一方面,将法律事项限定于"法规范",确保行政权在广泛领域中能够自由行动,难以抑制专断性权力。直到德国人民历经法西斯统治残酷体验后,接近英国法治模式的"实质意义法治国家"原则才确立了主导地位。基于历史惨痛经历,德国在1951年设立联邦宪法法院。随后又采取了一系列相应的法治措施。其法治最高目标是通过限制权力和保障权利,防止再度成为纳粹国家。

(三) 刚性法治模式与柔性法治模式相互演化

根据解决问题方式方法的强制力度不同,可以将法治模式分为刚性法治模式和柔性法治模式。从总体上来看,由于西方有较长的法治传统,比较注重运用法律手段解决纠纷,重视法律强制力的发挥,其法治模式大致可称为刚性法治模式。其他国家,特别是东方国家,比较注重通过协商、调解等温和式方式解决纠纷,其法治模式大致可称为柔性法治模式。刚性与柔性模式的划分并不是绝对的,随着时代发展,正发生着悄然演化。

西方国家刚性法治模式向柔性法治模式调整。西方法治比较倾向于刚性模式，但是其法治模式在刚性基础上出现一定程度的软化。20世纪60年代以来，西方法治模式发生重大变化，美国辩诉交易和ADR①纠纷解决机制迅猛发展，绝大部分刑事案件通过辩诉交易来解决，不再通过传统陪审团审理，民事领域ADR日益成为主要的民事纠纷解决方式，且两种制度在全球许多国家蔓延，并日趋强化。这两种纠纷解决方式，和西方传统的司法活动存在明显区别，法院或法官在社会最后屏障上定分止争的作用逐步弱化。西方为应对新的社会问题不得不进行调整和改进，这说明，西方法治模式并非一成不变，而是不断调整的。②

其他国家注重柔性法治模式与刚性法治模式有机结合。东亚一些受儒家文化影响的国家和地区较重视法治模式柔性因素。新加坡的法治模式重视权力制约，也重视权力合作；重视法治国家，也重视法治社会；重视亚洲式人权保障、道德法律化，也重视严刑峻法。注重西方法治观念与儒家价值观念、类似法家思想的价值观念相互融合。比较法学者埃尔曼指出，除沙特阿拉伯、阿富汗等极少数国家，世界上几乎所有国家都受到西方法律文化的影响，但并没有排除某些地区本土法律文化的存在，尤其亚洲和非洲。如日本自1868年明治维新始，将传统法律彻底西方化，但在进行审判和解决个人冲突实际程序中，儒家思想模式常常胜过西方模式。③

四 借鉴外国法治有益经验，但决不照搬外国法治理念和模式

习近平总书记在纪念全国人民代表大会成立60周年大会的重要讲话

---

① ADR（Alternative Dispute Resolution）起源于美国的争议解决的新方式，意为"解决争议的替代方式"，或者翻译为"非诉讼纠纷解决程序"。由于它没有复杂的程序，且不伤当事人之间的合作关系，被很多西方国家采用。司法ADR是近年来国际上兴起的在司法程序内迅速解决纠纷的一种新的方法和手段，是在案件进入法院之后的一种非审判的纠纷解决途径。
② 刘用军：《经济发展模式与中国法治模式的建构》，《学习论坛》2013年第12期。
③ 埃尔曼：《比较法律文化》，贺卫方、高鸿钧译，清华大学出版社，2002，第28—29页。

中指出："对丰富多彩的世界，我们应该秉持兼容并蓄的态度，虚心学习他人的好东西，在独立自主的立场上把他人的好东西加以消化吸收，化成我们自己的好东西，但决不能囫囵吞枣、决不能邯郸学步。"国外法治对人类法治进程影响深远，建设法治中国应注重借鉴和吸收国外有益的法治经验。全面推进依法治国，必须从我国国情出发，坚持中国特色社会主义法治理论，走中国特色社会主义法治道路，决不照搬外国法治理念和模式。

（一）借鉴国外法治有益经验

借鉴国外法治有益经验，是世界多国特别是西方发达国家加强自身法治建设、推动国家发展的历史经验与普遍共识。美国法是以英国法为基础发展起来的，在许多方面都借鉴了英国法的精髓。美国法采用英国普通法、衡平法和制定法的传统形式，继承英国法的概念、原则和规则，如判例效力、归纳推理方法、对抗式诉讼、陪审制度等。美国民法内容也像英国法一样划分为财产法、契约法、侵权行为法、信托法等法律部门。符合美国国情的英国判例法和制定法都被作为美国法的渊源。德国统一后，仿效法国，实施大规模全面立法。从1871年开始，制定宪法、民法典、商法典、刑法典、民事诉讼法、刑事诉讼法和法院组织法，1871年德意志帝国宪法、1900年民法典、1919年魏玛宪法成效尤为突出。日本明治维新后，按照西方法的模式制定各种法典，最初完全效仿法国，但与国情不适应，后又引进德国法。至1907年，最后形成以宪法为核心的六法体系。二战后，日本法律受美国法影响较深，特别在经济立法方面，借鉴美国经验的力度较大，推动日本经济高速发展。海纳百川，有容乃大。抓住历史机遇，更好地借鉴国外法治有益经验，促进国内法治建设，推进国家繁荣振兴，成为当今时代必须深入思考的重要课题。

中国特色法治建设，应继承中国传统法律文化的精华，并应积极借鉴西方法治文化的优秀成果，以培植与客观发展实际相适应的法治理念和模式。法治本土化和国际化两种理论是我国法治发展的进路。法治本土化主张我国法治发展是在本国特定经济社会条件下进行的，有特殊的国情，应立足本国法律传统文化遗产与本土资源，在自身法治生活中发现法治进步因素，思考法治发展进程。法治国际化认为，当今世界国际化、全球化、一体化趋势日趋明显，为满足经济发展、科技进步、市场拓展需求，应善于借助国外法治经验，遵循国际习惯做法，在较短时间内改变法治现状，实现法治现代化。西方法治有益经验是人类法治文化优秀成果的重要组成部分，对其进行借鉴是构建我国法治工程不可缺少的环节。西方法治理念的某些方面，如法律至上、公平正义、平等自由、尊重权利、限制权力等，西方法治模式某些做法，如经验演进、立法建构等，值得科学地加以借鉴。凡是现代法律中反映市场经济共同规律的原则和规则以及成功法治经验都可予以引进。不仅有必要学习西方国家法治的有益做法，还要通过宣传、研究和交流，培养法治意识和法治思维。

在借鉴西方法治有益经验时，必须对西方法治思想侵略性与"西方法治中心论"哲学基础有清醒认识。"泛西方化"法治实践给非西方社会（拉丁美洲、西亚、北非及南部非洲地区）带来严重社会动荡、秩序混乱与生活贫困。西方法治文化本身也存在不能全盘西化的因素：一是西方各国对法治理解不同，导致英、美、法、德等国的法治实践不同。二是西方法治在较长时间内，只强调法律工具价值，不注重法律正义性，以冰冷的法律维持社会秩序，给世界带来深重灾难。三是西方法治自身处于不断变化调整的过程。对西方法治进行借鉴，主要借鉴权利保障、权力制约等有益经验，至于如何弘扬有益经验，则依赖于对法治全新阐释、传承传统文化中积极因素、伦理社会特点及人民当家作主政治文明的要求。[①] 我们在借鉴西方有益经验、主动融入全球法律体系进程中，应坚持独立自主，以更好地维护国家利益与民族尊严。借鉴西方法治，不能照单全收；绝不可抛弃中华法律文化资源和社会主义社会政治资源。必须从中国特色社会主义国情和实际出发，坚持党的领导，坚持法治服从和

---

① 刘树桥：《当代中国法治文化建设的省思》，《广西社会科学》2013年第8期。

服务于国家建设与发展大局。

借鉴国外法治有益经验，必须深刻认清西方法治理念和模式的阶级本质与理论局限。马克思主义哲学强调，生产力决定生产关系，经济基础决定上层建筑。从总体上看，西方法治理念和模式是为占统治地位的资产阶级政治统治和经济利益服务的。当西方法学家所声明的理论主张和思想观点有利于资产阶级政治统治和经济利益时，统治者对其倍加重视，并鼓励其发展；当西方法学家的理论主张和思想观点危及资产阶级政治统治和经济利益时，统治者就会对其遏制打压，限制其扩展。而且，西方法学家所主张和鼓吹的应然的法治理念和模式是一回事，西方社会所实现的实然的法治理念和模式却是另一回事。西方法治理念和模式的发展历史是充满荆棘与危机的历史，特别是现当代社会，随着西方深重的经济危机与金融危机，与西方道德危机、价值危机相伴而生的是严重的法治危机，充分证明西方法学家所主张的法治理念和模式并不是人类法治理念和模式的"理想国"。人类社会要发展，历史要进步，应当反思西方法治理念和模式演变进程中存在的深刻教训与明显不足，充分借鉴各种法治文化的优势和特长，积极探索和发展顺应历史前进步伐、满足社会进步要求的法治理念与模式。

在借鉴国外法治有益经验的过程中，要防止和克服两种倾向。一是过度批判、抵制对外国法治的吸收和借鉴。坚持从我国实际出发，不等于闭关自守搞法治。法治是人类文明的重要成果，其精髓对于各国国家治理和社会治理具有重要意义，我们应学习借鉴世界上优秀的法治文化成果。二是盲目学习外国法治做法，一味否定本国法治实践。学习借鉴不等于简单的拿来主义，必须坚持以我为主、为我所用，认真鉴别、合理吸收，反对"全盘西化"、"全面移植"，不能不加区分，不加鉴别，照搬照抄，生搬硬套。

（二）决不照搬外国法治理念和模式

全面推进依法治国应当立足我国国情。"为国也，观俗立法则治，察国事本则宜。不观时俗，不察国本，则其法立而民乱，事剧而功寡。"选择法治道路、构建法治体系,从根本上讲,是由国家的基本国情决定的。自人类步入法律文明社会以来,在法的国际化同时,每个国家都保留本土法律特色。法律能否得到实施并产生实际效果,关键在于是否符合社会实际需求。中国特色社会主义法治建设不同于西方法治建设,这是由我国的政治、经济、文化等条件决定的。一方面,党领导亿万人民经过多年的奋斗和建设,取得举世瞩目的成就,中华民族正以崭新的姿态屹立于世界民族之林;另一方面,我国仍处于并将长期处于社会主义初级阶段,人民日益增长的物质文化需求同落后的社会生产之间的矛盾仍然是社会的主要矛盾,人口众多,经济实力相对薄弱,地区间发展不平衡。全面推进依法治国,必须从实际出发,实事求是,立足我国国情,突出中国特色。

全面推进依法治国应当弘扬我国优秀历史文化传统。由于历史文化传统的影响,我国只能走中国特色社会主义法治道路,学习借鉴国外法治有益经验而不能复制外国法治理念和模式。中国特色社会主义法治是在我国历史文化基础上发展形成的。我国法治具有中华民族历史文化基因,春秋战国时期成文法典已自成体系,汉唐时期法典趋于完备并逐渐走向成熟。我国古代法制蕴含深邃的文化与丰富的智慧。中华法系体系完整,内涵丰富,在世界法律体系中特色鲜明,代表性强,影响深远。对于我国古代法制传统,要吸收其精华,剔除其糟粕。坚持中国特色社会主义法治,要坚持古为今用、推陈出新,弘扬中华法律文化优良传统。我国可以制定出欧美那样具体的法律法规,但不可能实现欧美模式的法治,这是我国文化传统所致。中国法治,不是欧式或美式法治,而是基于我国文化传统,吸收西方法治文化的法治,是中国式法治。在对西方法治文化进行借鉴时,应根据本国实际情况创造适宜其生存与发展的土壤,使其真正融入我国社会,为广大人民群众认可。应重返传统法治文化的根基,发掘其合理要素,尤其重视我国文化传统中公共权力自我约束的现代意义。承继传统文化合理内核,以建构符合我国传统文化、切合中国人习惯特点、具有现代法治精神的中国现代法治体系。

全面推进依法治国应当发挥我国政治优势。我国是社会主义国家,体现和维护广大人民群众的根本利益，具有无可比拟的优越性。在进行法治建设过程中应着力注重以下四点：一是坚持中国共产党领导。习近平强调，中国共产党的领导是中国现实的政治资源，构建社会主义法治理念的重要保障。党的领导是中国特色社会主义最本质的特征，是社会主义法治最根本的保证。坚持中国特色社会主义法治道路，最根本的是坚持中国共产党的领导。坚持中国特色社会主义法治，必须坚持中国共产党的领导。借鉴、吸收国外法治有益经验，必须坚持党的领导，防止坠入"现代化陷阱"。二是坚持中国特色社会主义制度。我国的法治是社会主义法治，英、美、法、德等国的法治是资本主义法治，性质上存在本质区别。中国特色社会主义制度包括人民代表大会制度，中国共产党领导的多党合作和政治协商制度，民族区域自治制度，基层群众自治制度，公有制为主体、多种所有制经济共同发展等一系列重要制度。中国特色社会主义制度是全面推进依法治国的根本保障。三是以中国特色社会主义法治理论为理论指导。中国特色社会主义法治理论是中国特色社会主义理论体系的重要组成部分。坚持以中国特色社会主义法治理论为指导是维护公平正义、促进社会发展的坚实保障。四是走中国特色社会主义法治道路。中国特色社会主义法治道路是中国特色社会主义道路的重要组成部分，是建设中国特色社会主义法治体系、建设社会主义法治国家的必由之路。

全面推进依法治国应当探索符合自身特点和规律的有效途径和方法。中国法治实现的关键在于从观念到体制的真正变革。始于近代、历经百年的中国法治建设，大量采用西方法治原则与规则，成效并不乐观，重要原因是理性缺失。理性培育应成为我国社会主义法治建设的重点。我国在借鉴国外先进法律经验过程中，应进行普遍、深入、系统的法治观念培养和教育，让更多的人不仅仅停留在一般性法律条文与法律规定上，而是关注更深层次的法治人文精神，注重全民性契约意识与法治文化的培育。逐步改变传统思维方式，由重关系、重人情向重法律、重规则转变。法律的权威源自人民的内心拥护和真诚信仰，完善的社会必须兼具完善的法律秩序和完善的法律信仰，确立法律信仰是实现公平正义的必由之路。市民社会是法治的基础和前提，是法治规则确立和实现的重要源泉，政府在推进法治建设时，应注意培育市民社会，充分调动社会各方面力量参与法治建设的积极性、主动性和创造性。以经济建设为中心，坚持四项基本原则，坚持改革开放，致力于社会主义市场经济体制、民主政治体制和社会发展机制的完善，为法治文化生长提供肥沃土壤。借鉴经验演进与立法建构等方面的发展经验，坚持以政府推进为主导，充分发挥政府推进与社会推动的优势和特长。

第四章

社会主义法治建设的历史探索

19世纪40年代，马克思、恩格斯将社会主义理论从空想变为科学，实现了社会主义发展史上的一次飞跃。1917年列宁领导的俄国十月革命，使社会主义从科学的理论变成了现实的社会制度。伴随着社会主义理论的形成、社会主义革命和建设的生动实践，社会主义法治理论也随之产生和发展。

一 马克思、恩格斯和列宁的法治思想

马克思、恩格斯早期的法律思想带有明显的黑格尔唯心主义理性法律观的印记。从唯心主义理性法律观向历史唯物主义法治观过渡的历程中，马克思、恩格斯的法治思想逐步发展完善，形成了以"如何用武力和法律的双重手段废除旧的法统、建立新的法律秩序"为核心的法治思想。列宁捍卫和发展了马克思、恩格斯的法治思想，并将社会主义法治思想由理论变成了实践。

（一）马克思、恩格斯的法治思想

马克思、恩格斯的法治思想产生于西欧资本主义社会。在科学社会主义理论产生之前，空想社会主义经历了几个世纪的演进。1516年英国

著名的空想社会主义学家托马斯·莫尔发表的《乌托邦》，就对消灭剥削制度、建立财产公有的国家进行了描述。19世纪，大工业将巨大的自然力和自然科学并入生产过程，伴随着资本主义手工业向资本主义机器大工业的转化，统一的世界性的市场形成，整个世界进入了一个新时期。与此同时，无产阶级也开始走上世界的历史舞台。无产阶级是人类历史中唯一将自身解放与人类解放相统一的阶级，无产阶级的意志反映了人类历史发展的真实价值取向，其所处的经济和政治地位决定了它的革命性，这也为马克思、恩格斯法治思想的形成奠定了阶级基础。尽管在马克思、恩格斯的著作中很少使用"法治"这一概念，但"法治"思想仍体现在马克思、恩格斯的法律理论中。马克思主义的法学本体论、价值论和方法论，尤其是他们关于法与经济的关系、法的本质、人权、人民主权、人的自由和解放、法律权威和法的职能等的经典论述，都是社会主义法治的重要理论渊源。

一是关于法的本质的论述。马克思、恩格斯在《德意志意识形态》一书中，第一次明确指出法是统治阶级意志的体现这一具有划时代意义的著名论断。马克思、恩格斯认为，法是统治阶级的意志体现，这种意志的内容是由现实物质生活条件或生产关系决定的，也就是说阶级意志性和社会基础性或客观性的统一构成法的本质。在《共产党宣言》中，马克思、恩格斯指出："你们的观念本身是资产阶级的生产关系和所有制关系的产物，正像你们的法不过是被奉为法律的你们这个阶级的意志一样，而这种意志的内容是由你们这个阶级的物质生活条件来决定的。"① 这段话深刻地提示了法具有主观意志性和客观物质性的双重属性，法的客观物质性决定法的主观意志性，主观意志性是客观物质性的反映。同时，马克思、恩格斯认为，法和国家不是从来就有的，而是随着私有制和阶级的产生而产生的，国家和法也不会永恒存在，随着私有制、阶级的消灭和共产主义的到来，国家和法不可避免地要消亡。

马克思认为，生产力决定生产关系，经济基础决定上层建筑。法是

---

① 《马克思恩格斯文集》第2卷，人民出版社，2009，第48页。

建基于经济基础的上层建筑，它决定于经济基础，服从于经济基础，并服务于经济基础。当某一法律反映经济规律时，它就推动社会的发展；当某一法律违反经济规律时，它就对经济发展起阻碍作用。这一历史唯物主义原理贯穿于马克思、恩格斯法治思想的全部。

二是关于社会主义实行法治必要性的论述。马克思、恩格斯既强调无产阶级政党领导的重要性，也强调法律权威的作用，认为社会主义必须发挥法治的重要作用，这是保卫无产阶级政权的客观需要。"所有通过革命取得政权的政党或阶级，就其本性说，都要求由革命创造的新的法制基础得到绝对承认，并被奉为神圣的东西。"① 包括国家机关工作人员在内的每一个公民都要遵守法律，服从法律的权威。马克思在《资本论》中详细论述了国家与法的职能，提出了国家与法两种职能的著名观点，奠定了法的阶级性与社会性相统一的基础。马克思指出："政府监督劳动和全面干涉包括两个方面，既包括由一切社会的性质产生的各种公共事务的执行，又包括由政府同人民大众相对立而产生的各种特有的职能。"② 恩格斯进一步阐明："政治统治到处都是以执行某种社会职能为基础，而且政治统治只有在它执行了它的这种社会职能时才能持续下去。"③ 这不仅说明两种职能的关系，而且表明了社会职能即管理公共事务的重要性。

三是关于人权和人民主权的论述。马克思、恩格斯强调，人的全面自由发展是社会发展的目的和动力，社会生产关系决定着人自由全面发展的程度。在奴隶社会和封建社会，以血缘关系为纽带、以不平等的人身依附关系为特征的制度极大地限制了人的自由和全面发展。资本主义社会虽然消除了不平等的人身依附关系，取而代之的却是人对物的依赖关系，人的自由和全面发展极大地受制于资本。社会主义使人彻底摆脱了旧的生产关系，使生产力获得解放和发展，使全体人民能够享受社会经济发展的成果，为人的全面自由发展提供现实前提。

马克思、恩格斯在肯定资产阶级人权理论在反封建斗争中起过重大

---

① 《马克思恩格斯文集》第10卷，人民出版社，2009，第528页。
② 《马克思恩格斯选集》第2卷，人民出版社，2012，第560页。
③ 《马克思恩格斯选集》第3卷，人民出版社，2012，第560页。

进步作用的基础上,指出了它的虚假性,并揭露了资产阶级人权的实质。与此同时,马克思精辟地指出人权的含义、产生的物质根源和具体过程,指出人权"基于自然的平等和不可剥夺的人权"①。人权不是天赋的,而是历史地产生的,"一旦社会的经济进步,把摆脱封建桎梏和通过消除封建不平等来确立权利平等的要求提到日程上来,这种要求就必定迅速地获得更大的规模"②,"所以这种要求就很自然地获得了普遍的、超出个别国家范围的性质,而自由和平等也很自然地被宣布为人权"③。马克思、恩格斯也同时强调"工人阶级的解放斗争不是要争取阶级特权和垄断权,而是要争取平等的权利和义务"④,达到"没有无义务的权利,也没有无权利的义务"⑤。马克思、恩格斯在《共产党宣言》中指出:"工人革命的第一步就是使无产阶级上升为统治阶级,争得民主。"⑥ 由人民享有国家主权、参与国家治理是人民主权理论的实现形式,是社会主义法治的前提和基础;社会主义法治是社会主义民主政权的必要条件和基本保障。只有建立属于人民的政权,人民群众的根本利益才会得到有效保障,执法为民才能得以实现。只有建立社会主义法治国家,才能以制度化的形式使社会主义民主政权保持长期稳定。社会主义民主与社会主义法治相辅相成,缺一不可。人民主权思想是社会主义国家政权合法性的理论基础。

(二)列宁的法治思想

列宁是马克思主义经典法治学说的继承者和发展者。在资本主义发展到垄断资本主义的阶段,列宁领导俄国无产阶级革命取得胜利,建立了苏维埃共和国和社会主义法制体系的基本框架,第一次将社会主义由理论变为现实。在苏维埃社会主义建设的伟大实践中,列宁领导的俄国

---

① 《马克思恩格斯选集》第3卷,人民出版社,2012,第776页。
② 《马克思恩格斯全集》第20卷,人民出版社,1971,第116页。
③ 《马克思恩格斯选集》第3卷,人民出版社,2012,第483页。
④ 《马克思恩格斯选集》第3卷,人民出版社,2012,第171页。
⑤ 《马克思恩格斯选集》第3卷,人民出版社,2012,第172页。
⑥ 《马克思恩格斯选集》第1卷,人民出版社,2012,第421页。

无产阶级和劳动人民不仅验证了马克思、恩格斯创立的历史唯物主义法治理论的正确性,深化了马克思主义法学的基本原理,同时还在继承马克思、恩格斯的法治理论的基础上,丰富和发展了马克思和恩格斯的法治思想,解决了社会主义法治中的一些重大理论问题,探讨了无产阶级专政与社会主义法治、党的领导方式与法律权威、党的领导与公平正义、法律的普遍约束力与制度构建等若干社会主义法治的基本理论问题。

一是专政与法律的关系。经过不断的理论探索和实践检验,列宁指出:在无产阶级革命的过程中,对敌专政主要是靠武装暴力,而且是不受法律约束的;但在苏维埃政权逐渐稳固的情况下,法应当成为人民对敌斗争的常规性工具。无产阶级专政制度必须与法治相结合,依靠法律的方式实现。在批判有人指责苏维埃政府"只会写法令,而不知道怎么实行"时,列宁说:"假使我们指望写上 100 个法令就可以改变农村的全部生活,那我们就是十足的傻瓜。但假使我们拒绝用法令指明道路,那我们就会是社会主义的叛徒。"①"有人在滥用革命暴力,滥用专政,我要警告你们防止这种违法乱纪现象。"②"关于帮助农民的法令,如果不认真地执行,很可能完全变成儿戏而得到完全相反的结果。"③

二是关于民主和法律的关系。列宁认为,与资本主义社会相比,社会主义民主和法治具有先进性,社会主义法治是人民民主的形态,是人民管理国家的标志,人民民主是社会主义法治的宗旨。无产阶级民主建设的根本途径在于民主的法律化,法制化是民主的一个重要原则。"真正的法治只有在社会主义类型的国家中才能存在,因为社会主义国家既然是劳动群众用来消灭剥削和建设共产主义的工具,便不能容忍任何压迫和专横现象。"④"我们的目的是要吸收全体贫民实际参加管理,而实现这个任务的一切步骤——愈多样化愈好——应该详细地记载下来,加以研究,

---

① 《列宁选集》第 3 卷,人民出版社,2012,第 783 页。
② 《列宁全集》第 36 卷,人民出版社,1985,第 134 页。
③ 《列宁选集》第 4 卷,人民出版社,2012,第 86 页。
④ 尼·格·亚历山大洛夫:《苏维埃社会中的法制和法律关系》,宗生、孙国华译,中国人民大学出版社,1958,第 57 页。

使之系统化，用更广泛的经验来检验它，并且定为法规。"① 也就是说，法律是民主的体现和保障，民主建设和法制建设要紧密配合，同步进行。

三是关于政党和法律的关系。列宁认为，党的领导主要表现为在政治上的领导，不能以共产党组织代替国家法律机构。社会主义国家建设法治必须坚持党的领导才能保证社会主义方向。但党的组织不能直接代替国家机关直接制定法律、执行法律。"在党的代表大会上是不能制定法律的。"② "必须十分明确地划分党（及其中央）和苏维埃政权的职责。"③ "党的任务则是对所有国家机关的工作进行总的领导，不是像目前那样进行过分频繁的、不正常的、往往是琐碎的干预。"④

四是关于经济与法律的关系。列宁非常重视用法律的手段建立新经济，认为如果法律脱离了实际，不能正确反映客观存在的社会关系，那么这种法律就毫无用处。经济政策需要用法律确立下来，才能得到切实的保障和实施，才能防止对经济政策的滥用，法律工作通过纠正和惩治经济违法犯罪行为服务于经济。列宁在谈到恢复生产力，发展国内经济，以使俄国稳定地过渡到社会主义时，提出了一些当时迫切需要的口号，指出"苏维埃政权用自己的方法，根据自己的法令来切实实现这些口号，又是取得社会主义最终胜利所必需的和足够的条件"⑤。

二 苏联法治建设的历史进程

苏联是人类历史上第一个建成社会主义政权的国家，也是第一个将马克思主义法治思想应用于革命和建设的国家。实践表明，苏联在社会主义革命理论方面的应用上是成功的，但在社会主义建设尤其是社会主义法治建设方面总体上却是不成功的。无论是列宁时期、斯大林时期还

---

① 《列宁选集》第3卷，人民出版社，2012，第504页。
② 《列宁全集》第41卷，人民出版社，1986，第64页。
③ 《列宁全集》第43卷，人民出版社，1987，第64页。
④ 《列宁专题文集 论社会主义》，人民出版社，2009，第396页。
⑤ 《列宁专题文集 论社会主义》，人民出版社，2009，第84页。

是戈尔巴乔夫时期，苏联的社会主义法治虽然都进行了理论和实践的探索，但法治思想都没有得到全面、持续的贯彻，法治建设都遭遇了不同程度的挫折。

（一）列宁时代苏联的社会主义法治建设

俄国十月社会主义革命胜利后，社会主义法治建设开始从理论走向现实。苏维埃政权成立初期列宁就认识到，如果不迅速从立法上肯定无产阶级政权的基本原则，政权就无法发展和巩固。因此，十月革命胜利后的第二天就颁布了《和平法令》和《土地法令》，开始了社会主义国家法制建设的历程。1917年10月，第二届全俄苏维埃代表大会决定成立内务人民委员部，负责领导工农警察局、职业民警、刑事侦查、内卫军和户籍登记等工作，同年12月成立了全俄肃清反革命和怠工非常委员会，专门负责预防和侦查犯罪活动。与此同时，苏联还确立了建立新的法院的立法程序，建立了苏维埃人民法院和革命法庭。但迫于当时严峻的国际国内形势，阶级斗争和阶级专政仍然是苏维埃政权亟待解决的首要问题，对敌的武装镇压使已有的司法程序并没有得到有效的遵守，法治建设也难以全面展开。正如列宁所言，"专政是直接凭借暴力而不受任何法律约束的政权"[①]，"无产阶级的革命专政是由无产阶级对资产阶级采用暴力手段来获得和维持的政权"[②]。

1921年后，随着政权逐渐稳固，经济领域从"战时共产主义体制"向"新经济政策"转变，苏联开始重视法治建设。以马林茨基为代表的苏联法学家从理论上提出了各种社会主义法治方案，苏联开始了社会主义法治建设理论和实践的新探索。这一时期，列宁对社会主义法的性质进行了系统的阐释，指出社会主义法治不是抽象的，而是取代旧的国家机构、实行无产阶级专政的工具，认为社会主义民主取代资产阶级民主，"这是民主的具有世界历史意义的扩大，是假民主变为真民主"[③]。"苏维

---

① 《列宁选集》第3卷，人民出版社，2012，第594页。
② 《列宁选集》第3卷，人民出版社，2012，第594页。
③ 《列宁全集》第28卷，人民出版社，1956，第351页。

埃民主即无产阶级民主在世界上第一次把民主给了群众"①,"世界上还从来没有过像苏维埃政权那样的属于大多数人的国家政权"②。"人民这个大多数享有民主,对人民的剥削者、压迫者实行强力镇压,即把他们排斥于民主之外,——这就是民主在从资本主义向共产主义过渡时改变了的形态。"③ 社会主义国家主权属于人民,经济上适应生产的社会化而建立的以公有制为主体的生产方式,必然要求政治上人民享有管理国家、管理社会的权力。人民是国家的主人,仅仅通过间接民主形式的代表机关来管理国家是不够的,还必须直接参与国家和社会事务的管理。列宁晚年病重期间,还写了一系列的信件和文章,建议改革党的领导机构和国家机关,提高中央全会和中央监委的权威,建立对中央领导机构的监督制度,发扬党内民主,反对官僚主义。

(二) 斯大林时代苏联的社会主义法治建设

斯大林执政后,曾多次强调法制建设的重要性,指出"新政权建立新法制、新秩序,这种秩序就是革命秩序"④。在斯大林领导苏联工业化、农业集体化建设时期,出台了大量的法律法规,1936年颁布了新的苏联宪法,社会主义法治建设取得了显著的成就。

斯大林执政期间法制建设也出现过严重的失误,这主要表现在肃反扩大化上。20世纪30年代中期到50年代初期,斯大林错误地估计了阶级斗争形势,夸大了敌情,混淆了党内思想斗争和敌我斗争的性质,认为社会主义时期阶级敌人愈来愈多、阶级斗争愈演愈激烈,"随着我们的进展,资本主义分子的反抗将加强起来,阶级斗争将更加尖锐"。于是在党内进行了一系列大规模的清洗和镇压活动,使得苏联的社会主义法制遭受了严重的破坏,从实践上抛弃了"法治国家"思想,法制工作的指导思想发生了重大的偏差。

---

① 《列宁选集》第3卷,人民出版社,2012,第795页。
② 《列宁选集》第3卷,人民出版社,2012,第795页。
③ 《列宁选集》第3卷,人民出版社,2012,第191页。
④ 《斯大林文集》,人民出版社,1985,第23页。

斯大林个人专断的工作方法，在很大程度上损害了党和国家制度中的民主集体制原则，破坏了社会主义法制的实施。斯大林执政期间，个人崇拜主义思想盛行，理论界发动了一场针对"法治国"理论的批判运动，将社会主义法治观批判为"资产阶级法治国家的翻版"，认为苏联必须"摈弃资产阶级国家的法治国观念"，谁把这一观念运用到苏维埃国家，就意味着谁"受资产阶级法学家的支配"。与此同时，法律虚无主义思想开始蔓延，认为法律有面临取消的趋势，学术研究的政治化色彩越来越浓，"法治国家"观念长期被视为学术禁区。

实践层面，苏共领导层推行计划化和集体化的经济体制，国民经济各部门逐渐建立起高度集中统一的计划体制。生产资料完全被排除在市场之外，生活消费资料则按照国家固定价严格计划供应。商品、货币等形式虽然被保留了下来，但市场机制的作用几乎完全被废弃，从实践上放弃了列宁的"新经济政策"。对斯大林的个人崇拜与国家"统制型"经济体制结合在一起，终于使苏联在20世纪30年代中期形成了个人、中央集权的政体和等级分明的、官僚式的、庞大集中的国家管理机构，社会主义法治建设面临严重的危机。

（三）赫鲁晓夫时代苏联的社会主义法治建设

1953年9月赫鲁晓夫上台时，苏联党和国家都处于对斯大林狂热的个人崇拜的状态之中。赫鲁晓夫首先公开提出解放思想，批判个人崇拜，这为社会主义各国冲破斯大林时期形成的、在不同程度上被照搬到其他国家的僵化的社会主义模式，实行经济政治体制改革，奠定了重要的思想基础。

赫鲁晓夫首先在国内政策和体制上进行了一系列改革，对斯大林时期形成的中央高度集权的经济模式和政治体制进行修正和完善，这是除南斯拉夫外，社会主义国家进行的又一次重要的经济政治体制改革。为了消除管理过分集中的现象，赫鲁晓夫从经济入手，对工业和建筑业管理体制进行了结构性改组，削弱苏联国民经济管理中的垂直管理因素，强化地区管理因素。这次改组在一定程度上促进了地区经济的综合发展。

政治体制改革方面，赫鲁晓夫改变了斯大林时期所有权力都集中于中央的情况，逐步扩大各加盟共和国在经济管理、立法、行政区划、司法等方面的权限。1957年苏联最高苏维埃主席团通过《关于扩大加盟共和国权限》的法令，把制定法院组织法、民法典、刑法典、民事诉讼法典、刑事诉讼法典的权力下放给各加盟共和国最高苏维埃，撤销全联盟司法部。但由于没有正确看待中央集中管理和部门管理体制的积极作用，取消中央集权后又造成了地方主义的泛滥。改革中，赫鲁晓夫强调要充分利用法律的力量，并开始全面制定全苏和加盟共和国各项立法纲要，以对列宁、斯大林时期的法律进行修正。但赫鲁晓夫对斯大林的批判并不彻底，他把斯大林破坏法治的镇压和清洗活动主要归因为"个人崇拜"，而未触及那个时代的政治体制，对斯大林在社会主义理论上、对社会主义工业化和农业集体化道路上的失误，都没有触及，因而不可能使苏联的社会主义法治建设取得突破性进展。

（四）戈尔巴乔夫时代苏联的社会主义法治建设

1985年3月戈尔巴乔夫担任苏共总书记时，社会主义各国已经对各自的经济、政治体制进行了不同程度的改革，并在不同程度上促进了政治、文化的活跃和经济的发展。面对经济、社会发展全面停滞的苏联，他提出国家社会主义经济发展战略和社会主义革新的方针，调整了全民所有制，在继续发挥合作社所有制潜力的同时，发挥个体经济对社会主义经济的补充作用，发展商品货币关系，促进计划经济与市场经济相结合，提高集中领导经济的效率，扩大联合公司的独立自主权，进一步促进部门经济管理和地区经济管理的合理结合，建立大型生产部门经济综合体，使生产组织现代化，实现经济管理的全民化。

戈尔巴乔夫认为，苏联的经济改革一直难以推进，最大的阻力来自政治体制。所以，他试图通过政治体制改革来消除经济改革的障碍，将经济体制改革引向政治体制改革。苏共第19次全国代表会议正式决定把改革的重点从经济领域转向政治领域，并确立了法律至上原则，认为"在这个国家里，一切人无条件服从法律将是一项最高原则……简而言之，法治国家的主要标志是要切实保障法律的至高无上的地位"[①]。自此，戈尔巴乔夫所领导的苏共宣称确立了法治国家的目标，并提出了"社会主义人民自治理论"，以"民主化"、"公开性"为政治体制改革的要求，明确提出"苏共支持舆论多元化"的思想，变一党制为多党制。1990年苏联修改后的宪法规定"苏联共产党、其他政党以及工会、共青团、其他社会团体和群众运动通过自己选出人民代表并以其他形式参加制定苏维埃国家的政策、管理国家和社会事务"，从法律上明确取消了苏联共产党的绝对领导地位，党内也不再坚持将马克思主义作为党的指导思想。

由于放弃了马克思主义的指导思想，引入某些西方资本主义国家的政治模式，政治上主张"民主化"、"公开化"、"多元化"，经济领域的弊端没有消除，政治领域的混乱状态也开始出现。自1988年起，各种正式或非正式的组织纷纷建立，如"公民尊严"、"民主联盟"、"民主俄罗斯运动"等，有的组织甚至公开宣称推翻共产党的一党独裁，改变现存的社会制度。由于政局长期不稳定，社会动荡不安，以及经济政治改革的决策失误，使苏联经济连年下滑，各项经济指标严重下降，苏联改革逐步放弃了社会主义方向，体制改革最终演化成制度转向，最后共产党失去了政权，社会主义法治建设也宣告失败。

三 东欧社会主义国家法治建设的探索

东欧国家走上社会主义道路之后，在各国共产党的领导下，开始探索适合本国国情的发展道路。在法治建设领域，各国也进行了有益的探索。但由于苏联对东欧各国的影响和控制，东欧各国的法治发展道路并没有找到适合本国的建设发展之路。20世纪50年代后各国虽进行了多次经济、政治和法治领域的改革，但终究未能从根本上突破苏联模式的束缚，未能实现本国的自由、民主和富强，东欧国家的共产党逐渐失去执政的合法性，社会主义法治建设和探索之路也随之夭折。

[①] 《戈尔巴乔夫言论选集》，人民出版社，1987，第363页。

（一）东欧社会主义国家法治建设的基本历程

1898年共产党（早期称俄国社会民主工党）在俄国诞生后，东欧国家也相继建立了共产党，开始了社会主义革命的进程。除了南斯拉夫和阿尔巴尼亚是在共产党的领导下以武装斗争取得政权的以外，波兰、罗马尼亚、匈牙利、捷克斯洛伐克等国家的社会主义革命，采用的是平稳缓和的与资产阶级建立不同类型的联合政府的方式，逐步剥夺资产阶级手中的权力，最后战胜资产阶级、建立无产阶级政权，结束了欧洲的帝国时代，开始了全新的社会主义时代。

第一次世界大战结束后，东欧各国代表大资产阶级利益的资产阶级政党大多是执政党。代表城市小资产阶级利益的政党、农民政党以及按宗教原则建立的党派等，也在政治生活中发挥着较大的作用。除了波兰、捷克斯洛伐克是资产阶级共和国外，阿尔巴尼亚、保加利亚、南斯拉夫、罗马尼亚、匈牙利等国都保留着君主制。尽管资产阶级本身反对君主独裁，要求实行议会民主制和共和制，但东欧国家基本上是君主和资产阶级共同管理国家。所以，在两次世界大战之间的大部分时间里，东欧国家仍然是极不稳定的多党轮流执政。

鉴于东欧独特的历史文化传统和政治经济现状，各国共产党领导人都认为，由人民民主制度向社会主义的过渡将是一个相当长的历史阶段，东欧应当走出一条有别于苏联的社会主义民主化道路，即用联合政府的形式实现人民民主政权，小资产阶级政党、资产阶级政党都有代表参加政权，实行的是多党议会民主政体。经济上是国家所有、集体所有、私营和小生产的多种经济混合并存。南斯拉夫和阿尔巴尼亚虽然实行共产党一党制，但在经济所有制方面则与其他东欧国家相同，这一切都先后被各国的宪法所确认。各国短暂的实践表明，这种适合本国国情的尝试取得了明显的积极效果，为顺利过渡到社会主义准备了充分的经济和政治条件。

第二次世界大战结束后，东欧整体上被纳入了苏联的势力范围，从根本上改变了东欧以往受制于不同大国的局面。随着冷战的爆发，苏联迅速放弃了允许东欧国家自主探索民族化道路的政策，从政治、经济、军事上加强了对东欧各国的控制，要求这些国家完全按照苏联模式建立社会主义的政治经济体制。当时东欧国家的共产党领袖有一部分长期生活在苏联，深受带有苏联色彩的科学社会主义理论影响，同时，当时苏联的领导人一直将东欧国家视为自己的卫星国，对东欧各党的理论学习和社会实践严密控制，东欧国家绝大多数领导人都将苏联的模式视为国际共产主义运动的成功经验而加以直接模仿和推广，在法治建设上也仿效苏联模式进行法治建设，导致忽视本国具体国情的情况出现。1948年后，除南斯拉夫外，其他东欧国家都照搬了苏联模式，确立了高度集权的政治和经济体制。由于不适合各国的国情，移植苏联模式直接导致了东欧各国广泛的经济危机和社会动荡。

20世纪50年代后，东欧国家共产党为探索新的社会主义发展道路进行了一系列的改革尝试，但这些改革主要集中在经济领域，对政治和法治领域的探索改革少有尝试，没有触及政治体制的真正弊端，更难以建立起完善的社会主义法治。

从1989年开始，东欧的社会主义国家接连发生了剧烈的"政治变革"。这场剧变首先从波兰开始。1989年夏秋，波兰统一工人党大选失败，丢失政权。随后，东欧的其他社会主义国家也卷入了剧变的漩涡。至1991年12月苏联国家解体，俄罗斯和东欧社会主义国家不再以社会主义、共产主义作为社会发展的方向，而是选择了向资本主义或是民主社会主义方向发展的西化道路，东欧社会主义法治的实践探索也同时停止。

（二）东欧社会主义国家法治建设的基本特点

与苏联的法治建设相比，东欧社会主义国家的法治建设具有鲜明的特点。

一是东欧社会主义国家建立之初都进行过以联合政府为特征的人民民主制度的尝试。二战后，东欧各国普遍建立了由各政党派别参加的联合政府。这种人民民主制度与西方的议会民主制度有着根本的不同，它是对各阶层劳动者实行民主，是劳动人民的国家政权。国家经济也是多种经济成分并存。从当时各国的具体国情看,人民民主作为从资本主义向社会主义过渡的一种国家形态,是符合东欧各国实践的选择。

二是在苏联的影响下,东欧各国逐渐将各党派清除出联合政府,取消多党制,全面推行苏联模式。政治上实行以一党执政为基础的高度集权领导体制,并且缺少必要的限制。党政不分,以党代政,国家立法、行政和司法机关无法发挥出应有的作用,社会主义法治原则经常被践踏。例如在匈牙利,党凌驾于国家、社会和法律之上,代行最高权力机关、国家最高管理机关和最高司法机关的立法、行政和司法权,全国的工会、劳动青年联盟、民主妇女联合会等群众团体都置于党的直接控制之下。经济上,在单一的公有制基础上形成了高度集中的经济管理体制和快速工业化的经济发展战略。意识形态领域宣扬斯大林的阶级斗争尖锐化理论,东欧各国普遍进行过大规模的清洗运动,社会主义法治思想没有得到全面的重视和落实。

三是意识到苏联模式弊端后,东欧各国都在政治上进行了不同程度的改革。东欧社会主义各国在移植苏联模式后不久,都不同程度地意识到苏联模式的弊端,并在政治上进行改革。例如,最早改革苏联模式的南斯拉夫,就曾进行过以建立社会主义自治制度为核心的改革,期望建立起使全体人民都能通过不同形式直接参与国家和社会事务管理的体制。但东欧各国共产党在改革指导思想上存在根本的局限,认为计划经济是社会主义的根本属性,不能否定,市场调节必须服从和服务于计划调节。由于没有充分的市场经济发展,社会主义法治还缺少实现的经济基础。同时东欧社会主义国家进行的改革主要集中于经济领域,并且始终受到苏联的制约,各国党的路线、方针和政策的演进明显与苏联保持大体一致的状态,没有考虑到本国的具体国情,政治和经济领域的改革始终没有突破苏联模式的基本框架。

四 苏联东欧社会主义法治建设的历史启示

苏东剧变后,苏联和东欧社会主义国家已经不复存在,这些国家在社会主义法治探索进程中的历史贡献却不容忽视。概括起来，这些历史贡献主要包括：一是打破了对社会主义民主法治的僵化理解和盲目崇拜，认识到社会主义民主法治建设也需要不断完善和发展，只有改革才能真正发扬社会主义民主，健全社会主义法治。同时对社会主义的基本政治制度和具体制度之间的辩证关系有了更深的理解，认识到了在坚持社会主义基本政治制度的同时，对不适合国情、时代要求的具体制度进行改革的必要性。二是从法律和制度层面上对个人崇拜进行了一定程度的反思。斯大林去世后，东欧国家开始在一定程度上从制度和法律层面对个人崇拜进行了反思，特别是对尊重劳动群众的作用、尊重人民群众的愿望等方面进行了反思，极大地推进了社会主义法治的完善。三是在政治、法治等领域进行了许多有益的尝试，取得的成效使社会主义民主制度的活力得到了恢复和发展，例如对党政分开的探索、选举制度的改革和完善、加强监督机制的建设和废除领导职务终身制、干部制度改革等方面，都为社会主义政治制度的完善和法治的发展提供了有益的实践经验，也增强了人们坚持社会主义制度的信心。

综观苏联和东欧国家政治改革和法治建设的历史，不难看出，苏东国家的政治体制改革和法治建设带有很大的局限性和不彻底性，具体表现在以下几个方面。一是法治建设背离了社会主义方向。社会主义政治体制改革和法治建设是社会主义制度的自我完善，因此必须坚持社会主义的基本方向。20世纪80年代末至90年代苏联和东欧国家所进行的政治体制改革和社会主义法治建设中，人民的主体地位得不到尊重，人权得不到保障，人民的权益得不到维护，法治建设已经无法发挥社会主义法治的积极作用，实质上是通过政治制度和法律否定了社会主义。二是政治体制改革和法治建设缺乏必要的理论准备和经济准备，体制改革和法治建设脱离经济和社会发展的实践状态，不顾具体的国情盲目推进。三是不能始终如一地坚持法治原则，权力始终没有得到有效的监督。例如赫鲁晓夫在批判斯大林个人崇拜的同时，自己却搞个人崇拜，倡导集体领导，却搞个人专断。当权力和地位受到威胁时就背离法治原则采取不正当的手段进行镇压，法治成了领导人个人的专制工具，严重地背离了社会主义法治的初衷，这些都给社会主义法治建设带来了深刻的历史教训。

（一）社会主义法治建设必须从本国国情出发，坚持正确的方向

20世纪苏联和东欧社会主义国家大都建立在生产力比较落后的基础上，有些国家历史上还有皇权主义传统。俄国十月革命胜利初期虽然出现了革命民主阶段，例如苏维埃代表由各地的基层群众民主选举产生，各党派进入苏维埃代表大会的代表名额由它们在群众中拥有的影响按比例分配，各企业均由职工普选的工厂委员会或工厂会议负责领导，市或省一级成立地方工人监督委员会，全国成立全俄工人监督委员会，处于革命激情中的劳动群众经常举行集会讨论和决定问题，等等。但由于商品经济不发达，这些国家没有形成法治经济和法治社会，广大人民群众尚不具备实行直接选举及亲自参加政权管理的政治意识和文化水平。这些国家的执政党虽然倡导工人阶级和劳动人民的民主，但是它们长期实行产生于革命和战争时期的党的一元化领导的高度中央集权的政治体制，而没有随着形势的变化加以调整改革。主要表现在：国家权力过于集中，形成了从上到下层层集权制。党政不分，以党代政，本应属于政府部门的重大事项也由党的领导机关决定，这种体制使国家最高权力机关的人民代表机关如苏维埃、人民代表会等没有真正发挥作用。同时司法机关在业务上也受到党的领导机关的直接指挥，司法无法独立行使检察权和审判权，甚至工会、妇联等社会组织也成了党的领导机关的直接延伸，难以发挥出应有的作用。这种体制走到极端，导致个人崇拜盛行。党的领袖常常超越法律，实行个人专断。久而久之，形成了"家长作风"、官僚主义和特权阶层，这种掌权者以"人民民主"之名行"个人专断"之实的政治统治逐渐失去了民心，马克思、恩格斯开创的社会主义法治理论越来越得不到正确实践。

东欧各国共产党人虽然重视社会主义法治理论的学习和研究，但僵化地照搬苏联的理论，没有根据自己国家经济、历史和文化等具体国情发展适应本国特点的社会主义建设理论。对苏联模式的崇拜导致了对社

会主义国别特征的全面否定，指导法治实践的思想和理论僵化、贫乏，法律和政策的制定缺少科学的理论依据。形式上虽然声称坚持社会主义，实质上已经开始在意识形态领域动摇马克思主义的指导地位，背离了社会主义方向，因而导致了包括法治建设在内的社会主义建设的全面失败。因此，社会主义法治建设必须从本国的具体国情出发，充分考虑国家的历史背景、文化传统、经济发展水平以及所处的国际地位等，既注意借鉴国外的有益经验，又立足于本国基本国情，不照搬别国的法律制度和政治体制，坚持以马克思主义为指导，坚持党的领导，坚持正确的社会主义方向。

（二）经济建设是法治建设的现实基础，法治建设必须适应经济发展的需要

苏东国家长期坚持计划经济的模式，虽然这种模式能够在短时间内集中物力迅速建成工业项目，但粗放式的管理使经济效率异常低下，经济增长速度缓慢，物品短缺，对外贸易困难重重。长此以往，人民对国内经济形势普遍不满，社会上开始出现反对派，党内的分歧也日益严重，共产党的执政地位和社会主义制度开始面临严峻的考验。

苏东社会主义国家也曾进行过政治体制改革的探索，列宁就设想通过自下而上的经常的监督权和随时拥有的罢免权，通过立法权和执行权的结合来防止权力的滥用。但实践结果表明，为防止政权官僚化和官僚主义所创设的苏维埃体制却一步一步地失去了对权力的控制，这显然与列宁的设想是相背离的。赫鲁晓夫在进行经济体制改革的同时，也对政治体制改革做了若干探索，例如主张将党政最高领导职务分开，重大决策实行集体领导，定期召开党的代表大会，充分发挥中央全会作用，下放部分中央权力，恢复和提高检察机关和审判机关的权限，扩大地方法院的权力，禁止对公民的非法拘捕，等等。南斯拉夫较早地意识到了苏联社会主义政治体制的弊病，率先起来改革苏联模式。南斯拉夫在经济领域和政治领域同步进行改革，中心内容是建立社会主义自治制度，目的是建立起使全体人民都能通过不同形式直接参与国家和社会事务管理

的体制。具体采取的措施包括：实行党政分开，变党的直接领导为间接领导，改革党的领导体制和组织结构，防止权力过分集中在少数人手里，力求实行党内生活民主化；实行代表团制，加强和扩大社会主义民主；实行干部的招聘制、选举制、任期制和轮换制，以便消除干部特权，防止官僚主义，保持干部队伍的活力和创造力；等等。随后，东欧一些国家也不同程度地开始了政治体制改革的进程，其中匈牙利、波兰、保加利亚等在探索党政分开、改革立法选举制度、加强立法机构的权力、建立人民监督制度等方面也取得了一定的成就。但总体上看，苏东国家的政治体制改革尤其是法治建设没有很好地适应经济发展的需要，甚至成了经济发展的障碍，使社会主义法治建设失去了实践基础。这启示我们在进行社会主义法治建设时，必须正确认识法治与经济、法治与实践的关系，坚持马克思主义的法治理论，充分发展社会主义市场经济，为社会主义法治建设提供坚实的经济基础。

（三）必须始终坚持党的领导和依法治国的基本方略，坚持公平正义的价值追求

政治多元化、多党制造成了政治思想的混乱，国家和社会缺乏凝聚力，人民意志难以达成一致，执政党的地位得不到有效的巩固。苏联解体、东欧剧变的教训说明，社会主义国家必须始终坚持共产党的领导，完善党的领导，坚持科学执政、民主执政、依法执政，不断提高党的领导能力和水平，凝聚全社会的共识，争取广大人民群众的普遍认同。

苏东国家不同程度的个人崇拜，对法治时而坚持时而放弃的做法，对社会的公平正义造成了极大的损害，本质上还是"人治"思想没有得到彻底的纠正，人民的主体地位得不到尊重，人权得不到保障，人民的权益得不到维护，法治思想和依法治国的基本方略没有得到根本的确立。因此，社会主义建设中必须始终坚持依法治国的基本方略，坚持公平正义的法治的价值追求。社会主义为实现人类历史上真正的最大程度的公平正义提供了制度基础，公平正义是社会主义制度的最高价值追求，社会主义法治建设必须以公平正义的实现程度作为检验法治建设成败的根

本标准。这启示我们在社会主义法治建设的进程中，必须坚持共产党的领导，牢固树立社会主义法治理念，始终如一地坚持依法治国的基本方略，充分尊重人民群众在法治建设中的主体地位，坚持社会主义公平正义的最高价值追求，通过科学的立法、严格的执法、公正的司法和全面的守法等，全面实现社会公平正义，不断完善社会主义法治建设的理论和实践。

第五章

中国共产党领导法治建设的历史进程

新中国成立后的法治进程以1978年12月召开的党的十一届三中全会为标志划分为前后两个阶段。前30年是中国特色社会主义法治的初创期。这一时期法律制度的变迁过程遵循着革命法治的政治逻辑。[①] 全国政协会议通过的《共同纲领》和全国人大通过的"五四宪法"及"七五宪法",是新中国前30年三个具有标志性的宪法性文件,折射出其间的历史变迁。从1949年到20世纪50年代中期,初创时期的社会主义法治对巩固新生的共和国政权起到了重要作用。然而,新中国真正实现从"人治"向"法治"的重大转变,开始持续不断的法治建设,则是从党的十一届三中全会作出改革开放的战略决策开始的。改革开放开启了法治建设的新征程,迎来了法治建设的"黄金时代"。

一 改革开放前法治建设的发展历程

新中国成立之前,我们党在革命根据地就有了法治的实践。新中国成立后,开始了全面的法治建设。

---

① 高全喜、张伟、田飞龙:《现代中国的法治之路》,社会科学文献出版社,2012,第130页。

(一) 新民主主义革命时期人民政权的法治实践初探

新民主主义革命时期的法治历程可以分为三个阶段：初创和奠基阶段（1927—1937年）；日益完善和全面发展阶段（1937—1945年）；向全国胜利推进阶段（1945—1949年）。我们党在新民主主义革命时期积累的法治建设活动的宝贵经验，为新中国新型法治的建立奠定了基础，当时建立起来的一些法律制度和司法制度，时至今日仍有极为重要的参考和借鉴意义。

1. 建立了以宪法性文件为核心的法律体系

早在井冈山革命斗争时期，毛泽东就倡议由党中央制定"一个整个民权革命的纲领"，"使各地有所遵循"。1930年7月，党中央成立"中华工农兵苏维埃第一次全国代表大会中央主办委员会"，并决定由这个部门负责草拟宪法。1931年11月，中华工农兵苏维埃第一次全国代表大会在江西瑞金召开，通过了《中华苏维埃共和国宪法大纲》。该宪法大纲规定了苏维埃政权的性质、政治制度、公民权利义务、外交政策等内容，这是中国历史上由人民代表机关正式通过并公布施行的第一部确保人民民主制度的根本大法，为以后制定民主宪法提供了宝贵经验。

抗日战争时期，颁布了以《陕甘宁边区抗战时期施政纲领》为代表的一系列宪法性文件。新民主主义革命时期还通过了一系列组织法和选举法。此外，还通过了土地法和其他部门法，规定了对地主土地所有制的严格限制和对农民土地所有制的提倡和保护。

解放战争时期，《土地法大纲》则规定"废除封建性及半封建性剥削的土地制度，实行耕者有其田的土地制度"[①]。在刑事法规中有代表性的是土地革命时期的《中华苏维埃共和国惩治反革命条例》，抗日战争时期具有刑法典意义的《陕甘宁边区刑法总分则草案》。在劳动法中有代表性的是土地革命时期的《中华苏维埃共和国劳动法》以及抗日战争时期的

---

① 《中国新民主主义革命时期根据地法制文献选编》第4卷，中国社会科学出版社，1984，第423页。

《陕甘宁边区战时工厂集体合同暂行准则》和《陕甘宁边区关于公营工厂工资标准的决定》。在经济法中有代表性的是《陕甘宁边区营业税修正条例》和《陕甘宁边区银行管理外汇办法》。在婚姻法中有代表性的是土地革命时期的《中华苏维埃共和国婚姻法》和抗日战争时期的《陕甘宁边区婚姻条例》。

新民主主义革命时期，人民政权通过一系列法律、法令、条例以及大量法规性文件等，形成了以宪法性文件为核心的包含刑法、军事法、婚姻法、劳动法、社会保障法等在内的法律体系，为人民民主专政奠定了重要的基石，成为新中国法制建设的直接渊源。

2. 形成了初具规模的司法体制

1931年中华苏维埃共和国成立后，在打碎国民党反动国家机器的基础上，总结各地司法经验，颁布了裁判条例、司法程序训令，建立了较为系统的司法体制。新的司法体制否定了资产阶级三权分立的原则。各级司法机构实行双重领导机制，既受同级政府的领导又受上级司法机关的领导。审判权和司法行政权在中央采取分立制，设有临时最高法庭和司法人民委员部，在地方则采用"合一制"。侦查权由国家政治保卫局行使，检察权相对比较薄弱，只在审判机关内附设专业的检察员。诉讼审判程序依《中华苏维埃共和国司法程序》，实行四级两审制（中央设临时最高法庭，地方为省、县、区各级裁判部，在特殊地区及紧急情况下，对反革命、豪绅、地主犯罪实行一审，剥夺其上诉权）。此外还规定了审判公开、陪审和合众、辩护、回避以及死刑审批制度，形成了比较完备的审判制度体系。

抗日战争和解放战争时期，民主政权对司法体制建设进行了更为深入的实践探索。一是形成了比较完善的司法组织体系，并且机构设置因地因时制宜，适应了战时环境。司法组织机构设置三级，边区高等法院是最高司法机关，高等法院设立高等法院分庭作为在各分区专员公署所在地的派出机关，最低一级是负责审理非重要的一审民事、刑事案件的县司法处。实行审检合一体制，检察机关设在审判机关内部。二是形成了颇具特色的诉讼审判制度。例如，管辖制度规定公安机关管辖特殊刑事案件，司法机关管理普通刑事案件，军法机关审理军事案件，其他案件一律归地方司法机关管辖。此外，还健全了陪审制度，各级审判机关在审理不涉及机密的一审案件、普通民事案件、普通刑事案件或特种刑事案件时，均须实行人民陪审，通过聘任和选派产生人民陪审员，陪审员有陈述、发问、协助调查案情之权。在司法实践中创造了独具特色的审判制度，如巡回审判方式和以深入群众调查研究、实事求是处理案件、方便群众和诉讼程序简化为特点的马锡五审判方式。人民调解制度在这一时期也得到了新发展。

新民主主义革命时期，党领导的人民政权依据当时的革命任务，创制了大量的法律法规，还形成了初具规模的司法体制，并运用于实践。这些法规政策具有灵活多样、及时有效和内容具体等特点，更适合发挥对革命战争的指导作用。

（二）新中国成立后创建了社会主义法治的基本框架

1949年中华人民共和国的成立，为社会主义建设奠定了政治前提和政权基础，开启了我国法治建设的新纪元，把中国的法治之路推向了一个崭新的历史起点。新中国前30年，在以毛泽东同志为核心的党中央领导下，我国法律工作者对新中国的法治建设进行了艰辛的探索，创建了社会主义法治的基本框架。

1. 废除旧法律，制定新法律

政治生命决定法律生命，国民党的"六法全书"是国民党独裁意志下的"伪法统"。所以，1949年2月，中共中央发布了《关于废除国民党六法全书与确定解放区司法原则的指示》，指出"法律是统治阶级公开以武装强制执行的所谓国家意识形态。法律和国家一样，只是维护一定统治阶级利益的工具"，明确宣布"在无产阶级领导的工农联盟为主体的人民民主专政的政权下，国民党的六法全书应该废除，人民的司法工作不能再以国民党的六法全书为依据"，正式废除了民国法治的系统性成果"六法全书"。废旧立新的新中国法治建设拉开大幕。1949年9月，中央人民政府政务院设立了法制委员会，这是最早的中央政府法制工作机构，

1954年11月改名为国务院法制局,负责草拟和审查法律、法规。

1949年9月《中国人民政治协商会议共同纲领》(以下简称《共同纲领》)的制定与颁布,是新中国的第一次制宪活动。《共同纲领》明确规定:"废除国民党反动政府一切压迫人民的法律、法令和司法制度,制定保护人民的法律、法令;建立人民的司法制度。"《共同纲领》是对中国人民百年斗争经验的总结,是对中国共产党领导全国人民进行革命斗争成果的确认。它把人民代表大会制度作为我国的政权组织形式,规定我国的国家政权属于人民,人民行使国家政权的机关为各级人民代表大会和各级人民政府,确认公民享有的各项基本权利和义务。因此,《共同纲领》起着临时宪法的作用,为新中国的诞生奠定了法治基础,标志着我国法治建设的开端。

1954年9月,在第一届全国人民代表大会第一次全体会议上,全票通过了我国第一部社会主义宪法,俗称"五四宪法"。这部经过全民讨论制定的宪法是新中国法制建设的第一个里程碑,具有重大而深远的意义。与宪法同时通过的还有《全国人大组织法》、《国务院组织法》、《人民法院组织法》、《人民检察院组织法》、《地方人大和地方政府组织法》等法律。这几部组织法规范了国家机关的组织和职权,确立了国家法治的基本原则,初步奠定了新中国法治建设的基础。

根据《共同纲领》和1954年宪法,国家制定了一系列法律、法令和法规。主要有《全国人民代表大会及各级人民代表大会选举法》、《土地改革法》、《婚姻法》、《工会法》、《惩治反革命条例》、《惩治贪污条例》、《民族区域自治实施纲要》、《劳动保险条例》、《劳动改造条例》、《劳动教养条例》、《治安管理处罚条例》、《人民调解委员会暂行条例》、《公私合营企业暂行条例》、《初级和高级农业生产合作社示范章程》,以及有关教育、卫生、文化等方面的数以百计的行政法规。同时抓紧组织起草《民法》、《刑法》、《民事诉讼法》、《刑事诉讼法》。这些以宪法为核心的法律、法令、法规的制定和实施,指明了新中国法治建设的社会主义方向,为建设新中国的社会主义法律体系打下了良好的基础,为保障人民民主权利,维护革命秩序,保障镇压反革命,肃清国民党反动派在大陆的残余势力,保障"三反"、"五反"运动的顺利开展,保障农业合作化运动和资本主义工商业社会主义改造的顺利进行,促进国民经济的恢复和社会主义建设等,都发挥了积极作用。

2. 改革旧司法制度,建立人民司法制度

新中国成立后,在建立政府法制工作机构、抓紧立法的同时,国家也着手改革国民党的旧司法制度,迅速建立了人民司法制度。各级人民法院和人民检察院相继建立起来。1949 年 10 月 1 日,中央人民政府委员会第一次会议任命沈钧儒为最高人民法院院长、罗荣桓为最高人民检察署署长,10 月 22 日最高人民法院和最高人民检察署举行了成立大会。与此同时,中央人民政府委员会批准了《中央人民政府司法部试行组织条例》,依据该条例组建了中央人民政府司法部,主管政法工作。此后,自上而下逐步建立了各级人民法院、检察院和司法部的组织体系,还在铁路、交通、森林、海事和军队等部门建立了专门法院和检察院。司法人员的来源除旧司法人员经过思想改造留用下来以外,主要是从部队、机关、工厂抽调一批先进分子充实司法队伍,保证司法机关始终掌握在人民手里,使其成为名副其实的打击敌人、保护人民的人民司法机关。

根据法律规定,《人民法院组织法》和《人民检察院组织法》颁布之前,按照 1951 年的《人民法院暂行组织条例》和《人民检察署暂行组织条例》规定,最高人民法院和最高人民检察署由中央人民政府委员会领导,地方各级人民法院和检察署由同级人民政府领导。1954 年 9 月《人民法院组织法》和《人民检察院组织法》颁布之后,最高人民法院、地方各级法院和最高人民检察院、地方各级检察院分别由全国人民代表大会和地方各级人民代表大会产生,向它负责并报告工作,人民法院、人民检察院不再是同级人民政府的下属部门,而是在国家权力机关的监督之下,各自构成统一的体系。各级人民法院和人民检察院独立行使审判权和检察权。人民法院建立并实行了合议、回避、公开审判、辩护、人民陪审员、审判监督、两审终审等制度。人民检察院对刑事案件提起公诉,并对公安的侦查权和法院的审判权实行监督,还可按照上诉程序和审判监督对错误判决提出抗诉。随着司法行政机关的建立和健全,司法行政工作也进一步开展并取得重要成果。1955年，全国各大城市还先后建立了律师制度和公证制度，人民调解也发挥了积极的作用。人民的司法机关承办了数百万件民事、刑事案件，在打击敌人、惩罚犯罪、保护人民生命财产、巩固人民民主专政政权、保障社会主义革命和建设的顺利进行等方面发挥了极为重要作用。

毋庸讳言，这个时期的中国法治建设也存在一定的问题。比如法治理念还没有真正建立起来，把法律当作"工具"，还认为"政策就是法"、"政策可以代替法"。20世纪50年代后期，受"左"倾思想的影响，法律虚无主义开始盛行，我国社会主义法治建设受到削弱，全国人大及其常委会基本上没有制定法律。1966年"文化大革命"爆发，更大程度地破坏了法治。

（三）"文化大革命"对社会主义法治的损害

从1966年5月"文化大革命"开始，到1976年10月"文化大革命"结束，是我国法治建设遭受严重破坏的时期。作为立法机关的全国人大及其常委会，从1966年5月到1975年间，没有开过一次会，没有立法，主要靠中央文件和中央领导人的讲话来管理国家。到1975年3月，才制定了适应"文化大革命"需要的"七五宪法"。

"文化大革命"开始后，当时身为中央文革小组副组长的江青在公检法机关的一次群众会议上说，"公安部、检察院、最高人民法院都是从资本主义国家搬来的，建立在政党之上"，"都是些官僚机构，他们这几年一直是跟毛主席相对抗"[1]。因此，"文革"期间提出的一个口号就是"砸烂公检法"。全国各地刮起了一股冲砸公安风。据不完全统计，"文革"中全国各地受打击迫害的公安干警有34400多人，其中有1200多人被打死、逼死，3600多人被打伤致残。[2] 公安部直属的6所人民警察学校

---

[1] 国防大学党史党建政工教研室编《"文化大革命"研究资料》上册，国防大学出版社，1988，第530页。

[2] 周振想、邵景春主编《新中国法制建设四十年要览（1949—1988）》，群众出版社，1990，第351页。

全部被撤销或停办，直到"文化大革命"中后期，公安工作才开始有所恢复。1975年1月通过的"七五宪法"，正式确定废除检察院。该法第25条规定："检察机关的职权由各级公安机关行使。"但事实上大部分公安机关并没有建立相应的机构，只有个别地区的公安机关设立了主管批捕、起诉的工作机构。1967年"一月风暴"后，全国各级人民法院的组织机构已基本上瘫痪，审判工作也因此停顿。从1966年到1971年没有任何司法机关，宪法规定的国家政权机关也陷于瘫痪。"文革"一开始，司法机关被砸烂后，对司法机关进行军事管理，成立军管会，完全由军管会行使刑事审判，人民法院成为各地公安机关军管会下属的"审判组"。军管会结束以后，成立革命委员会，每一个革命委员会下面都有一个政治保卫处。这个政治保卫处行使刑事审判职能，公安和检察院、法院之间的制约关系不再存在，完全实行刑事审判一体化，全部由政治保卫处一个部门来行使。民事审判基本停顿，民事纠纷被交给各个单位，由所在的单位、居委会去处理。司法从业人员（包括律师）基本上全部被下放，进行改造。这样一种状态到了1971年才开始逐渐恢复，公安、法院才开始陆陆续续恢复，重新行使审判职能。民事审判1978年以后才正式开展起来。"文革"期间，社会秩序混乱不堪，"大民主"造成无民主，无政府主义严重，打砸抢抓盛行，法制遭践踏，刑讯逼供，任意逮捕，冤假错案无数，人民权利无法保障，一言堂盛行，民主法制遭到严重破坏。在"以阶级斗争为纲"的错误方针下，整个社会步入"无法无天"的局面。

二　改革开放以来法治建设的发展历程

1978年12月党的十一届三中全会后，以邓小平同志为核心的党中央在深刻总结历史经验教训特别是10年"文革"沉痛教训的基础上，作出了将党和国家的工作重心从以阶级斗争为纲转移到以经济建设为中心、实行改革开放的战略决策。围绕这一重大转变，我国的法治也得到了恢复、重建和发展，进入了中国法治建设的新时期。

（一）法治的恢复与重建

从党的十一届三中全会到党的十四大这一时期，法治建设受到极大重视，获得迅速发展，为我国经济社会发展奠定了坚实的法制基础。

1. 重新确立法律的地位和权威

汲取"文革"的惨痛教训，邓小平深刻指出："为了保障人民民主，必须加强法制。必须使民主制度化、法律化，使这种制度和法律不因领导人的改变而改变，不因领导人的看法和注意力的改变而改变。"[①] 要彻底革除"往往把领导人说的话当做'法'，不赞成领导人说的话就叫做'违法'，领导人的话改变了，'法'也就跟着改变"[②] 的典型"人治"做法。邓小平还精辟阐释了"法治"优于"人治"的本质，指出："我们过去发生的各种错误，固然与某些领导人的思想、作风有关，但是组织制度、工作制度方面的问题更重要。这些方面的制度好可以使坏人无法任意横行，制度不好可以使好人无法充分做好事，甚至会走向反面。"[③] 党的十一届三中全会明确提出，要使"制度和法律具有稳定性、连续性和极大的权威，做到有法可依，有法必依，执法必严，违法必究"。这一重要论述，明确了新时期加强社会主义民主法制建设的目标任务，确立了我国法治建设的基本方针。在这一重要思想指导下，1982年12月通过的《宪法》明确规定："一切国家机关和武装力量、各政党和各社会团体、各企业事业组织都必须遵守宪法和法律。一切违反宪法和法律的行为，必须予以追究。任何组织或者个人都不得有超越宪法和法律的特权。"法律的地位和权威通过根本大法的形式得到了确认与保障，奠定了我国法治发展的宪法基础。

2. 实现"有法可依"

改革开放初期，我国法律很不完备，很多法律还没有制定出来，法治建设几近空白。为了适应改革开放和现代化建设的需要，必须重点抓

[①] 《邓小平文选》第2卷，人民出版社，1994，第146页。
[②] 《邓小平文选》第2卷，人民出版社，1994，第146页。
[③] 《邓小平文选》第2卷，人民出版社，1994，第333页。

立法，集中力量制定最急需的法律。实现"有法可依"，成为我国恢复与重建法治的最紧迫任务。为适应形势需要，1979年6月18日，五届全国人大二次会议审议通过了党的十一届三中全会后首批七部法律，拉开了新时期法治建设的序幕。这七部法律分别是《刑法》、《刑事诉讼法》、《全国人民代表大会和地方各级人民代表大会选举法》、《地方各级人民代表大会和地方各级人民政府组织法》、《人民法院组织法》、《人民检察院组织法》和《中外合资经营企业法》。此后，五届全国人大又通过了《国务院组织法》、《民法》、《民事诉讼法（试行）》、《行政诉讼法》、"八二宪法"等保障人民权利、规范社会生活和社会秩序以及国家政权组织机构的重要法律。这一时期，我国共制定、修改法律94件、行政法规598件，从根本上改变了许多重要领域无法可依的局面，为经济建设和社会发展提供了强有力的保障。

3. 建立健全司法机构、法律服务机构和行政执法机构

在加强立法工作的同时，我国的司法机构也逐步健全。改革开放后，我国法治建设的重要任务是要尽快恢复和重建受到严重破坏的法治机构。1978年2月，五届全国人大一次会议决定重建检察机关，6月，最高人民检察院恢复重建。党的十一届三中全会以后，各级人民法院相继进行了恢复整顿。1979年通过的《人民法院组织法》和《人民检察院组织法》，以及《刑法》和《刑事诉讼法》，明确规定了法院和检察院的地位、职权、设置等问题，为加强法院和检察院建设提供了法律依据。1979年9月，恢复重建司法部，各地也逐步恢复或组建地方司法行政机关。同时，恢复了律师制度。第五届全国人大常委会通过了《律师暂行条例》（1982年1月1日开始实施），对律师制度进行了全面规定。1988年，司法部制定《合作制律师事务所试点方案》，我国律师制度开始走向社会化。公证作为司法制度的重要组成部分，在改革开放后也进入新的发展阶段。1982年，国务院颁布《公证暂行条例》。伴随着行政管理领域单行法律、行政法规相继出台，工商、税务、土地、卫生等行政执法机构恢复运转。随着司法机构的恢复重建和建立健全，我国的司法工作也进入了蓬勃发展时期，逐步形成了中国特色的社会主义审判制度、检察制度和律师制度，为改革开放和社会主义现代化建设的顺利进行提供了有力的司法保障和服务。

（二）确立依法治国的基本方略

1992年10月，党的十四大根据社会发展实际，明确提出建立社会主义市场经济体制的改革目标。市场经济体制的确立，为我国法治建设注入了强劲动力。1997年10月，党的十五大明确提出了"依法治国，建设社会主义法治国家"的基本方略。1999年3月，全国人大通过宪法修正案形式将"依法治国"载入宪法。2002年10月，党的十六大召开，明确提出"加强对执法活动的监督，推进依法行政"。这个时期，围绕建立市场经济，探索完善法治经济，确立依法治国基本方略，建设法治国家，取得了重大成就。

1. 围绕市场经济体制的建立，加快制定经济法规，为经济建设保驾护航

1992年提出建立社会主义市场经济体制目标后，1993年的宪法修正案将"国家发展社会主义市场经济"载入宪法，并明确提出"国家加强经济立法，完善宏观调控"的要求，为我国发展社会主义市场经济法律制度提供了宪法保障。市场经济本质上是契约经济和法治经济，不同市场主体的多元需求及其之间的复杂关系，客观上要求由统一、开放、公平和透明的规则加以调整和保障，否则市场经济难以开展。1992年后我国加快了经济立法。仅1993年、1994年两年，全国人民代表大会及其常务委员会通过的这方面的法律就有《公司法》、《台湾同胞投资保护法》、《反不正当竞争法》、《城市房地产管理法》、《对外贸易法》、《注册会计师法》、《农业法》、《仲裁法》、《审计法》、《广告法》等。随后又通过了《产品质量法》、《消费者权益保护法》等一系列用来调整经济生活的法律。此后近10年，我国几乎每年都有直接规范与保障市场经济的重要法律制定和颁布，与此前施行的市场经济法律法规一起，初步构建了我国社会主义市场经济的基本法律体系。为了适应法律为经济服务的方向，开始修改《人民法院组织法》，成立经济厅。各级法院的经济案件大量上升，各种用来调整经济仲裁的制度也开始蓬勃发展。

2."依法治国，建设社会主义法治国家"成为我国法治建设目标和方向

随着社会主义市场经济的深入发展，依法治国、实行法治越来越重要而紧迫。1996年，江泽民同志指出："依法治国是党领导人民治理国家的基本方略，是发展社会主义市场经济的客观需要，是社会文明进步的重要标志，是国家长治久安的重要保障。"① 这表明我们党关于依法治国基本方略的设想已渐趋成熟。1996年3月，八届全国人大四次会议通过的《国民经济和社会发展"九五"计划和2010年远景目标纲要》，根据中共中央的建议，把"依法治国，建设社会主义法制国家"② 作为一项重大方针确定下来，并提出了具体任务和要求。1997年党的十五大报告还把依法治国的目标由"建设社会主义法制国家"改为"建设社会主义法治国家"，极其鲜明地突出了法治。党的十五大报告指出："我国经济体制改革的深入和社会主义现代化建设跨越世纪的发展，要求我们在坚持四项基本原则的前提下，继续推进政治体制改革，进一步扩大社会主义民主，健全社会主义法制，依法治国，建设社会主义法治国家。"③ 党的十五大报告把依法治国作为党领导人民治理国家的基本方略正式确立了下来。1999年3月15日，九届全国人大二次会议通过的《宪法修正案》，又将"依法治国，建设社会主义法治国家"④ 载入宪法，上升为国家意志，使其具有了法律效力。这标志着我国成功实现了从计划经济条件下主要依靠政策治国向社会主义市场经济条件下主要依靠法律治国这一治国理政模式的根本转变，意义重大而深远。2001年九届全国人大四次会议通过的"十五计划纲要"进一步指出"依法治国，建设社会主义法治国家，是社会主义现代化的重要目标"，从而将依法治国从治国方略的手段层次上升为实现社会主义现代化的重要目标层次，使建设社会主义法

---

① 《江泽民文选》第2卷，人民出版社，2006，第29页。
② 《十四大以来重要文献选编》（中），人民出版社，1997，第1775页。
③ 《江泽民文选》第2卷，人民出版社，2006，第28页。
④ 《十五大以来重要文献选编》（上），人民出版社，2000，第808页。

治国家成为我国现代化建设与法治建设的目标和方向。依法治国基本方略的确立，是新时期法治建设发展到一定阶段的必然产物，是新时期法治建设史上具有里程碑意义的标志性成果。

3. 全面推进依法行政，把依法行政作为依法治国的主要环节

行政机关是行政管理和公共服务的主要承担者，其地位和作用十分重要。执法不当就有可能导致权力滥用，给公民、法人和其他组织的合法权益造成不利影响。建设法治国家，就必须把全面推进依法行政作为依法治国的主要环节。1993年3月，国务院明确提出："各级政府都要依法行政，严格依法办事。"这是我国政府第一次正式提出依法行政。此后，加快推进依法行政成为我国法治建设的重点任务。国家制定了一批规范行政机构和行政行为的法律，如《人民警察法》、《行政处罚法》、《行政监察法》、《行政诉讼法》、《行政复议法》、《国家赔偿法》等。《行政诉讼法》的通过标志着"民告官"行政诉讼制度的正式确立，我国依法行政开始进入重视保护公民权利和监督行政权力的新阶段。此外，国务院和地方行政政府以及国务院各部委还制定了一大批行政法规和行政规章，保证了人民群众对政府执法的监督力度。国家赔偿制度是继行政诉讼制度之后的又一项重要制度。《国家赔偿法》规定，行政机关及其工作人员违法行使行政职权侵犯人身权和财产权的，受害人有获得赔偿的权利，它与《行政诉讼法》相配套，确立了我国国家赔偿的法律制度，在保障公民的基本权利和促进国家机关及其工作人员依法行使职权方面迈出了重要步伐。1999年11月，为适应依法治国、建设社会主义法治国家的需要，国务院颁布了《关于全面推进依法行政的决定》，要求各级政府"依法行政，从严治政，建设廉洁、勤政、务实、高效政府"，对全面推进依法行政作出了重要部署，标志着我国依法行政开始向重在"治官"和全方位推进转变。

（三）全面建设社会主义法治国家

2002年10月党的十六大以来，以胡锦涛为总书记的党中央高度重视社会主义法治建设，将依法治国推进到执政党依法执政的层面。党的十七大提出依法治国是社会主义民主政治的基本要求。党的十八大提出全面推进依法治国，为适应全面建成小康社会和全面深化改革，必须"坚持依法治国、依法执政、依法行政共同推进，坚持法治国家、法治政府、法治社会一体建设"①。自此，开始了全面建设社会主义法治国家的新时期。

1. 共产党依法执政成为依法治国的核心

自新中国成立之后，党与法治的关系就成为整个法治建设的核心问题，事关整个法治建设兴衰存废的大局。党严格守法，则法治存；党不守法，则法治废。1982年宪法规定"党必须在宪法和法律的范围内活动"。2002年党的十六大报告在论述改革和完善党的领导方式时，明确提出了"依法执政"的重要命题。2004年党的十六届四中全会作出的《关于加强党的执政能力建设的决定》，第一次把依法执政确认为"新的历史条件下党执政的一个基本方式"，这是我们党全面总结半个多世纪以来的执政经验，适应发展社会主义市场经济和建设社会主义法治国家的客观需要所作出的科学论断。依法执政是依法治国的核心内容，是共产党执政规律的客观要求。我们党的领导地位和执政地位是宪法规定的，党的领导、人民当家作主和依法治国有机统一是我们社会主义政治制度的基本特征。党领导人民制定宪法和法律，同时又必须在宪法和法律范围内活动，不允许有超越宪法和法律的特权。坚持依法执政，就是党要坚持依法治国，领导立法，带头守法，保证执法。依法执政基本方式的确立，反映了中国共产党人对国家与政权建设规律的深刻认识，对现代政党制度、政党政治和执政党执政规律的深刻认识，对从领导人民为夺取国家政权而奋斗的党到领导人民掌握全国政权并长期执政的党这一历史地位根本性转变的深刻认识，对60多年执政经验和教训的深刻反思和科学总结，对如何担当起执政党的使命、如何巩固执政地位、如何提高执政能力、如何执政兴国等根本性问题的深刻认识和理性自觉，是中国共产党

---

① 习近平：《在首都各界纪念现行宪法公布施行30周年大会上的讲话》，《人民日报》2012年12月5日，第2版。

执政意识的升华。确立和实施依法执政，是中国共产党执政方式的历史性变革。这一变革的意义在于，我们党彻底摒弃了"法律只能作为办事的参考"、"要人治不要法治"的传统习惯，实现了党既严格守法又领导立法、保证执法和司法的有机统一。党依法执政基本方式的提出，在中外共产党执政史上，第一次科学解决了共产党执政的基本方式问题。以我们党提出依法治国的基本方略和依法执政的基本方式为标志，中国共产党将领导中国人民从开元建国、致富强国步入制度治国、制度执政、建设社会主义政治文明和社会主义法治国家的新时代。

2. 全面推进依法行政，加快建设法治政府

依法行政是依法治国的主要环节，法治政府是法治国家的主体工程。为了全面落实依法治国基本方略，加快推进社会主义法治国家建设，2003年8月十届全国人大通过了《行政许可法》，于2004年1月实施。《行政许可法》的贯彻落实，从制度上防止了作为公权力的行政许可对社会经济生活和公民个人生活的过度干预。2004年3月，国务院颁布了《全面推进依法行政实施纲要》，首次明确提出经过10年左右坚持不懈的努力，基本实现建设法治政府的目标，标志着我国法治政府建设开始步入全面规划和整体实施的新阶段。为了贯彻落实《全面推进依法行政实施纲要》，国务院又先后重点抓了行政审批制度改革、行政执法责任制、行政复议、市县基层政府依法行政等工作，在2008年5月颁布了《关于加强市县政府依法行政的决定》，在全面推进依法行政、加快建设法治政府方面取得了显著成就。2007年10月，党的十七大召开，提出要全面落实依法治国基本方略，加快建设社会主义法治国家，加快行政管理体制改革，推进依法行政，确立以民为本、建设服务型政府的奋斗目标。此后，党的十八大、十八届三中全会和四中全会又对如何依法行政进行了具体部署，提出了改革的具体方案和措施。新时期，全面推进依法行政、建设法治政府已经驶上了快车道。

3. 坚持科学立法、民主立法，形成了中国特色社会主义法律体系

法制完备、有法可依是建设社会主义法治国家的前提，是保障和推进改革开放的制度基础。因此，2002年党的十六大报告重申"加强立法工作，提高立法质量，到二〇一〇年形成中国特色社会主义法律体系"[①]。为此，十届全国人大及其常委会从一开始就明确提出在任期内"以基本形成中国特色社会主义法律体系为目标、以提高立法质量为重点"的立法工作思路，并在总结经验、广泛征求立法项目建议、深入调查研究、充分听取各方面意见的基础上，制定了五年立法规划。经过不懈的努力，到 2007 年 10 月，党的十七大报告明确宣布："中国特色社会主义法律体系基本形成。"[②] 中国人民用 30 年时间走完了西方发达国家几百年的路。当代中国的法律体系，主要由七个法律部门和三个不同层级的法律规范构成。七个法律部门是：宪法及宪法相关法，民法商法，行政法，经济法，社会法，刑法，诉讼与非诉讼程序法。三个不同层级的法律规范是：法律，行政法规，地方性法规、自治条例和单行条例。一个以宪法为统帅和根本依据，部门齐全、数量适度、体例科学、质量较高、内在统一、外在协调的中国特色社会主义法律体系基本形成。这是改革开放以来我国法治建设所取得的一项极其重大的成就。截至 2014 年 10 月，中国已制定宪法和有效法律共 240 部、行政法规 706 部、地方性法规 8600 多部。通过这些法律、行政法规、地方性法规、自治条例等规范性法律文件，我国建立起适应市场经济、民主政治、人权保障、社会发展、环境保护要求和需要的法律制度。

4. 规划了全面推进依法治国的总体布局

2014 年 10 月，党的十八届四中全会召开，会议审议通过了《中共中央关于全面推进依法治国若干重大问题的决定》，这是我们党历史上第一个关于加强法治建设的专门决定，充分体现了党的十八大和十八届三中全会精神，是指导新形势下全面推进依法治国的纲领性文件。《中共中央关于全面推进依法治国若干重大问题的决定》提出了全面推进依法治国的总目标：建设中国特色社会主义法治体系，建设社会主义法治国家。全面推进依法治国是一个系统工程，涉及立法、执法、司法、守法等各

[①]《十六大以来重要文献选编》（上），中央文献出版社，2005，第 25—26 页。
[②]《十七大以来重要文献选编》（上），中央文献出版社，2009，第 3 页。

个方面，必须加强顶层设计、统筹谋划。

三 中国法治建设存在的主要问题

新中国成立60多年来，社会主义法治理念、法治地位和法律权威得到确立，中国特色社会主义法律体系基本形成，依法治国、依法执政、依法行政全面推进，法治国家、法治政府、法治社会一体建设，新中国法治建设取得了巨大成就。在肯定成就的同时，也要正视实际存在的问题。

（一）法律制度有待完善

法治是治国之重器，良法是善治之前提。社会主义良法有一个硬性的要求，那就是要反映社会发展的客观规律，体现人民的意志，符合我国的实际，并具有可操作性。党的十一届三中全会以来，根据新时期建设需要，我国立法以前所未有的速度和规模发展。从制度层面上讲，我国以宪法为基础的社会主义法律体系已经形成，无法可依、无章可循的现象已基本扭转。但很多法律质量不高，立法不公，法治的效果还不尽如人意。例如，以贫困农民、民工和失业下岗人员为主体的弱势群体很难直接参与立法过程，他们的权利意志无法充分表达，民主参与不足，不利于有效维护其合法权益。还有，一些涉及农民利益保护的立法欠缺，农村养老、医疗和农业保险制度立法严重滞后，对村委会选举的法律及相关制度规定不明，对农民民主权利的保护立法欠缺。有的法规规定与保护公民合法权益的要求不相适应。再如，最近一段时间因为暴力强拆引发的悲剧不断发生。作为拆迁方依据的《城市房屋拆迁管理条例》，明显把补偿和征收相混淆，把行政法律关系和民事法律关系相混淆，导致侵犯公民财产权现象时有发生。在法律体系内部，由于对立法活动协调和监督不够，对某些过时的法律、法规没有及时清理，造成一些法律、法规的内容相互抵触，影响法律的整体和谐。比如"车辆违章未处理不能年检"合规但不合法，"合规"是指它符合公安部制定的《机动车登记规定》，其中第四十条规定，机动车所有人申请年检之前，"应当将涉及机动车的道路交通安全违法行为和交通事故处理完毕"。正是依此规定，各地车管所将违章处理与车辆年检实行"捆绑"。但是，《道路交通安全法》第十三条明确规定，机动车应定期进行安全技术检验，"对提供机动车行驶证和第三者责任强制保险单的，机动车安全技术检验机构应当予以检验，任何单位不得附加其他条件"。2008年，《机动车登记规定》被修订，但此次修订仍然没有删除上述不合法条款。另外，在法律之间的相互关系上，基本法和单行法之间，法律法规与实施细则之间，原则规定与具体措施之间，还没有完全配套，在整个法律体系中出现了"断层"和"缺项"。

（二）执法不严有待克服

改革开放30多年来，我国不断加快立法的步伐，颁布了大量的法律、法规和行政规章，已建立了比较完整的法律体系。但是，这些法律、法规、规章和规范性文件的实施仍不尽如人意。在众多的法律、法规中，行政类执法不严尤为突出。有的地方执法不严，不重视程序和侵犯人权问题时有发生。比如，部分执法者把执法当创收的手段，以罚代管，视相对人不同情况进行区别对待，对查处困难的一罚了之，对死磨硬抗的一说了之，对老实听话的一禁了之。这种选择性执法的结果是，在群众中造成极为恶劣的负面影响，不但加重了群众的负担，损坏了人民群众的利益，而且恶化了党群、干群关系，破坏了党和政府的形象，动摇了党和国家的根基。有些公安干警、海关官员，无视国家法律、法规，与黑恶团伙相互勾结，大搞权钱交易、权色交易，疯狂地进行各种非法活动，肆无忌惮地充当涉黑势力的保护伞，不仅给国家造成巨大的经济损失，而且直接影响了社会政治的稳定，危害了党的领导，危害了人民共和国的政权。还有部分执法者没有摆脱高高在上的官本位，把相对人当成不服从管理的"劣民"予以对立，当成不听从招呼的"刁民"予以孤立。态度粗暴，滥用职权，造成执法者与相对人关系紧张，甚至激化，从而使得不少本可以化解的矛盾直接升级为暴力执法、暴力抗法事件。

贵州省的瓮安事件就是一个典型案例。2014年12月13日，发生一起民警暴力执法事件。太原市公安局小店分局龙城派出所民警在处置"龙瑞苑"工地纠纷出警期间，发生一起河南籍周姓民工非正常死亡案件。案件发生后，一则"警察打死讨薪女民工，倒地后仍遭脚踩头发"的图片消息在网络上广泛传播，引发网民高度关注。12月30日凌晨，太原市检察院对涉案民警王某以涉嫌滥用职权罪批准逮捕。12月31日，涉案民警郭某、任某以涉嫌滥用职权罪被立案侦查并刑事拘留。这种暴力执法暴露出太原公安队伍治警不严的积弊，性质极其恶劣，严重侵犯了公民的合法权益。执法不严给社会带来的莫大的危害还导致社会秩序不稳。前段时间媒体披露的"矿难不断"、"高铁腐败"、"食品安全"、"药品制假"、"地沟油"等事件都是有法不依、执法不严所产生的严重恶果。

（三）司法公正有待提升

在2013年1月7日召开的全国政法工作电视电话会议上，习近平总书记要求，"进一步提高执法能力，进一步增强人民群众安全感和满意度，进一步提高政法工作亲和力和公信力，努力让人民群众在每一个司法案件中都能感受到公平正义"。这些年，社会所遭遇的发展中问题或"中国式烦恼"，比如红十字会的慈善悬疑、街头的跌倒老人尴尬，如果司法能从程序与实体正义层面"该出手时就出手"，公众可能就会少些犹疑。看起来很多是道德层面、制度层面的纠结，但从根本而言，都与司法的公平与正义息息相关。司法审判的唯一依据只能是事实，唯一准绳只能是法律。2014年12月15日，内蒙古自治区高级人民法院再审判决呼格吉勒图无罪一案轰动全国。尽管呼格案发之初就疑点重重，关键证据不足，但还是按"疑罪从有"很快被执行死刑，造成好人冤死。一个无辜青年含冤赴死18载，今朝一日终昭雪。这是新中国成立以来被执行死刑案件中因事实不清、证据不足而再审改判无罪的第一例，在十八届四中全会吹响依法治国号角的时代语境下，彰显了司法纠错的勇气和决心。公正是法治的生命线。司法公正对社会公正具有重要引领作用，司法不公对社会公正具有致命破坏作用。必须完善司法管理体制和司法权力运行机制，规范司法行为，加强对司法活动的监督，努力让人民群众在每一个司法案件中感受到公平正义。

（四）公民法治素质有待提高

为提高全民法律素质和法治意识，我国从1985年开始实施五年普法规划，目前已进入"六五"普法阶段，有领导、有计划、有步骤地进行全民普法工作。我们虽然在法制宣传教育上做了大量工作，但是广大干部群众的法治素质还有待提高。有的人在自身合法权利被侵害时，不能正确反映诉求，不懂得运用法律武器维权：要么浑然不知，以"法盲"形态出现；要么畏于权势，忍气吞声；要么置法律而不顾，"以暴制暴"，导致违法犯罪。他们缺乏法律知识，不愿诉诸法律；崇尚"权大于法"，喜欢采取越级上访、聚众闹事、围堵政府机关等方法来解决问题。个别公职人员藐视法治，漠视法律的地位和作用，在执法时"重人治、轻法治"，习惯于依靠政策，依靠行政命令办事，即使在法律有明文规定的情况下，仍以执行政策或执行上级"指示"为借口拒绝执行法律，忽视运用法治手段解决问题。以言代法、以权压法、知法犯法的现象仍然存在。法律远没有成为指导和约束人们行为的"第一准则"，还没有成为人们的信仰。公民的法治素质与建设社会主义法治国家的要求还有一定差距，还需要不断加强普法教育，培育公民现代法治观。法制宣传教育是培养公民树立正确法律观的基础工程，目的是让广大人民群众学法知法、守法用法，积极履行公民应尽义务，并懂得运用法律维权。

第六章
坚持中国特色社会主义法治道路

道路决定命运,道路引领未来。道路问题关系全局、决定成败。全面推进依法治国,必须走对路。在走什么道路这个根本问题上,绝不能含糊。党的十八届四中全会郑重提出,全面推进依法治国必须坚定不移走中国特色社会主义法治道路。这为建设社会主义法治国家提供了根本遵循和行动指南,明确宣示了法治中国建设的方向。

一 从世界历史看法治道路具有多样性

法治作为一种宏观治国方略、理性的办事原则、理想的管理模式、对专权限制的治理模式,的确是社会文明的显著标志。董必武曾说:"人类进入文明社会以后,说到文明,法律要算一项,虽不是唯一的一项,但也是主要的一项。"① 但是,各国走向法治的道路是不可能完全相同的。尽管人类对法治的主要内容存在一些普遍的共识,然而,由于国情不同,各国必然选择不同的法治道路或模式去实现本国的法治目标。作为制度形态和实践形态的法治,是普遍性和特殊性相结合的产物。从西方发达国家法治发展演进的历史来看,法治道路具有多样性。

---

① 董必武:《董必武政治法律文集》,法律出版社,1986,第520页。

(一) 英国的法治发展道路

英国法治的发展属于自然演进的，它受到政治革命的冲击比法国受到的冲击要少得多。在西方发达国家中，英国的法律起源最早，历史最悠久，且未曾有过中断。英国法律在2000多年的发展演化中积累了丰富的经验，培育了独特的文化，形成了自己的传统，从而成为现代西方法律文化的主要渊源之一。英国成为英美法系的发端国。

英国的法治模式和道路，是根植于英国特定的历史传统和现实之上的。妥协的精神正是英国的民主法治得以成为西方国家典范的原因。① 英国在封建贵族与新兴资产阶级势均力敌、近代资本主义生产方式正逐步取代封建生产方式的大背景下逐步实现了法治，即通过新兴资产阶级与封建贵族的斗争与妥协，资产阶级通过不流血的方式占据了议会舞台，并通过一系列宪法文件或宪法惯例，确立了议会至上、越权无效等根本法治原则；通过对大量习惯和惯例的认可并借助普通法的渐进传统，逐步完成了法治的统一；通过建立议会授权制度和确立自然公正的程序规则以及强化对自由裁量权的监督，不断控制王权和行政权；通过司法机关的判例（即所谓法官造法）逐步建立国民所熟悉（大部分为习惯或惯例）并愿意接受的法律秩序；通过使政府官员像普通公民在普通法院接受审判的司法审查方式，控制政府的权力、保障公民的权利。

作为世界上第一个完成资产阶级革命和工业革命的国家，英国的法律制度相对于世界上大多数仍处于封建时期国家的法律制度或未开化地区的习惯规范而言，具有许多合理性和先进性。它的许多法律制度和原则如君主立宪制、责任内阁制、议会主权原则、侵权责任、对价制度、抗辩式诉讼等，都远远超出了英美法系的范围，被许多国家和地区所接受和采纳。

总起来看，英国法治发展道路比较平缓，似在传统与现代之间寻求平衡。在很长的历史时期内，英国法被冠以"封建"、"保守"等字样。

---

① 何勤华主编《现代西方的政党、民主与法治》，法律出版社，2010，第34页。

直到20世纪末,许多法律原则和制度仍保留几百年前,甚至1000多年前的样貌,比如律师制度、大法官制度等。然而,20世纪末至21世纪初,在欧盟法的影响下,在英国内部各种政治力量的推动下,英国对法律制度进行了重大变革,幅度之大令全世界震惊。实施了1400年的大法官制度被废除,"司法独立"在900年来首次得到宪法保障,上议院的司法权被最高法院取代,两种律师之间的职业垄断也被打破。这一系列重大改革举措,反映了英国法治发展的新动向,已引起广泛关注。

(二) 美国的法治发展道路

美国是英美法系的重要成员,亦是现代世界法治文明发展的典型代表。考察美国法治建设进程,我们可以看出,虽然美国法与英国法具有不少共同点,但是,美国基于自身实际情况所创立的法律制度,显现出不同于英国的鲜明特点,在当今世界产生了巨大影响力。

美国通过独立战争推翻了英国的殖民统治,由于在英国殖民统治期间,北美殖民地人民不仅深受英国行政权的压迫,而且深受英国立法权的压迫,故美国立国之后,不仅注意防止行政权的越权和滥用,而且注意防止立法权的滥用,因而建立了三权鼎力、相互制衡的宪法体制。美国法治框架根源于《联邦宪法》,美国法治表现为以宪法为中心而形成的五个平衡系统。第一,政府的权力分为立法、行政、司法三个相互独立又互相制约的部门,实行三权分立。这种做法见于孟德斯鸠的理论,其目的是通过"以权力约束权力"[①],来防止权力滥用,从而保持政治自由。第二,在保持一个强有力的全国政府的同时,又给予州和地方政府广泛的权力,此即为美国的联邦制。美国的联邦制是由独立战争中确立的联邦制发展而来的,是"古老的分离主义传统"延续的产物。200多年来,联邦制虽然有很大变化,但依然是美国法治的一个基本原则。第三,政府官员要使不同和互相竞争的选民满意,即在社会组织和政治机构之间始终保持动态的制约与平衡。这一原则来自美国宪法对立法权和公民选

---

① 孟德斯鸠:《论法的精神》,张雁深译,商务印书馆,1963,第154页。

举权的规定。美国宪法规定两院制,以充分反映不同利益集团的要求,联邦宪法的这一规定,特别强调它要建立一个"法治而不是人治的政府"①。第四,美国法治并不要求社会的同一,相反,它允许多元化的存在。美国社会存在多种政治文化和意识形态,并由此形成许多利益集团。宪法规定公民有宗教信仰自由、言论自由、出版自由、和平集会权等。这些自由和权利是美国社会多元化的内在要求,它是美国民主与法治的包容性的反映。第五,作为社会稳定和繁荣的基础,美国法治要求公民的基本自由与权利得到宪法的确认与保护。

美国通过一系列宪法修正案建立了基本人权保障制度。美国宪法规定的唯一正式改变宪法的形式是宪法修正案。修正案应由国会两院各以2/3多数议员通过后提出,或由国会应2/3多数州议会的要求而召开的制宪会议提出,应由3/4多数的州议会或3/4多数的州制宪会议批准。迄今为止,国会共通过28条宪法修正案,完成批准程序、生效的有27条。其中反映阶级力量对比的变化,具有重大影响的是关于公民权利的宪法前10条修正案,即"权利法案";南北战争后关于废除奴隶制、承认黑人选举权的第13至15条宪法修正案;20世纪后关于扩大选举权、男女享受平等权利的修正案。美国人民崇尚权利至上,但美国宪法与法治走过了一个曲折而艰难的历程,时至今日,美国人民仍在为消除社会中广泛存在的种族、性别等方面的不平等而不懈斗争。

美国通过宪法修正案建立了正当程序规则。1791年获得通过的《权利法案》规定了正当程序条款。宪法第5条修正案规定:"不经正当法律程序,不得被剥夺生命、自由或财产。"② 正当程序是美国宪法的核心原则之一,它已经成为美国宪政制度的基础性原则,对于保障经济自由和公民权利,起到了十分重要的作用。

美国是个年轻的国家,从1776年宣布独立算起,只有200多年的历史。作为世界上头号经济强国,其经济的发达与法治的完善有着密不可

---

① 卡尔威因·帕尔德森:《美国宪法释义》,徐卫东、吴新平译,华夏出版社,1989,第48页。
② 王云霞等:《外国法制史》,商务印书馆,2014,第240页。

分的关系。美国的法治继承了英国的传统，又根据自己的实际创造性地设计了一整套政治法律体制以保障经济社会发展及人的权利，不仅为美国在过去200多年里由弱变强奠定了制度上的基础，而且也深刻地影响了其他许多国家的政治发展。

（三）法国的法治发展道路

法国是在国王和封建贵族顽固阻挡第三等级崛起、镇压人民反抗的大背景下，人民以暴力革命推翻封建制度而逐步实现的法治。法国的法治道路是通过流血的暴力革命彻底推翻封建制度，大胆创造新制度。1789年，法国爆发大革命。这是一个鲜明的、以暴力的方式摆脱农耕文明的国家政体制度、向商工文明的政治文明状态转型的革命范例。法国革命者首先制定、颁布了具有划时代意义的《人权宣言》，宣布国家公民的基本权利，从而确立了公民和国家机构的基本关系状态。随后，1791年，制定了一部宪法，该宪法贯彻三权分立原则，规定了君主立宪政体。此后，随着形势的变化，法国宪法频频变动，从君主立宪，到共和，再到帝制，再到君主立宪，再到共和，再到帝制，最后回归共和，直至1875年，第三共和国宪法制定后，法国政体才基本稳定下来。但无论法国政体如何变换，其人权宣言所宣布的生命安全、人身自由、财产安全、精神自由，这四大基本人权的保护原则没有变动。这些基本的法治原则和精神，在世界法治的历史中都占有极其重要的地位。

法国法治的另一突出之点，是统治者发扬罗马法学家以抽象理性建构规则体系的精神，继承罗马帝国的法律编撰传统，通过广泛的多层次的立法，形成治理社会的规范，把统治者的利益和主张融入其中，建构法的统治基础。拿破仑上台后，为了巩固其执政地位，保护资产阶级革命的胜利成果，促进资本主义经济发展，消除国内外不稳定因素，亲自主持编撰了一系列重要法典，从而基本建立了比较完整的近代资产阶级法律体系，人们习惯把这一体系称为"六法体系"，法国成为大陆法系的主要发源国。这个法律体系以宪法为根本法，以民法典为核心，在其他各主要部门法领域都制定有相应法典。法国"六法"颁行后，在欧洲大陆引领了一个潮流。西欧大陆各国以及世界其他国家和地区纷纷仿效，不仅把"六法"当作本国制定相应法典的模板，更把"六法"这样的法律结构作为构造本国法律体系的基本模式。所以说，法国"六法"的意义和影响远远超出了法国国界，超出了法典自身，它是一个时代性的标志。拿破仑对于自己主持编撰的《法国民法典》非常自豪，当他被流放到孤岛之上时，曾这样说："我的真正光荣不在于打胜了40多场战役，滑铁卢一役可以将这些胜利全部抹去，但我的民法典将不会被遗忘，它将与世长存。"[①]

（四）德国的法治发展道路

德国的法治道路不同于法国，也不同于英国和美国。它经历了君主专制的集权政体，魏玛时期短暂而失败的民主共和政体，经由纳粹的独裁专制转变为现代统一的法治国家，其路途可谓艰辛。

从公元11世纪至12世纪以后，德意志便分裂为许多独立的封建领地，处于割据状态，与这种分裂割据的社会政治经济环境相适应，德国在统一前，始终以其法律的分散性和法律渊源的多样性为主要特征。俾斯麦任普鲁士首相后，公开宣称以"铁与血"的政策解决德国统一问题。1871年1月18日，统一的德意志帝国宣告成立，为消除以往因政治割据所造成的法制混乱奠定了政治基础。统一后，帝国立即进行了大规模的统一法制的建设。在3个月内，便制定了宪法和刑法典，以后又陆续制定了民事诉讼法典、刑事诉讼法典和法院组织法。到20世纪初，民法典和商法典生效。至此，经过30年的努力，德国建成了近代法的完整体系，实现了法治的统一，成为大陆法系的又一个典型国家。

两次世界大战给德国人民和世界人民带来了深重灾难，尤其是二战使得德国的法治发展进入最黑暗的阶段。接连打输了两场世界大战的德意志民族进行了深刻反思，为宪政体制的运行和政治、经济及社会变革打下了坚实的思想基础。1949年5月23日，为建立德意志联邦共和国，

---

① 王云霞等：《外国法制史》，商务印书馆，2014，第320页。

《基本法》获得通过。为防止独裁政府践踏人权的悲剧重演，《基本法》把公民的基本权利放在首位，以克服"魏玛宪法"的不足之处。《基本法》规定了三权分立的联邦政体，包含着司法独立原则。在互为制衡的同时，政府的三个最高权力机构都必须受到宪法与法律的约束。战后德国成立了宪法法院，中心任务是对政府的立法与执法行为是否违宪进行审查。通过宪法确立了依法治国、社会国家原则，把福利国家的建设提到重要议事日程。1990年西德和东德重新统一，对德国的法治发展产生了巨大的影响。由于德国统一是以原东德地区并入西德的方式实现的，所以统一后的德国，仅仅对《基本法》进行了简单的修改，在此基础上构建了现行政治体制。

德国尝试的是一条后发国家赶超先进国家的道路，它从一个传统、分裂、落后的农业社会发展到今天这样一个现代化、统一、高度发达的工业社会，与它的法律制度不无关系。德国的法律制度在世界法律史上占有重要地位。当然，德国法律制度在世界范围内也曾造成很坏的影响。第二次世界大战时期，德国法西斯法律制度成为意大利、日本等国政府争相模仿的对象，结果严重破坏了这些国家原有的资产阶级民主和法制。正如马克斯·诺道所言，德意志在任何事情上都是强有力的，在好事上如此，在坏事上亦然。[①]

综上所述，英、美、法、德等西方发达国家从17、18世纪开始建立发展民主、法治制度，至今已历经300多年。西方法治的漫长变迁，使得各个国家选择的法治道路或模式各有不同。民主与法治的进步不是一朝一夕、一蹴而就的，其中需要大量的社会实践、制度革新与思想沉淀。各国的国情不同，法治道路的选择必然不同。

二　中国特色社会主义法治道路的核心要义

法治中国建设，必须坚持走中国特色的法治道路。习近平明确指出：

---

① 转引自张岩《转型时期中国法治特点研究》，中国法制出版社，2014，第56页。

"我们要坚持的中国特色社会主义法治道路，本质上是中国特色社会主义道路在法治领域的具体体现；我们要发展的中国特色社会主义法治理论，本质上是中国特色社会主义理论体系在法治问题上的理论成果；我们要建设的中国特色社会主义法治体系，本质上是中国特色社会主义制度的法律表现形式。"[1] 中国特色社会主义法治道路，核心要义包括三个方面：一是坚持党的领导，二是坚持中国特色社会主义制度，三是贯彻中国特色社会主义法治理论。党的领导是中国特色社会主义最本质的特征，是社会主义法治最根本的保证；中国特色社会主义制度是中国特色社会主义法治体系的根本制度基础，是全面推进依法治国的根本制度保障；中国特色社会主义法治理论是中国特色社会主义法治体系的理论指导和学理支撑，是全面推进依法治国的行动指南。这三个方面紧密联系，构成一个有机的整体，揭示和规定了中国法治建设的内在属性和前进方向。把握了这三个方面，就把握了中国特色社会主义法治道路最根本的东西，也就弄清了这条法治道路与其他国家法治道路的本质区别。

（一）坚持中国特色社会主义法治道路，最根本的是坚持中国共产党的领导

中国共产党是中国特色社会主义事业的领导核心，处在总揽全局、协调各方的地位。社会主义法治必须坚持党的领导，党的领导必须依靠社会主义法治。党的领导是中国特色社会主义最本质的特征，是社会主义法治最根本的保证，是中国特色社会主义法治之魂。

党对法治建设领导的必然性、必要性和正当性，源自我国的领导制度和政治体制。社会主义法治建设是中国特色社会主义事业的重要组成部分，办好中国的事情关键在党，社会主义法治建设关键也在党。在当代中国，没有任何一个党派能够取代中国共产党的领导地位，也没有任何一个政党能够拥有共产党这样的力量和威望。如果没有共产党的领导，

---

[1] 习近平：《领导干部要做尊法学法守法用法的模范 带动全党全国共同全面推进依法治国》，《人民日报》2015年2月3日，第1版。

就没有什么别的力量能够有足够的凝聚力和领导力把全国各族人民团结起来，朝着一个共同的目标前进。全面推进依法治国，建设社会主义法治国家，是一项宏伟的系统工程，也是一个长期复杂艰巨的历史进程，必须在党的领导下有计划、有步骤、有秩序地推进。在党的领导下推进法治建设，能够最大程度地发挥强大的组织动员能力，凝聚起全社会的共识和力量，这是我国独特的制度优势。尤其是当前我国正处于全面建成小康社会的决定性阶段，改革进入攻坚期和深水区，法治的地位和作用更加凸显。只有在党的坚强领导下，才能真正实现国家和社会生活各领域的法治化，充分发挥法治对全面深化改革的引领、推动和保障作用。全面推进依法治国，既需要顶层设计，又需要末端治理，推进基层治理法治化，发挥基层党组织在全面推进依法治国中的战斗堡垒作用。法律实施中经常遇到区域性乃至全国性的全局问题，触及政治、经济、文化、民族、宗教、外交等方面的热点和敏感问题，牵涉到诸多政法机关及国家机关的关系，都需要党来指导和协调。面对新的历史条件下法治建设的艰巨任务和复杂环境，只有坚持党的领导，充分发挥党总揽全局、协调各方的领导核心作用，才能保证法治建设的正确方向，才能广泛凝聚法治建设的强大力量，才能有效抵御法治建设的各种风险。

坚持党的领导同社会主义的法治精神和根本要求是一致的。法从来就不是抽象的，是统治阶级意志的体现或反映。法治既是国家的一种治理和调控社会的方式，也是个人的一种生活方式与行为准则，更是全社会共同追求的一种社会秩序理想。社会主义法治就是社会主义国家的人民在共产党的领导下，按照反映并维护人民群众利益的宪法和法律治理国家、管理社会。我们提出依法治国，就是指党领导人民依照宪法和法律规定，通过各种途径和形式，管理国家事务，管理经济文化事业，管理社会事务。为了人民、依靠人民、造福人民、保护人民，是我国社会主义法治建设的出发点和落脚点。维护宪法和法律权威就是维护党和人民共同意志的权威，捍卫宪法和法律尊严就是捍卫党和人民共同意志的尊严，保证宪法和法律实施就是保证党和人民共同意志的实现。社会主义法治与资本主义法治的根本区别就在于党的领导。社会主义国家党的领导是执政党的领导，西方多党制国家中的党的领导很难体现这个命题。在西方多党制国家中，每个政党都有自己的利益、主张、观点和自身的集团利益，讲党的领导是不可能的，如果要讲党的领导首先要问是哪一个政党的领导。在社会主义的中国，坚持党的领导、人民当家作主和依法治国本质上是一致的，都是为了维护和实现广大人民群众的共同意志和根本利益。这就决定了党同法治不是对立的关系，也不是谁大谁小的关系，而是根本一致、内在统一的关系。党和法、党的领导和依法治国是高度统一的。

我们全面推进依法治国，不是要虚化、弱化甚至动摇、否定党的领导，而是为了进一步巩固党的执政地位，改善党的执政方式，提高党的执政能力，保证党和国家长治久安。现在，一些敌对势力或政治异见分子鼓吹和宣扬"西方宪政"、"三权分立"、"司法独立"，其要害和实质就是质疑、削弱和否定党对中国特色社会主义法治的领导。我们必须保持高度的政治清醒和政治定力，旗帜鲜明、立场坚定，从理论上主动澄清和驳斥把党与法、党的政策与法律、党的领导与依法治国割裂开来甚至对立起来的错误观点，站在中国特色社会主义事业发展的战略高度，准确把握党的领导和依法治国的关系，始终坚持党在中国特色社会主义法治建设中的领导地位不动摇。

（二）坚持中国特色社会主义法治道路，必须坚持中国特色社会主义制度

习近平指出："中国特色社会主义制度是中国特色社会主义法治体系的根本制度基础，是全面推进依法治国的根本制度保障。"① 这个重要论断阐明了中国特色社会主义法治道路与中国特色社会主义制度的关系，揭示了我国社会主义法治建设的制度属性和目的，讲清了全面推进依法治国必须在中国特色社会主义制度这个大框架内来把握和实行的深刻

---

① 习近平：《关于〈中共中央关于全面推进依法治国若干重大问题的决定〉的说明》，《人民日报》2014年10月29日，第2版。

道理。

法治与国家的社会制度紧密相连。法治属于上层建筑范畴，决定于经济基础，并为经济基础服务。世界上从来没有脱离国家社会制度的法治。每一种法治形式背后都有一套政治理论，每一套法治模式当中都有一种政治逻辑，每一条法治道路底下都有一种政治立场。法治本身不是终极的目的，社会生活才是法治的目的之所在。从法治的社会作用来看，它归根到底是为社会的政治、经济、文化等制度服务的，是为社会的各种制度的合法性、稳定性、权威性、约束力提供重要支撑。比如，我国宪法规定"国家在社会主义初级阶段，坚持公有制为主体、多种所有制经济共同发展的基本经济制度"，这就为我国基本经济制度提供了根本的法律保障。我国实行社会主义市场经济体制，也要通过法治来保障市场经济是平等经济、信用经济、开放经济、竞争经济。比如，我国的人民代表大会制度、中国共产党领导的多党合作和政治协商制度、民族区域自治制度等也都是以法律形式确定，并通过法治方式运行的，法治成为这些政治制度运行的基本载体和重要途径。比如，我们通过法治推动文化体制改革，完善文化生产经营机制，以法治促进文化产业和文化事业的发展，建立健全现代公共文化服务体系和现代文化市场体系。再比如，我国实行"一国两制"基本方针，使香港、澳门回归祖国怀抱，也是在《香港特别行政区基本法》和《澳门特别行政区基本法》的法治框架内，结合我国具体国情而进行的非常成功的一次制度创新。总之，以宪法为核心的中国特色社会主义法律体系，就是对中国特色社会主义制度的法律化、法制化。可见，中国特色社会主义制度是中国特色社会主义法治体系的根本制度基础。如果没有这个制度基础，我国的法律制度、法治建设就会失去服务的对象，社会主义法律体系、法治体系也就没有存在的意义和价值。

中国特色社会主义制度是全面推进依法治国的根本制度保障。中国特色社会主义制度是党领导人民90多年奋斗、创造、积累的根本成就之一，是马克思主义基本原理与我国具体实际相结合，在经济、政治、文化、社会等各个领域逐步形成的一整套相互衔接、相互联系的制度体系，集中体现了中国特色社会主义的特点和优势，它是当代中国一切事业发展进步的根本制度保障，当然也是社会主义法治建设的根本制度保障。中国特色社会主义制度体系包括：人民代表大会制度是我国根本政治制度，中国共产党领导的多党合作和政治协商制度、民族区域自治制度以及基层群众自治制度是我国基本政治制度，公有制为主体、多种所有制经济共同发展是我国基本经济制度，建立在根本政治制度、基本政治制度、基本经济制度基础上的经济体制、政治体制、文化体制、社会体制是我国各项具体制度。中国特色社会主义法律体系是我国根本政治制度、基本政治制度、基本经济制度以及各项具体制度的法律规范。这一制度体系是由根本制度、基本制度、具体制度和实施机制构成的一个位阶型体系，组成体系的诸要素具有种种差异，包括结合方式上的差异，从而使系统组织在地位与作用、结构与功能上表现出等级秩序性。这样的制度体系为我国社会主义法治建设提供了可靠依托，它规定了全面推进依法治国，建设法治中国的性质、方向、原则、内容、特点等，从而奠定了我国法治发展的正确轨道。如果脱离了中国特色社会主义制度这个根本，全面推进依法治国这件大事就不可能办好，也会给中国特色社会主义事业带来损害。只有适应巩固和发展中国特色社会主义制度的要求，法治才能发挥应有作用，我国的法治道路才能走稳走好。

（三）坚持中国特色社会主义法治道路，必须贯彻中国特色社会主义法治理论

理论来源于实践，又指导实践。在改革开放以来法治建设的实践过程中，我们党提出了关于依法治国的一系列重要思想，形成了中国特色社会主义法治理论。它是马克思主义基本原理同当代中国法治实践相结合的产物，是中国特色社会主义理论体系的重要内容。它科学揭示了社会主义法治建设的指导思想、总体目标、根本任务和政治保证，体现了理论与实践相结合、继承与创新相统一的科学精神，使我们对中国特色社会主义法治道路的认识更加清晰，理解更加深刻，把握更加全面，信念更加坚定，为建设社会主义法治体系和法治中国提供了科学的立场、

观点和方法。

中国特色社会主义法治理论内容丰富，蕴含在邓小平理论、"三个代表"重要思想、科学发展观和习近平总书记系列重要讲话之中。尤其是党的十八大以来，习近平总书记发表了一系列有关法治的专题讲话，其中包括：2012年12月4日《在首都各界纪念现行宪法公布施行30周年大会上的讲话》，2013年2月23日《在十八届中央政治局第四次集体学习时的讲话》，2014年1月7日《在中央政法工作会议上的讲话》，2014年2月17日《在省部级主要领导干部学习贯彻十八届三中全会精神全面深化改革专题研讨班上的讲话》，2014年9月5日《在庆祝全国人民代表大会成立60周年大会上的讲话》，2014年10月29日发表的《关于〈中共中央关于全面推进依法治国若干重大问题的决定〉的说明》，2015年2月2日《在省部级主要领导干部学习贯彻十八届四中全会精神全面推进依法治国专题研讨班开班式上的重要讲话》。这些重要讲话或论述，围绕建设社会主义法治国家提出的新思想、新观点、新论断，深刻回答了新形势下依法治国的一系列重大理论和实践问题，进一步指明了建设社会主义法治国家的正确方向，为推进法治中国建设提供了强大的思想武器。主要观点或思想有：法治中国是中国梦的重要组成部分，它同富强中国、民主中国、文明中国、和谐中国、美丽中国等相辅相成，共同组成中国梦的美好愿景；坚持党的领导、人民当家作主、依法治国的有机统一，人民代表大会制度是三者有机统一的根本制度安排；坚持和完善中国特色社会主义制度，推进国家治理体系和治理能力现代化；全面推进科学立法、严格执法、公正司法、全民守法，不断开辟依法治国新局面，谱写政治文明的新篇章；宪法和法律的生命在于实施，宪法和法律的权威也在于实施；全面加强对权力的制约监督，把权力关进制度的笼子里，推进监督制约法律化、制度化、程序化，依法授权、依法管权、依法用权，让权力在阳光下运行；改革要于法有据，需要修改法律的可以先修改法律，先立后破，有序进行，有的重要改革举措，需要得到法律授权的，要按法律程序进行；加快建设法治政府，坚持依法行政，严格执法，依据法治原则建立政府权力清单制度；深入推进司法体制改革，提高司法公信力，着力解决影响司法公正、制约司法能力的深层次问题，破解体制性、机制性、保障性障碍；切实尊重和保障人权，保证人民平等参与、平等发展的权利，维护社会公平正义；弘扬社会主义法治精神，努力培育社会主义法治文化，引导公民既依法维护合法权益，又自觉履行法定义务，做到享有权利和履行义务相一致；党要履行好执政兴国的重大职责，必须依据党章从严治党、依据宪法治国理政，党领导人民制定宪法和法律，党领导人民执行宪法和法律，党自身必须在宪法和法律范围内活动，真正做到党领导立法、保证执法、带头守法；领导干部要做尊法的模范，带头尊崇法治、敬畏法律，做学法的模范，带头了解法律、掌握法律，做守法的模范，带头遵纪守法、捍卫法治，做用法的模范，带头厉行法治、依法办事；大力推进国际关系民主化、法治化，与各国共同维护人类良知和国际公理，在世界和地区事务中主持公道、伸张正义，既通过维护世界和平来发展自己，又以自身发展促进世界和平。这些重要思想和观点，为中国特色社会主义法治理论宝库增添了新鲜内容，继承、丰富和发展了马克思主义法治理论，具有十分重大的理论意义和实践价值。

总之，中国特色社会主义法治理论，科学回答了中国要不要搞法治、搞什么样的法治、怎样搞法治等一系列基本问题，是指引中国法治建设始终沿着正确方向前进的指南针和导航仪。

三 中国特色社会主义法治道路是建设法治中国的唯一正确道路

习近平指出："中国特色社会主义法治道路，是社会主义法治建设成就和经验的集中体现，是建设社会主义法治国家的唯一正确道路。"①

（一）中国特色社会主义法治道路的历史根据

中国特色社会主义法治道路的正确性，首先来自历史的比较和选择。

---

① 习近平：《关于〈中共中央关于全面推进依法治国若干重大问题的决定〉的说明》，《人民日报》2014年10月29日，第2版。

它是总结近代以来中国法治发展艰辛探索历程的必然产物。鸦片战争以后，为挽救民族危亡，无数仁人志士主张变法图强。以龚自珍、魏源、康有为、严复、梁启超为代表的开明思想家，从自救的角度对清朝的律例与司法制度进行了大胆的批判，提出了"师夷制夷"和变法维新主张。康有为上书清政府时提出，"观万国之势，能变则全，不变则亡，全变则强，小变仍亡"①，法律日久不变，也会积弊丛生，因此，必须改革与清朝政体攸关的典章法律，改革专制政治，实行君主立宪。梁启超则明确提出，中国要生存则需实行法治，"法治国者，谓以法为治之国也"，"法治主义是今日救时惟一之主义"。1903年修订法律馆奉旨建立，沈家本担任修律大臣，在他的主持下，清朝政府派出留学生学习西洋法律制度和思想，聘请外国法学家在中国的法律学堂讲授现代法律，组织翻译了大量外国法律法规和著作，为晚清制订新律提供了可资借鉴的范本。总之，自戊戌变法和清末修律起，近代中国走向法治的每一次尝试，都一定程度上使中国的政治法律制度发生了变化。但是，战火纷飞的国内外环境制约，根深蒂固的传统观念桎梏，半殖民地半封建的旧中国缺乏建立民主法治的社会基础和现实条件，使几代人的法治国家梦想终究没有变成现实。所谓"君主立宪法治"、"议会民主法治"、"五权宪法法治"等，均成为昙花一现的政治设想。

直到中华人民共和国的成立和社会主义制度的确立，才为在新中国实行社会主义法治奠定了根本的政治前提和制度基础。新中国成立初期，在党的领导下，在短时间内建立了新中国的基本法律框架。根据《中国人民政治协商会议共同纲领》的规定，废除国民党时期的法律、法令和司法制度，制定保护人民的法律、法令，建立人民司法制度。在毛泽东主持下，制定了共和国第一部宪法和其他重要法律法规，确立了新中国各项基本政治制度和经济制度，以维护广大人民群众的基本权利，为新政权的稳固、为恢复和发展经济提供了基本法律保障。就在当时，谢觉哉、董必武等领导人和法学工作者不仅强调要重视宪法、刑法和民法的

---

① 转引自张晋藩《中国法律的传统与近代转型》，法律出版社，1997，第389页。

制定，还强调行政活动和公民个人都要守法。这些实际上已经涉及立法、执法、司法、守法等法治的重要环节。但遗憾的是，后来党在指导思想上发生"左"的错误，逐渐对法制不那么重视了。特别是"文化大革命"使民主法制遭到严重破坏，使党和国家事业遭受巨大损失。

党的十一届三中全会后，我们党痛定思痛，深刻总结历史的经验教训，随着改革开放新时期的开始，我国的法治建设也进入了新的历史阶段。1997年，十五大提出依法治国、建设社会主义法治国家的基本治国方略。1999年，"中华人民共和国实行依法治国，建设社会主义法治国家"成为宪法原则。2002年，十六大重申"依法治国是党领导人民治理国家的基本方略"。2005年，明确将"民主法治"认定为社会主义和谐社会的首要标志。2007年，十七大强调"全面落实依法治国基本方略，加快建设社会主义法治国家"。2012年，十八大继续强调"加快建设社会主义法治国家。更加注重发挥法治在国家治理和社会管理中的重要作用"。2014年，十八届四中全会通过《中共中央关于全面推进依法治国若干重大问题的决定》，对我国社会主义法治建设做出全面部署。历史是最好的教科书。在改革开放和现代化实践中，我们不断深化对法治建设规律的认识，形成了一系列行之有效的做法和宝贵经验，逐步开辟了一条中国特色社会主义法治道路。这条道路是对历史经验的总结，实属来之不易。我们要有道路自信，坚持和走好这条法治道路。当然，我们也要清醒地看到，中国法治建设还有很长的路要走，还需要不懈探索、不断完善。

（二）中国特色社会主义法治道路的现实意义

中国特色社会主义法治道路的正确性，离不开对现实的考量。经过60多年的探索和实践，我们成功地开辟出了一条符合中国国情，能够切实维护人民权益、维护社会公平正义、维护国家安全稳定、保障经济持续发展的中国特色社会主义法治道路。这条道路的鲜明特征在于：第一，坚持党的领导、人民当家作主、依法治国有机统一；第二，坚持依法治国、依法执政、依法行政共同推进，坚持法治国家、法治政府、法治社会一体建设，坚持国家法制统一前提下的政府法制、地方法制、行业法制的协调发展；第三，坚持依法治国和以德治国相结合；第四，坚持从当代中国的国情出发，注重借鉴人类法治文明，传承中华优秀法律文化。在这条道路引领下，我们党把依法治国确定为治理国家的基本方略，把依法执政确定为党治国理政的基本方式，积极建设社会主义法治，取得了历史性成就。目前，中国特色社会主义法律体系已经形成，法治政府建设稳步推进，司法体制不断完善，全社会法治观念明显增强。但是，同时必须清醒看到，同党和国家事业发展要求相比，同人民群众期待相比，同推进国家治理体系和治理能力现代化目标相比，法治建设还存在许多不适应、不符合的问题，主要表现为：有的法律法规未能全面反映客观规律和人民意愿，针对性、可操作性不强，立法工作中部门化倾向、争权诿责现象较为突出；有法不依、执法不严、违法不究现象比较严重，执法体制权责脱节、多头执法、选择性执法现象仍然存在，执法司法不规范、不严格、不透明、不文明现象较为突出，群众对执法、司法不公和腐败问题反映强烈；部分社会成员尊法信法守法用法、依法维权意识不强，一些国家工作人员特别是领导干部依法办事观念不强、能力不足，知法犯法、以言代法、以权压法、徇私枉法现象依然存在。

面对我国法治建设的大好局面以及存在的严重问题，党和政府认识十分清楚。中国特色社会主义法治道路的开辟、选择、形成，实际上就蕴含着清晰的实践逻辑。法治是规则之治，是规心之治，是规律之治。对于长期处于社会主义初级阶段的发展中的大国来说，当前，社会转型的关键期、改革开放的深水期所出现的特殊社会矛盾，加大了法治建设的难度。建设法治中国，任务十分艰巨，问题极其复杂，征程多有曲折，成功可谓漫远。中国的法治建设等不得、停不得，但也急不得。只有在中国特色社会主义法治道路的指引下，才能使社会主义法治建设沿着正确的方向和轨道健康地向前推进。

(三) 中国特色社会主义法治道路的文化底蕴

中国特色社会主义法治道路是既汲取中华法律文化精华又吸纳现代

法治精神的法治道路。中国是一个有着5000年历史的文明古国,在悠久的历史文化宝库中蕴藏着丰富的中华法律文化。中国传统法律文化以其独有的特点、独有的精神在世界文化之园中绚烂开放,并对当今的法律实践活动发挥着潜在的影响力。[①] 虽然中国几千年来人治传统根子很深,但我们的先人们很早就开始探索如何驾驭人类自身这个重大课题。中国古代的"以法治国"、"缘法而治"的宝贵思想,构成了中华民族优秀法律文化遗产的精华。春秋时,法家先驱邓析曾提出"事断于法"的主张,意即必须以"法"作为判断人们言行是非曲直的标准。管仲是最先提出"以法治国"口号的。他说:"威不两错,政不二门,以法治国,则举措而已。"在他看来,法是治国的根本,只要以法治国,就能把事情办好。至战国中期,商鞅明确提出"缘法而治"的主张,内容包括建立一套符合现实社会的法令制度,执法平等,从公侯将相到大夫乃至平民百姓,皆应"从王令"。要想治理好国家,就必须实行以赏罚为后盾的"法治"。战国后期,韩非将"缘法而治"思想发展为"以法为本"。首先制定成文法予以公布,作为衡量人们思想言行的标准和必须遵守的行为规范。对违法者不论其身份地位,一律绳之以法。韩非的"以法为本"思想对封建官吏徇私枉法起到了一定的抑制作用。包括儒家提出的以"德礼政刑"为基本概念的规范二元论,主张礼法结合,德主刑辅,不仅仅是传统中国规范系统的理论基础,也是当今中国规范系统的深层心理结构的基本构成要件。"这种规范二元论很有可能会是在中国建立法治的文化阻力,但也有可能成为具有中国特色的法治的文化基础。"[②] 总之,中华传统法律文化当中虽然尚有"沉积旧章",需要与时俱进,但总体上讲,它的思想精华为今日中国之法治道路提供了有益的思想和文化营养。中国法治道路根植于中华传统法律文化的沃土之中,二者紧密相连、相通的文化基因和血脉,没有割断也无法割断,其中具有某种历史的必然性。

---

① 武书臣等:《中国传统法律文化》,北京大学出版社,2007,第56—57页。
② 於兴中:《法治东西》,法律出版社,2015,第80页。

（四）中国特色社会主义法治道路的国际视野

中国特色社会主义法治道路，并未排斥人类文明的有益成果。法治文明是社会文明的显著标志，践行法治是社会文明的基石和根本保障，是国家治理现代化的基本载体。运用法律调节社会关系、维护社会秩序、规范人的行为，是当今世界各国通用的手段。我们党把依法治国确定为治理国家的基本方略，当然包括对世界各国尤其是发达国家法治经验的借鉴，同时又结合我国国情和具体实际进行创新，即注重借鉴丰富多彩的人类法治文明成果，但决不囫囵吞枣、决不邯郸学步，不照抄照搬、不削足适履。比如，中国特色社会主义法治体系的提出，不仅在党的历史上是第一次，在世界范围内也具有独创性，是党的治国理政思想的重大创新，标志着我们党对法治发展规律、社会主义建设规律和共产党执政规律的认识达到了一个新的高度。

通过法治路径和机制重塑国际政治经济秩序，使人类关系在理性化基础上实现规则化和制度化，是人类谋求公平发展的必由之路。中国自改革开放以来，在国际事务中的地位日益突出，广泛参与各种国际事务，担当大国角色。国际通行规则是国际法制，如果我国没有健全的国内法治，就难以在国际上有独立主体地位。如果照搬他国法治模式，就会在国际事务中难以实现自己的利益诉求。所以，只有坚持走自己的法治道路，以独有的法治竞争力增强自身的综合实力，才能在国际规则的制定中争取话语权，参与全球秩序的法律治理，树立自己的国际形象，维护我国的根本利益。

世界各国的法治发展模式和道路是复杂的、多样的。一个国家选择什么样的法治道路、建设什么样的法治体系，是由这个国家的国家制度、历史传承、文化传统、经济社会发展水平决定的，是由这个国家的人民决定的。实践证明，已经实现法治或正在成功推进法治的国家，无一不是选择了一条最适合本国国情的法治发展道路。而像埃及、乌克兰、菲律宾等国家，政治混乱、经济停滞、民生凋敝、社会动荡，究其原因在于脱离本国国情，盲目照抄照搬西方国家的民主法治模式。所以说，世界上没有最好的法治道路，只有最适合本国国情的法治道路。近年来，敌对势力把法治作为"武器"，有些人把法治作为招牌，大肆渲染西方法治理念和法治模式，攻击或歪曲中国法治道路，其根本目的就是从法治问题上打开缺口，否定中国共产党的领导和我国社会主义制度。对于这个问题，我们必须有十分清醒的认识。

总而言之，中国特色社会主义法治道路，既汲取中华法律文化精华，又借鉴国外法治有益经验，既与时俱进、体现时代精神，又立足于本国国情，勇于创新，是符合中国实际、具有中国特色、体现社会发展规律的法治道路。我们必须坚定不移走好这条法治道路，努力实现全面推进依法治国的总目标，建设法治中国，走向法治强国。

第七章

建设中国特色社会主义法治体系

党的十八届四中全会把全面推进依法治国的总目标确定为建设中国特色社会主义法治体系，建设社会主义法治国家。这个总目标具有丰富的内涵，即在中国共产党领导下，坚持中国特色社会主义制度，贯彻中国特色社会主义法治理论，形成完备的法律规范体系、高效的法治实施体系、严密的法治监督体系、有力的法治保障体系，形成完善的党内法规体系，坚持依法治国、依法执政、依法行政共同推进，坚持法治国家、法治政府、法治社会一体建设，实现科学立法、严格执法、公正司法、全民守法，促进国家治理体系和治理能力现代化。这个总目标明确了全面推进依法治国的性质和方向，突出了全面推进依法治国的工作重点和总抓手，阐明了全面推进依法治国的总体布局和实践要求，昭示了建设中国特色社会主义法治体系和法治国家的重大意义，为我们推进社会主义法治建设提供了基本遵循和行动指南。

一　形成完备的法律规范体系、高效的法治实施体系、严密的法治监督体系、有力的法治保障体系

中国特色社会主义法治体系是一个要素众多、结构复杂、功能综合、规模宏大的系统工程，是中国特色社会主义法治的性质、功能、价值、

目标和实现途径的集中体现。与法律体系不同，法治体系不是一个静态的存在，而是一个包括立法、执法、司法、守法、法律监督等环节的动态的过程。① 从法律体系到法治体系，标志着我们党对社会主义法治建设认识的深化。中国特色社会主义法治体系作为国家治理体系的重要组成部分，是我国法律制度、法律运行、法律实现等诸多要素综合作用所形成的实践体系。建设中国特色社会主义法治体系是全面推进依法治国的必然要求，是实现国家治理体系和治理能力现代化的内在规定。

（一）国家法规体系—党内法规体系—军事法规体系

1. 国家法规体系

党的十八届四中全会《决定》指出："法律是治国之重器，良法是善治之前提。"② 所谓法律，是指国家按照统治阶级意志制定或认可并由国家强制力保证实施的行为规范的总称。法律的基本特征包括以下六个方面：一是规范性。法律是一种以行为为调整对象的规范体系，它通过严密的规则、严格的程序和严明的纪律来规范人的行为。二是明确性。法律内容具体，形式统一，对于必须做什么、应该做什么、可以做什么、禁止做什么都有明确的规定，便于人们以此为据调整自己的行为。三是普遍性。在法律面前人人平等，任何人都不得享有凌驾其上、超越其外的特权。四是强制性。法律一经制定，受其调整的任何人都必须毫无例外地遵行，任何违法行为都将受到应有的追究和制裁。五是权威性。法律是人民意志的凝结，高于任何党派、机关、团体和个人的意志，具有至上的效力和最高的权威。六是稳定性。法律要经过一定的机关、通过一定的程序制定和修改，不依领导人的意志为转移，不随领导人的更替而改变，因而具有较高的稳定性和连续性。

法律规范体系是由一国现行的全部法律规范按照一定的结构和层次

---

① 江必新：《怎样建设中国特色社会主义法治体系》，《光明日报》2014年11月1日，第1版。
② 《〈中共中央关于全面推进依法治国若干重大问题的决定〉辅导读本》，人民出版社，2014，第8页。

组织起来的统一整体。在我国，法律规范体系通常也称为法律体系。经过长期不懈的努力，我国到2010年底已制定现行有效法律236件、行政法规690多件、地方性法规8600多件，一个集中体现中国特色社会主义的本质要求，体现改革开放和社会主义现代化建设的时代要求，体现结构统一和层次分殊的国情要求，体现继承中国传统法律文化优秀成果和借鉴人类法治文明成果的文化要求，体现动态、开放、与时俱进的发展要求，以宪法为统帅，以刑事、民事、行政等实体法和刑事诉讼、民事诉讼、行政诉讼等程序法为主干，由法律、行政法规、地方性法规等多个层次法律规范构成的中国特色社会主义法律体系已经形成，国家经济建设、政治建设、文化建设、社会建设、生态文明建设等各个方面基本实现了有法可依。法律规范体系作为法治实践的产物，不可能一劳永逸，要随着法治实践的发展而发展。这在客观上要求我们加强立法规划，加快重点领域立法工作，适时制定和修改同全面深化改革相关的法律，做到立法先行，确保重大改革于法有据；完善立法程序，恪守以人为本、立法为民理念，提高立法科学化、民主化水平，使法律准确反映社会发展规律、反映法治实践要求、反映人民意志愿望，更好地协调各种利益关系、化解各种利益矛盾；提高立法质量，增强法律法规的及时性、系统性、针对性、有效性，使现有的法律体系结构更加完整、内部更加和谐、体例更加科学、规范更加严密。

2. 党内法规体系

党内法规既是管党治党的重要依据，也是中国特色社会主义法治体系的重要组成部分。[①] 作为治党的基本依据和保障，党内法规制度体系是由党章、条例、规定等规范性文件构成的。党内最高层次的法规制度是党章，党章是对党内生活基本制度的规定；其次是党内各项条例，如党员条例、干部条例、组织条例等；再次是专项规定，如对于领导干部家庭财产申报登记的规定等。这三个层次的党内法规制度上下衔接，自成

---

① 江必新：《怎样建设中国特色社会主义法治体系》，《光明日报》2014年11月1日，第1版。

一体，形成梯次结构，覆盖党内生活的各个方面。其中党章是最根本的党内法规，是规范全党行为的总章程，在党内具有最高的权威性和最大的约束力，任何组织或党员都必须受制于党章。党章对党的性质、宗旨、任务和目标以及党内各项基本制度都作了明确规定，对党内政治生活的重大原则以及党组织和党员的行为规范都提出了明确要求，是坚持依法治党的根本依据，是增强党的创造力、凝聚力和战斗力的可靠保证。因此，贯彻落实党的各项法规制度，关键在于贯彻落实党章。

作为党内各项法规制度的集中体现，党章与党的具体法规制度之间存在密切的联系：一方面，具体法规制度必须依据党章来制定和执行；另一方面，具体法规制度是党章发挥作用的重要载体，党章的各项规定只有借助具体法规制度才能实现。这就要求我们以党章为依据，加强具体法规制度建设，逐步形成配套完备的党内法规制度体系。要完善党内组织制度，如差额选举、职务任期、干部交流、岗位轮换、亲属回避等制度；完善党内领导制度，如集体决策、分工负责等制度；完善党内工作制度，如任期目标、实绩考核、请示汇报、职务开销等制度；完善党内生活制度，如权利保障、民主生活等制度；完善党内监督制度，如党务公开、民主评议、离任审计、信访举报、责任追究、引咎辞职、个人重大事项报告、家庭财产申报登记等制度。通过法规制度建设，使党内逐步形成一个内容科学、程序严密、系统配套、行之有效的法规制度网络，形成一个自律与他律、自觉与规范相统一的体制机制链条，使各项法规制度在空间上并存，在环节上紧扣，在功能上互补，从而使党章的各项规定真正落到实处。① 法规制度之要，在程序与细则；法规制度之效，在贯彻与执行；法规制度之魂，在法规面前人人平等与执行制度没有例外。坚持依法治党，要把科学的法规制度设计、严格的法规制度执行、有力的法规制度保障结合起来，围绕授权、用权、制权等关键环节，健全党内权力运行制约和监督机制，做到用法规制度管权管事管人，坚决维护法规制度的严肃性和权威性。

---

① 王寿林：《加强党的制度建设的几点思考》，《新视野》2009年第3期。

3. 军事法规体系

健全和完善反映战争形态、作战样式、制胜机理以及军事斗争准备的内外环境、目标任务、战略要求，适应国防和军队现代化需要，与国家法律体系有机融合的军事法规制度体系，是依法治军的内在要求。所谓军事法规制度体系，是以军事法律、军事法规和军事规章为主体，以军事规范性文件和基层制度规定为补充，内容协调、范围明确、结构完整的多层次、多门类的制度规范体系。军事法规制度体系以法律规范的形式系统总结了我党建军治军的成熟经验，不仅为国防和军队建设全面纳入法治化轨道奠定了坚实基础，而且从内涵到外延都丰富发展了中国特色社会主义法律体系，维护了国家法制的统一、尊严和权威。

经过长期努力，我国军事法规制度体系基本形成，国防和军队建设的各个领域基本实现了有法可依。一是数量形成规模。截至2014年8月，军事法规制度体系中的法律法规规章数量已达4000多件。其中，全国人大及其常委会制定的军事法律以及国防和军事方面的决定18件，国务院、中央军委联合制定的军事行政法规99件，中央军委制定的军事法规242件，各总部和国务院有关部门联合制定的军事行政规章与各总部、军兵种、军区和武警部队制定的军事规章3700多件。[①] 这些法规制度的内容涵盖作战、战备训练、政治工作、后勤保障、装备保障等国防和军队建设的各个方面，从不同层面、不同角度对国防和军队建设中的各种关系进行了规范，基本反映了军事斗争、国防和军队各项建设法律保障的客观需要。二是重要法规完备。在国家法律层面，以《国防法》为龙头，以《兵役法》、《国防动员法》、《军人保险法》、《现役军官法》、《国防教育法》等为骨干的军事法律，覆盖了国防领导体制、武装力量编成、军事设施保护、军人权益维护等国防建设的重要领域。在国务院和中央军委联合制定的军事行政法规层面，包括《军队参加抢险救灾条例》、《现役士兵服役条例》、《军人抚恤优待条例》等，涵盖了国防建设的各

[①] 《〈中共中央关于全面推进依法治国若干重大问题的决定〉辅导读本》，人民出版社，2014，第30页。

个重要方面。在军委制定的军事法规层面，以政治工作条例为龙头，形成军队政治工作法规制度系列；以司令部条例为龙头，形成军事工作法规制度系列；以后勤条例为龙头，形成军事后勤工作法规制度系列；以装备条例为龙头，形成军队装备工作法规制度系列。目前，国防和军队建设各重要领域的法律法规规章基本齐全完备，在军事法规制度体系中起着重要支撑作用，为军队有效履行使命和任务提供了法规制度保障。三是体系内部协调。军事法规制度体系是一个有机统一整体，有着内在的逻辑和构成规律。在纵向上，军事法规制度体系由军事法律、军事法规、军事规章、军事规范性文件、基层制度规定五个层级构成。在横向上，根据军事法规调整的军事关系不同，军事法规制度体系分为国防基本法规制度、军事工作法规制度、政治工作法规制度、后勤工作法规制度、装备工作法规制度、军事司法法规制度等若干门类。军事法规制度体系各层级、各门类规范之间遵循法制统一的原则，基本实现了衔接配套。

（二）法治实施体系

法治实施是通过一定的方式使法律规范在社会生活中得以贯彻和实现的活动，主要包括法律执行和法律适用。法律作为一种行为规范，制定后只是一种书面上的法律，处于应然状态。法律只有通过实施，才能从书面上变成行动中的法律，从抽象的行为模式变成具体的行为方式，从应然状态变成实然状态。因此，法律的权威和生命力在于实施。法治实施的目的，就是通过不偏不倚、不枉不纵的严格执法、公正司法，引导、规范和调整人们的行为，保护和发展有利于统治阶级的社会关系和社会秩序。法治实施体系是法治的核心，对于依法治国、依法执政、依法行政的共同推进，法治国家、法治政府、法治社会的一体建设至关重要。所谓法治实施体系，就是贯彻和实现法律规范的体系，即法律执行和法律适用的体系。

法律执行广义指国家行政机关、司法机关及其公职人员依照法定职权和程序贯彻实施法律的活动；狭义指国家行政机关及其公职人员在法定职权范围内依照法定程序贯彻和实施法律的活动。法律适用广义指国家机关及其公职人员、社会团体和公民实现法律规范的活动；狭义指国家机关及其公职人员在职权范围内把法律规范应用于具体事项的活动，通常特指司法机关及司法人员依照法定方式把法律规范应用于具体案件的活动。从我国法治实践看，目前中国特色社会主义法律体系已经形成，我国法治建设中存在的主要问题已不是无法可依，而是有法不依、执法不严、违法不究，法律缺乏必要的权威，得不到应有的尊重和有效的执行。因此，健全完善法治实施体系，切实解决执法不严、司法不公等突出问题，保证宪法和法律得到统一、严格、公正的实施，已经成为全面推进依法治国、加快建设社会主义法治国家的关键。公正是公信的基础，而公信则是确立法律权威的前提。[①] 只有健全完善法治实施体系，确保法律严格公正实施，做到严格执法、公正司法，给不法分子以应有的震慑，给人民利益以有效的保护，才能确立法律的尊严和权威，使依法治国基本方略真正落到实处。

（三）法治监督体系

法治监督是国家机关、社会组织和公民按照宪法和法律规定的权限和程序，对宪法、法律、法规的制定和实施情况进行监察和督导的行为。法治监督体系是由法治监督主体、法治监督内容和法治监督形式构成的完整系统。因此，法治监督的主体是广泛的，包括一切有监督权的国家机关、社会组织和公民。法治监督的内容是丰富的，不仅包括对公安、检察、审判、监狱等执法机关的法治活动进行监督，也包括对立法机关、行政机关的法治活动进行监督，还包括对中国共产党和各民主党派、社会团体、企事业单位和公民的法治活动进行监督。法治监督的形式是多样的，不仅包括对规范性文件进行审查、对执行法律和适用法律情况进行检查，还包括对违法行为予以纠正和制裁。

天下之事，不难于立法，而难于法之必行。法治监督的作用在于整治以言代法、以权压法、徇私枉法之风，确保法律的科学制定和有效实

[①] 周强：《积极推进社会主义法治国家建设》，《人民日报》2013年8月12日，第7版。

施。一方面保证立法机关、行政机关和司法机关科学立法、严格执法、公正司法，另一方面及时纠正立法、执法、司法活动中的违法行为，有效维护国家法律的统一、尊严和权威。法治监督是科学制定法律的重要保障。法治的基本前提是形成由宪法、法律、行政法规和地方性法规组成的法律体系，为了保证法律体系内部的统一和协调，必须通过法治监督对各种立法活动进行有效的规范和约束。法治监督是正确实施法律的重要保障。法治的运行过程包括立法、执法、司法、守法和法治监督，法治监督有利于确保各种法律关系的建立、各种法律问题的处理符合法律规范的要求。强化法治监督必须增强法治监督意识，自觉维护国家法律的统一、尊严和权威；完善法治监督规则，实现依法监督和规范监督；有效治理立法、执法和司法活动中的不法现象，坚决防止和克服地方保护主义和部门保护主义，切实做到有权必有责，用权受监督，违法要追究，侵权须赔偿，确保各项权力都在法治的轨道上合理运行。

（四）法治保障体系

法治保障体系指国家从体制机制和思想文化上确保立法、执法、司法、守法等各个环节顺利运行和有效实施的完整体系，是宪法和法律得以贯彻实施的重要条件。形成有力的法治保障体系，要求党切实加强对依法治国的领导，提高依法执政的能力和水平，为全面推进依法治国提供有力的政治和组织保障；加强法治专门队伍和法律服务队伍建设，加强机构建设和经费投入，为全面推进依法治国提供可靠的人才和物质保障；改革和完善不符合法治规律、不利于依法治国的体制机制，为全面推进依法治国提供完备的制度保障；努力营造办事依法、遇事找法、解决问题用法、化解矛盾靠法的社会氛围，健全守法诚信褒奖机制和违法失信惩戒机制，使尊法守法成为全体人民的共同追求和自觉行动。

中国共产党是我国法治建设的领导者和组织者，在把握政治方向、协调各方职能、统筹各方资源、督促依法办事、营造执法环境方面，在领导立法、保证执法、带头守法方面，在保障党的路线方针政策贯彻落实、保障宪法和法律统一有效实施方面发挥着重要作用。只有加强党对国家政治生活的领导,发挥党组织对其他社会组织的示范作用和党员干部对人民群众学法尊法守法用法的积极影响,才能推进整个国家的法治建设。从我国国家机关序列看,行政机关所占比重最大,拥有部门最多,行政管理范围涉及国家和社会生活各个层面,是实行法治的主要支柱。因此,行政机关必须坚持依法行政,严格在法定职权范围内行使权力。司法权是一项注重独立思考、理性判断的权力,只有使法官依法独立公正行使审判权,不受行政机关、社会团体和个人的干涉,不受权力、金钱、人情的干扰,才能保障法定程序的顺利实现,做到以事实为依据、以法律为准绳,在裁判过程中严格依法办事,准确适用法律。法律由国家强制力保证实施,而能够支撑法律发挥作用的强制力主要来自权力。由于法律制约的是权力,依托的也是权力,如果权力高度集中,就不可能有一种权力支撑法律对另一种权力的约束。因此,法治形式上是以法律规范权力,实质上是以权力制约权力,实行法治必须在党和国家机关内部形成既相互制约又相互协调的权力结构和运行机制。① 人才是法治建设的主体,只有建设一支坚持党的事业至上、人民利益至上、宪法法律至上,永远忠于党、忠于国家、忠于人民、忠于法律的法治专门队伍,才能为建设法治国家提供有力的人才保障。法治文化是实现依法治国的思想基础和精神动力,是建设法治国家的基本要素和重要标志。只有整个社会普遍形成尊重和自觉遵守法律的法治文化,才能确立以追求良法为目标的科学立法,以追求善治为目标的严格执法,以追求公平正义为目标的公正司法,以追求文明和谐为目标的全民守法的法律秩序。

二 坚持依法治国、依法执政、依法行政共同推进

习近平总书记指出:"依法治国是我国宪法确定的治理国家的基本方略,而能不能做到依法治国,关键在于党能不能坚持依法执政,各级政

---

① 王寿林:《科学配置权力是制度建设的核心》,《检察日报》2014年3月11日,第7版。

府能不能依法行政。"① 建设中国特色社会主义法治体系，是一项艰巨复杂的社会系统工程，必须坚持依法治国、依法执政、依法行政共同推进，高度重视法治建设的整体协调和全面发展。依法治国、依法执政、依法行政是一个有机联系的整体，三者具有内涵的统一性、目标的一致性、成效的相关性，必须全面部署、彼此协调、共同推进、形成合力。

（一）依法治国—依法治党—依法治军

1. 依法治国

所谓依法治国，是指广大人民在党的领导下，按照宪法和法律的规定，通过各种途径和形式管理国家和社会事务，管理经济和文化事业，保证国家各项工作都依法进行。作为党领导人民治理国家的基本方略，依法治国是发展社会主义市场经济的客观要求，只有坚持依法治国，社会主义市场经济才能健康有序运行；依法治国是发展社会主义民主政治的重要保障，只有坚持依法治国，人民当家作主的政治地位才能获得可靠的法律支撑；依法治国是社会文明进步的内在规定，只有坚持依法治国，才能有效发挥法律的教育、引导和评价功能，崇尚社会公德，弘扬社会正气；依法治国是国家长治久安的关键所在，只有坚持依法治国，才能有效化解各种矛盾和冲突，调动一切积极因素，为建设富强民主文明和谐的社会主义现代化国家而奋斗。

依法治国是一项艰巨复杂的社会系统工程，其中科学立法是依法治国的基本前提，严格执法是依法治国的中心环节，公正司法是依法治国的重要保障，全民守法是依法治国的坚实基础。作为依法治国的领导者、组织者和实施者，党和国家各级领导干部如何认识和处理权力与法律、指令与法令的关系，直接决定党依法执政理念的落实程度，直接关系国家法治建设的发展进程，直接影响人民群众的切身利益，因而其带头学法尊法守法用法是依法治国的重中之重。这在客观上要求领导干部牢固树立法律法规是实施管理的基本依据、依法办事是开展工作的基本方式、

---

① 习近平：《加快建设社会主义法治国家》，《求是》2015 年第 1 期。

尊法守法是领导干部的基本素质、执法用法是领导干部的基本职责等观念，始终对宪法和法律保持敬畏之心，严格按法律规范约束自己、教育管理部属、协调上下关系、处理内外矛盾。① 法治思维和法治方式是依法治国的基本方法。领导干部要善于运用法治思维和法治方式统筹经济社会发展、调节各种利益关系，最大限度地激发社会创造活力、消除社会发展阻力；善于运用法治思维和法治方式化解社会矛盾、维护公平正义，最大限度地增加和谐因素、减少冲突因素；善于运用法治思维和法治方式预防惩治犯罪、维护社会秩序、确保社会稳定，推动形成办事依法、遇事找法、解决问题用法、化解矛盾靠法的良好法治环境。

2. 依法治党

在法治社会条件下，任何政党都没有超越于宪法和法律之上的特权，因而依法治国必然要求依法治党。实现依法治党首先要完善政党立法，即通过国家法律体系规范政党的职责权限、活动原则以及政党在国家政治生活中的地位和作用等问题。政党法作为规范政党活动的专门法律，通常指以政党的界定、政党的组建、政党的组织原则、政党的活动准则、政党的权利义务以及取缔政党的条件等为调整对象，以政党法命名的法律文件。对于我国来说，为了把党的领导方式和执政方式纳入法治的轨道，实现依法执政，使党必须在宪法和法律的范围内活动不仅是一项原则，更是一项具有实际可操作性的制度规定，应改变我国政党主要依靠政党惯例运行的做法，尽快着手制定政党法。卢梭曾经说过："任何人都不能摆脱法律的光荣的支配；这是一种有益而温柔的枷锁，最高傲的头颅也必须顺从地戴着这种枷锁。"② 对于执政党来说，应更自觉、更顺从地把自己置于宪法和法律的调控之下，严格遵循依法治国的宪法准则。制定政党法，使政党的活动由政党法来规范，依政党法来判断，以便使政党处于依法而立、守法而行的法治状态，意义可谓重大而深远。

我国政党法的主要内容应包括：序言——中国政党制度的创立和发

---

① 王寿林：《关于法治中国建设的几个问题》，《新视野》2015年第1期。
② 卢梭：《论人类的不平等的起源》，三联书店，1957，第2页。

展；中国各政党的名称及其在国家政治生活中的地位；中国政党制度作为国家的一项基本政治制度在国家政治、经济和社会生活中发挥的作用；等等。政党的权利义务——政党必须在宪法和法律范围内活动，其合法权益受法律保护；政党负有反映和代表一定阶级、阶层或群体利益与要求的责任，并可根据各党派的不同特点和国家在一定历史时期的总任务、总方针，制定自己的纲领和章程；政党的组织发展和党员管理；等等。政党的组织原则——政党按照民主集中制原则组织起来；政党的中央、地方和基层组织的关系；政党内部组织结构的一般性规定；政党的各级领导机关和领导干部除特殊情况外，都由选举产生，并按照符合社会主义政治文明的原则逐步扩大政党内部和政党之间的竞争因素。政党的活动准则——对执政党和参政党在国家权力机关、行政机关、司法机关、武装力量、社会团体、基层单位的活动范围、活动方式、活动程序，对执政党和参政党在中国人民政治协商会议中的活动方式等，做出明确的法律规定，体现政党必须依法活动的原则，实现多党合作的制度化、规范化、程序化。政党活动经费的来源、分配、使用和管理——对政党活动经费实行自筹与国家财政资助相结合的办法做出具体规定。①

在新的历史条件下，我们党面临的执政考验、改革开放考验、市场经济考验、外部环境考验是长期的、复杂的、严峻的，精神懈怠危险、能力不足危险、脱离群众危险、消极腐败危险更加尖锐地摆在全党面前。为了使党员特别是党员领导干部经得起各种考验，维护党的威望和形象，保持党的先进性和纯洁性，提高党的创造力、凝聚力和战斗力，把党建设成为中国特色社会主义事业的坚强领导核心，必须坚持依法治党的方针。同时，办好当今中国的事情，关键取决于党，取决于党的领导水平、执政能力和思想作风、组织纪律。党的性质、党在国家和社会生活中的地位、党肩负的历史使命，决定了党的建设状况如何，不仅直接关系党的命运，而且直接关系人民的命运、社会主义国家的命运。坚持依法治党，要严格按宪法和法律办事，按制度和规定办事，切实把思想建党和

---

① 林怀艺：《我国的政党立法问题探析》，《华侨大学学报》2004年第2期。

依法治党紧密结合起来；在党内政治生活中讲党性、讲原则，提高党内政治生活的政治性、原则性、战斗性，开展积极的思想斗争，弘扬正气，反对邪气；严格落实各级党委和领导干部从严治党的责任，对党员特别是党员领导干部出现的问题，该提醒的提醒、该教育的教育、该处理的处理，不能视而不见、听而不闻，不能大事化小、小事化了；严格执行党的纪律，坚决纠正有令不行、有禁不止行为，坚决维护党的纪律的严肃性和权威性。

3. 依法治军

依法治军是军队建设的普遍规律。只有坚持依法治军，才能保证部队令行禁止、形成拳头、赢得胜利。我军各项法规制度反映了军队建设的客观规律，凝聚了建军治军的宝贵经验，是军队调整内外关系的基本准则，是全面推进依法治军的基本依据。1990年修订的《内务条令》规定：坚持依法治军、从严治军，实行严格科学的行政管理，首次将依法治军写入军事法规。所谓依法治军，是指依照以条令条例为主体的法规制度建设和管理军队。其实质是通过制定和实施军事法律、法规和规章，把党对军队绝对领导的根本原则、党关于军队建设的正确主张、治军的成功经验用法规的形式确定下来，使军队建设和管理实现科学化、规范化、法治化，使战备、训练、工作和生活各个方面都步入正规化轨道，以提高军队战斗力。经过长期不懈的努力，我军已初步形成一个由军事法律、法规和规章构成的覆盖全面、结构合理、内部协调、规范严谨的军事法规制度体系，为我军全面贯彻依法治军方针提供了基本前提。

依法治军的根本原则是坚持党对军队的绝对领导，通过把党关于军队建设的正确主张上升为国家意志，使党对军队的绝对领导与依法治军有机统一起来，努力建设与法治中国相匹配的法治军队，从制度上、法律上确保党对军队的绝对领导，确保以现代化为中心、以信息化为主导、以提高作战能力为标准，加快推进军队全面建设，有效履行我军历史使命。依法治军的主要任务是健全法规制度体系，增强法规制度的科学性，注重法规制度的系统性，提高法规制度的实效性，加强对法规制度遵守和执行情况的监督检查，使法规制度得到不折不扣的贯彻落实。依法治军的实践要求是遇事以法为师、行事以法为矩,严格按照法规制度指导工作、管理部队、完成任务、推动发展,充分发挥法规制度的引导、规范和保障功能,做到党委依法决策、机关依法指导、部队依法运转、官兵依法行动,实现军队管理模式和运行机制法治化,为建设强大军队提供可靠保障。依法治军的基础工程是开展法治宣传教育,在全军形成崇尚法治、厉行法治的良好风尚,使法治内化为官兵的道德素养、外化为官兵的行为准则,自觉做到认真学习法规制度、切实遵守法规制度、严格执行法规制度、坚决维护法规制度。

依法治军是我军的优良传统,也是我军一条重要的治军原则。我军一向以组织严密、纪律严明著称,这是我军之所以有强大凝聚力和战斗力的一个重要原因。坚持依法治军,要严格按照各项法规制度管理部队,始终保持部队正规的战备、训练、工作和生活秩序;深入研究新形势下部队管理工作的特点规律,不断提高部队管理工作的科学化、规范化、法治化水平;建立健全纵向分级、横向分类,全面覆盖、不留空白的监督体系,促使每个人都能学习法规制度、遵守法规制度、执行法规制度、维护法规制度,每个人都能置身于严格的法规制度约束之下,切实守住为人、处事、用权、交友的底线;加强基层经常性思想工作和经常性管理工作,巩固和发展团结友爱、和谐纯洁的内部关系,努力夯实依法治军的基础工程;强化违纪违法问题的责任追究,领导成员出问题主要领导要负责,机关干部出问题部门领导要负责,下级主官出问题上级主官要负责。领导干部既是法规制度的制定者,又是法规制度的执行者和执行情况的监督者。要确保法规制度有效贯彻,领导干部必须带头消除权高于法、情大于法、威盛于法等特权思想,依据法规制度严格规范自己的行为,切实做到领导干部给部属作表率,领率机关给部队作表率,使学法守法执法护法在部队蔚然成风。

(二)依法执政

所谓依法执政,是指执政党依据宪法和法律治国理政,接受宪法和法律的规范和约束。因此,依法执政的基本依据是宪法和法律,依法执政的基本要求是按照宪法和法律来治理国家，依法执政的基本途径是通过国家政权机关来行使权力。依法治国首先要依法执政。坚持依法执政是转变党的领导方式和执政方式的必然要求，有利于促进党执政行为的制度化和规范化；坚持依法执政是提高党的执政能力和执政水平的内在规定，有利于保持党的大政方针的稳定性和连续性；坚持依法执政是增强党拒腐防变和抵御风险能力的有力武器，有利于永葆党的先进性和纯洁性。

依法执政是依法治国和依法行政的重要保证。党作为人民的一部分，是法治的主体；党作为国家政权体系的一部分，又是法治的对象。作为法治的主体，党领导人民制定和实施宪法和法律；作为法治的对象，党又必须在宪法和法律范围内活动。[①] 这在客观上要求党坚持依法治国基本方略和依法执政基本方式，将党的政治主张转化为国家意志的方式和程序制度化、规范化，将党向国家政权机关推荐重要人选的方式和程序制度化、规范化，通过国家政权机关实施党对国家和社会的领导，组织和支持人民当家作主。由于国家机关的职权在宪法和法律中已有明文规定，党在宪法和法律范围内活动的应有之义，就是尊重国家机关的法定职权。如果党行使由人民选举产生的国家机关的法定职权，这本身既与党组织和支持人民当家作主的民主原则有违，又与党必须在宪法和法律范围内活动的法治原则相悖。因此，党领导人民制定宪法和法律，党又要领导人民遵守和执行宪法和法律，党自身也必须在宪法和法律范围内活动，党还要接受人民的制约和监督。只有党接受制约和监督，党的干部才不能以党的名义滥用权力；只有党接受制约和监督，对国家机关权力的制约和监督才能取得实效；只有党接受制约和监督，发展民主政治和建设法治国家才有可靠的保证。

（三）依法行政

深入推进依法行政、加快建设法治政府，是全面推进依法治国的中

[①] 王寿林：《依法治国与党的领导断想》，《中国党政干部论坛》1999年第9期。

心环节。所谓依法行政，是指行政机关管理国家和社会事务必须由法律授权并依法进行。它包括两层含义：一是将法律作为行政管理的基本手段，依法实施对国家和社会事务的管理；二是依法规范行政管理活动，严格在法定职权范围内依法行使权力，不得违反法律规定、超越职权范围，更没有凌驾于法律之上的特权。① 坚持依法行政，运用凝结着人民意志的法律来规范政府行为，有利于体现国家一切权力属于人民的宪法原则，体现人民当家作主的民主精神。坚持依法行政，要求政府机关及其工作人员依照法定职权和程序行使权力，有利于推进政府廉政建设，有效防止行政权力滥用。坚持依法行政，做到严格规范公正文明执法，有利于提高行政效率和行政公信力，确保行政管理更好地服务国家、服务社会、服务人民。

在我国，行政机关承担着经济建设、政治建设、文化建设、社会建设、生态文明建设等各个领域的繁重管理任务，实施80%以上的法律法规，其行政能力和执法水平与人民群众的生产生活息息相关。只有做到依法行政，才能做到依法治国；只有建成法治政府，才能建成法治国家。推进依法行政，一要以更新思想观念为基础，牢固树立人民主权的观念、法律至上的观念、职权法定的观念、程序正义的观念、依法行政的观念。二要以转变政府职能为重点，使政府职能切实转到经济调节、社会管理、公共服务上来，把生产经营权交给企业，把资源配置权交给市场，把专业性服务交给社会。凡是公民或法人能够自主解决的，市场竞争机制能够自行调节的，社会组织能够自我处理的问题，政府都不应通过行政手段加以干预。该政府管的事情不能缺位，不该政府管的事情不能越位，在把该管的事情管好的前提下，办事手续越便捷越好。三要以民主公开高效为目标，完善行政执法体制，创新行政执法方式，优化行政执法程序，规范行政执法行为，切实维护公共利益、人民权益和社会秩序。四要以建设廉洁政府为保障，加强行政机关的内部制约与外部监督，不断完善依法行政的制约监督机制，确保严格规范公正文明执法。

---

① 杨伟东：《推进法治中国建设》，《时事报告》2014年第6期。

三 坚持法治国家、法治政府、法治社会一体建设

习近平总书记指出:"准确把握全面推进依法治国工作布局,坚持依法治国、依法执政、依法行政共同推进,坚持法治国家、法治政府、法治社会一体建设。"① 法治国家、法治政府、法治社会将法治建设上升到党和国家事业全局的高度,覆盖经济社会发展的方方面面,描绘了一幅法治建设整体推进、协调发展的宏伟蓝图。法治国家、法治政府、法治社会,三者相互联系、内在统一,是法治建设的三大支柱,缺少任何一个方面,法治建设的目标都无法实现。因此,在全面推进依法治国进程中,必须将法治国家、法治政府、法治社会建设同步规划、同步实施、一体建设。

(一) 法治国家—法治政党—法治军队

1. 法治国家

法治国家是宪法和法律具有崇高地位和至上权威的国家,是全体公民依法享有广泛权利和自由的国家,是经济富强、政治民主、文化繁荣、社会和谐、生态文明的国家,既是中国梦的重要组成部分,也是实现中国梦的可靠保障。② 所谓法治国家,是指国家权力依法行使的国家状态,是中国共产党领导人民在发展社会主义市场经济和民主政治过程中,立足中国法治建设实际,传承中国传统文化精华,借鉴人类法治文明成果基础上提出的奋斗目标。法治国家的基本特征是:国家建立了完善的法律体系,法律体系获得了普遍的遵守,从而形成以民主政治为基础,以权力制约为根本,以权利保障为取向的国家管理机制、活动方式和秩序状态。

法治国家包含法律形式和政治实质两个方面。在法律形式上,法治

---

① 习近平:《加快建设社会主义法治国家》,《求是》2015年第1期。
② 袁曙宏:《奋力建设法治中国》,《法制日报》2013年3月26日,第7版。

国家的基本要求是在立法、执法、司法和守法各个方面形成良好的法律规范和法律秩序。立法机关的立法活动必须反映国家和社会发展的客观规律，反映法治实践的客观要求，反映人民的普遍意志和根本利益，并形成健全完备的法律体系；行政机关及其工作人员必须严格依法行政，依法办事，依法管理国家和社会事务；司法机关必须公正司法，坚决维护法律的尊严和权威，确保法律在全国范围内一体遵行；全体公民具有较高的法律意识和法律素养，使学法尊法守法用法成为社会的良好风尚和习惯。在政治实质上，法治国家的基本要求是建立法律与政治、司法与行政、权力与责任、权力与权利、权利与义务之间的合理关系。[1] 在法律与政治的关系上，把政治行为纳入法律调控的范围，使国家权力的行使受法律规范；在司法与行政的关系上，司法独立于行政，并对行政权力实施有效的制约；在权力与责任的关系上，使权力一经授予便明确其责任，并承担由行使权力所带来的各种后果[2]；在权力与权利的关系上，使国家权力以公民权利的认同为基础，并受公民权利的有效监督；在权利与义务的关系上，以权利保障为取向，实现权利与义务相统一。

2. 法治政党

中国共产党既是领导党，又是执政党，建设法治国家关键在党。党的十六大报告提出：要善于把坚持党的领导、人民当家作主和依法治国统一起来，不断提高依法执政能力。党的十六届四中全会决定指出：依法执政是新的历史条件下党执政的基本方式。习近平总书记在党的十八届四中全会上的重要讲话中指出：坚持以法治的理念、法治的体制、法治的程序开展工作，改进党的领导方式和执政方式，推进依法执政制度化、规范化、程序化。由此可见，建设法治政党在我们党的重要文献中已是呼之欲出。建设法治国家、法治政府、法治社会，必然要求建设法治政党。法治政党的建设目标是，把党建设成为依法执政的政党，领导立法、保证执法、带头守法，在宪法和法律范围内活动的政党，坚守宪

---

[1] 王寿林：《全面推进依法治国需要正确把握的若干范畴》，《观察与思考》2015年第1期。
[2] 孙笑侠：《法治国家及其政治构造》，《法学研究》1998年第1期。

法和法律至上、维护宪法和法律尊严和权威的政党，尊重和保障人权、促进社会公平的政党，实现党的领导工作和执政活动的法治化。

我国目前虽然没有专门的政党法，但在宪法的序言和总纲部分已经涉及政党法治问题。在序言部分，一是确立中国共产党在国家政治生活中的领导地位；二是强调全国各方面力量，包括各政党在内，都必须以宪法为根本的活动准则，并且负有维护宪法尊严、保证宪法实施的职责。在总纲部分，一是规定各政党都必须遵守宪法和法律，一切违反宪法和法律的行为都必须予以追究；二是强调任何组织或者个人都不得有超越宪法和法律的特权。我国宪法序言和总纲部分对政党法治的原则性规定，为我们建设法治政党提供了基本依据。诚然，要建成法治政党，还必须完善政党立法，尽快制定政党法。同时，建立健全党内法规体系，实行依法治党。法规制度内容具体，形式统一，规定明确，是党内政治生活的规矩和依据。与思想建设、组织建设、作风建设相比，法规制度建设更带有根本性、全局性、稳定性和长期性。只有加强法规制度建设，用法规制度将党内政治生活的方式、规则和程序确定下来，并使这些法规制度具有统一性、完整性和规范性，不因人而异，不随人而变，才能抓住党的建设的根本。

3. 法治军队

法治是治国理政的基本方式。全面推进依法治国、加快建设社会主义法治国家，充分发挥法治在国家治理和社会管理中的重要作用，实现国家各项工作法治化，是治国理政的内在要求。我军是党执政的重要基石和国家机器的重要组成部分，将党治国理政的基本方略贯彻到军队建设中，必然要求牢固确立依法治军、从严治军在军队建设中的全局性、基础性、战略性地位，从而加快军队各项工作的法治化进程，努力建设一支与法治国家、法治政府、法治社会相匹配的法治军队。[①] 建设法治军队就是使国防和军队建设的各个领域、各个方面、各个环节都有法可依，

---

① 《〈中共中央关于全面推进依法治国若干重大问题的决定〉辅导读本》，人民出版社，2014，第27页。

有法必依，执法必严，违法必究，从制度上、法律上确保党的大政方针在国防和军队建设中的有效贯彻。

建设法治军队是全面推进依法治国的必然要求。建设法治军队是建设法治中国的有机构成和显著标志，也是建设法治中国的重要任务和基础工程。如果说国家全面深化改革、加快实现中国梦的重要保障和主要标志是全面推进依法治国，建设与富强中国、民主中国、文明中国、和谐中国、美丽中国相适应的法治中国，那么深化国防和军队改革，实现强军梦的根本保证和主要标志就是全面推进依法治军，建设与法治中国相适应的法治军队。建设法治军队是提升军队法治化水平的必由之路。新的历史条件下，军队建设和管理以及军队承担的应对海洋、太空、网络空间安全威胁，遂行抢险救灾、反恐维稳、国际维和、安保警戒等使命和任务都必须有充分的法律依据。只有将依法治军上升到法治军队的高度，彻底改变长期形成的以领导者个人意志为主导的工作模式，牢固确立以法治思维和法治方式为主导的工作模式，才能适应国防和军队建设发展的需要。建设法治军队是建设法治中国的重要战略支撑。建设一支听党指挥、能打胜仗、作风优良的法治军队，既是建设法治中国的应有之义，也是建设法治中国的重要战略支撑。有了与法治国家、法治政府、法治社会相匹配的法治军队，就能为巩固党的执政地位、保证人民当家作主、全面推进依法治国提供坚实基础和可靠保障。

（二）法治政府

所谓法治政府，是指组织行为受法律规范和约束的政府。法治政府要求政府机关必须牢固树立人民主权的理念、职权法定的理念、程序合法的理念、依法行政的理念、保障人权的理念，实施行政管理、开展行政执法、提供行政服务必须在依法赋予的职权范围内进行，以最大限度地压缩政府机关行使权力的自由裁量空间。法治政府的基本特征是权力有限的政府、注重服务的政府、公开透明的政府、讲求诚信的政府、廉洁高效的政府和权责一致的政府。

按照法治政府建设的内在要求，法治政府必须顺应时代发展大势，实行科学决策、民主决策、依法决策，切实畅通社会群体参与行政管理的渠道，为推进依法行政注入不竭动力；推进政务公开，依法公开政府机关的职责权限、法定程序、工作时限和服务承诺，把权力运行的每一个环节都置于阳光下；弘扬法治精神，促使政府工作人员依法行使权力、自觉承担责任，形成学法尊法守法用法的法治环境。法治政府必须维护社会公平正义，坚持严格执法、公正执法、文明执法，不断提高行政执法水平；尊重公民和法人的主体地位，激发全社会的创造活力；合理调整利益分配关系，及时化解各种矛盾纠纷，平等保护人民群众的合法权益。法治政府必须加强对权力的制约和监督，使政府机关严格履行法定职责，使人民赋予的权力真正用来为人民谋利益；完善行政执法程序，以程序公正确保实体公正；对政府机关的违法行为，按照问责规定严肃追究相关人员的责任，从而降低和减少权力滥用的概率。法治政府必须规范政府与市场之间的关系、政府与社会之间的关系，使政府外部职责边界清晰；规范政府层级之间的关系、政府部门之间的关系，使政府内部职责边界清晰；规范权力运行步骤、方式、次序和时限，使政府运行职责边界清晰。

（三）法治社会

所谓法治社会，是指依照法律规范调整社会关系、解决社会纠纷、提供社会服务，从而使各方面保持良好法律秩序的社会状态。法治社会的前提是全体公民成为社会的主人，在经济、政治、文化、社会生活等各个领域依法享有广泛的权利和自由。法治社会的基础是法律面前人人平等，全体公民通过法律的形式，把权利与义务结合起来，把自由与秩序统一起来，在充分享有权利和自由的同时，切实履行义务和责任。法治社会的核心是尊重人权、保护财产、履行契约，使每个人都生活得更有保障、更有尊严。法治社会的关键是实现公平正义，通过权利公平、机会公平、规则公平，使人尽其力，物得其用，财宏其效。

卢梭曾经说过："一切法律之中最重要的法律，既不是铭刻在大理石上，也不是铭刻在铜表上，而是铭刻在公民的内心里，它形成了国家的真正宪法。"① 建设法治社会，在制度层面上，要加强社会治理的法规建设，实现各项法规的统一性、完整性、公正性、权威性和稳定性。在意识层面上，要清除封建主义人治糟粕，汲取资本主义法治精华，深入开展社会主义法治宣传教育，使社会主义法治精神进企业、进乡村、进社区、进机关、进院校，不断强化依法维护权利、自觉履行义务的公民意识和崇尚法律权威、严格依法办事的社会氛围。在主体层面上，要建立党委统一领导、社会各界齐抓共管、人民群众广泛参与的工作格局，不断提高领导干部、执法人员、人民群众的法律素养，增强学法尊法守法用法的自觉性和自律性。在实践层面上，要实现社会治理的科学化、民主化、法治化，通过依法解决矛盾和化解纠纷，充分体现法律公平正义的价值取向，在营造良好法治环境中实现社会和谐稳定。

---

① 卢梭：《社会契约论》，商务印书馆，1980，第73页。

第八章

实现全面推进依法治国总目标的基本原则

全面推进依法治国,是中国共产党基于全面建成小康社会和实现中华民族伟大复兴中国梦,在治国理政上的自我完善、自我提高。十八届四中全会《决定》提出,实现全面推进依法治国总目标必须坚持中国共产党的领导,坚持人民主体地位,坚持法律面前人人平等,坚持依法治国和以德治国相结合,坚持从中国实际出发。这"五个坚持"的基本原则,是我国社会主义法治建设的经验总结,也是全面推进依法治国的根本要求。

一 全面推进依法治国必须始终遵循"五个坚持"的基本原则

坚持和拓展中国特色社会主义法治道路,实现全面推进依法治国总目标,是一个重大而长期的课题,需要深入探索和不断实践。从上层建筑的意义看,依法治国方略将体现在中国特色社会主义经济、政治、文化、社会、生态文明建设等各领域,贯穿于实现"两个一百年"奋斗目标的全过程。而在前进的道路上,要想防止出现"颠覆性错误",最重要的是长期坚持"五个坚持"的基本原则并贯彻到底。

坚持中国共产党的领导,揭示了全面推进依法治国的根本保证。中国问题的关键在党。由历史和人民所选择,中国共产党成为中国特色社会主义事业的领导核心,因此也就是中国社会主义法治建设的领导核心。十八届四中全会《决定》指出:"党的领导是中国特色社会主义最本质的特征,是社会主义法治最根本的保证。"[①] 依法治国是党提出并实施的治国方略,以往中国法治建设的伟大成就是党领导取得的,未来中国法治建设的更大成就也必须在党的领导下实现。全面推进依法治国,要毫不动摇地坚持党对法治建设的领导,确保党的主张贯彻到依法治国全过程和各方面,并与时俱进地加强和改善党对法治建设的领导。

坚持人民主体地位,揭示了全面推进依法治国的力量源泉。在我国,人民是国家和社会的主人,是决定国家前途命运的根本力量。十八届四中全会《决定》指出:"必须坚持法治建设为了人民、依靠人民、造福人民、保护人民,以保障人民根本权益为出发点和落脚点,保证人民依法享有广泛的权利和自由、承担应尽的义务,维护社会公平正义,促进共同富裕。"[②] 全面推进依法治国,要充分发挥人民的主体作用,更好地实现坚持党的领导、人民当家作主、依法治国的有机统一,在法治建设中体现人民利益、反映人民愿望、维护人民权益、增进人民福祉,调动人民群众投身依法治国实践的积极性和主动性。

坚持法律面前人人平等,揭示了全面推进依法治国的内在要求。平等是社会文明进步的标志,是社会主义的核心价值追求,也是社会主义法治的基本要求。法律面前人人平等,要求法律对所有社会成员一视同仁。十八届四中全会《决定》指出:"任何组织和个人都必须尊重宪法法律权威,都必须在宪法法律范围内活动,都必须依照宪法法律行使权力或权利、履行职责或义务,都不得有超越宪法法律的特权。"[③] 做到这一点,才能使人民在依法治国中的主体地位得到尊重和保障,增强人民群

[①] 《中共中央关于全面推进依法治国若干重大问题的决定》,《人民日报》2014年10月29日,第1版。
[②] 《中共中央关于全面推进依法治国若干重大问题的决定》,《人民日报》2014年10月29日,第1版。
[③] 《中共中央关于全面推进依法治国若干重大问题的决定》,《人民日报》2014年10月29日,第1版。

众的主人翁责任感，才能使广大群众爱党、爱国、爱社会主义的政治思想觉悟得以提高，强化全体人民的社会主义法治理念。

坚持依法治国和以德治国相结合，揭示了全面推进依法治国的重要方式。道德和法律具有天然的联系和共同的价值取向。道德是法律的精神内涵，法律是道德的制度底线。十八届四中全会《决定》指出："国家和社会治理需要法律和道德共同发挥作用。"[①] 在全面推进依法治国进程中，法治和德治犹如车之两轮、鸟之两翼，必须坚持一手抓法治、一手抓德治，实现法律和道德相辅相成、法治和德治相得益彰，实现他律和自律结合、道德教化和法制手段兼施，让道德和法制内化于心、外化于行，共同引导人们形成把国家和人民利益放在首位而又充分尊重公民个人合法利益的社会主义义利观，形成健康有序的经济和社会生活规范。

坚持从中国实际出发，揭示了全面推进依法治国的实践依据。一个国家走什么样的法治道路，建设什么样的法治体系，建设什么样的法治国家，是由这个国家的基本国情决定的。各国法治皆有自己的经济基础、政治属性、文化底蕴，各有自己得以生长的社会土壤。十八届四中全会《决定》指出："中国特色社会主义道路、理论体系、制度是全面推进依法治国的根本遵循。"[②] 我国的法治建设是中国特色社会主义政治发展道路的组成部分，是在自己国家所具有的经济基础之上和社会制度框架之内进行的，有自己独特的政治文化和法律文化传承。能不能把握好中国实际，决定着中国特色社会主义法治道路能否走得通、中国特色社会主义法治体系能否建得成。全面推进依法治国，必须从我国国情和实际出发，绝不能照搬外国法治理念和模式。

"五个坚持"的基本原则，总体回答了社会普遍关心的涉及依法治国的若干重大理论和实践问题，它们相互联系、有机统一，构成全面推进依法治国的根本遵循。

---

① 《中共中央关于全面推进依法治国若干重大问题的决定》，《人民日报》2014年10月29日，第1版。
② 《中共中央关于全面推进依法治国若干重大问题的决定》，《人民日报》2014年10月29日，第1版。

二　坚持中国共产党的领导

全面推进依法治国，首先要坚持正确的发展方向；建设社会主义法治国家，关键要有坚强的政治保证。习近平强调："坚持中国特色社会主义法治道路，最根本的是坚持中国共产党的领导。"① 毫不动摇地坚持党的领导，事关依法治国的根本和全局，是社会主义法治建设的要害和关键。

（一）党和法治的关系是法治建设的核心问题

正确处理好党和法治的辩证关系，是建设社会主义法治国家的核心问题。只有科学破解这一重大课题，才能真正把全面推进依法治国的战略任务落到实处。

当前，围绕党和法治的关系，总有些人持错误观点和模糊立场，把党的领导与依法治国对立起来，人为地设置一种非此即彼的关系。一方面，国内外有人借口西方国家没有提及"党的领导"，诘问"党大还是法大"，质疑坚持党的领导将妨碍司法机关依法独立公正行使职权，声称实行依法治国就必须和西方国家一样搞以多党轮流执政、三权分立、司法独立、军队国家化等为核心的所谓"宪政"，鼓吹所谓"宪政治国论"，企图借推进依法治国否定党的领导和社会主义制度，把中国引向邪路。另一方面，党内也有人提出依法治国会冲击和妨碍党的领导，要党的领导就不能搞法治，否则党的领导就会受到法治的掣肘，从而影响党在国家和社会生活中的领导权，甚至会丧失执政地位，导致苏东剧变那样的历史悲剧。

以上两种观点虽立场相左、看法相反，但在逻辑上有共同的错误，即把坚持党的领导与推进社会主义法治建设对立开来。究其原因，要么是出于对西方国家法治模式的迷信和盲从，要么是以党代法的落后人治

---

① 习近平：《加快建设社会主义法治国家》，《求是》2015年第1期。

思想仍在作怪，追根溯源是未能正确把握党的领导和社会主义法治的内在关系。事实上，坚持党的领导是中国特色社会主义法治的重要前提和政治基础，全面推进依法治国，不能动摇、否定党的领导，也不会虚化、削弱党的领导，只会使党的执政地位更加巩固、党的执政方式日益改善、党的执政能力不断提高，使党和国家的长治久安更有保证。对此，必须保持高度的政治清醒和战略定力，始终坚持党对依法治国的领导不动摇。

（二）党的领导和社会主义法治是一致的

把坚持党的领导、人民当家作主和依法治国统一起来，是我们党一贯宣示的理念原则和不懈追求，是中国特色社会主义政治发展道路的正确方向和根本特征，也是我国社会主义法治建设的一条基本经验。其中，坚持党的领导是人民当家作主和依法治国的根本保证，依法治国是党领导人民治理国家的基本方略。社会主义法治必须坚持党的领导，党的领导必须依靠社会主义法治，两者是根本一致、内在统一的。

在社会主义条件下，由于人民根本利益一致而又不可能分散开来直接地行使管理国家的权力，只能依靠一个坚强的核心把民主与集中有机地结合起来，通过民主集中制的组织原则和程序形成强有力的人民政权来实现。中国共产党因其具有马克思主义思想的科学武装、实现共产主义的崇高理想、全心全意为人民服务的根本宗旨、与时俱进的理论品格、尊重客观规律的实践原则等等，成为中国革命、建设和改革的领导核心。党的路线、方针、政策代表人民的利益，集中人民的意志，经过法律程序转化为国家意志，形成社会主义法治。依法治国的过程既是实现党的理论、政策和主张的过程，也是实现全体人民诉求、愿望和权利的过程。坚持党的领导是全面推进依法治国的题中应有之义，离开了党的领导，依法治国的目标就会落空。

全面推进依法治国离不开党的领导，党的领导又必须遵循社会主义法治。《中国共产党章程》规定，党领导人民发展社会主义民主政治。但以何种方式去实现这一要求？科学总结执政以来正反两方面的经验教训，党深刻认识到：当注重运用法治方式处理社会问题和人民内部矛盾的时候，党和国家事业的发展就顺利；当忽视法治、轻视法治，甚至践踏法治的时候，党和国家事业的发展则受挫。为此，坚持和改善党的领导，必须使党的领导方式走向法治化、科学化、现代化，实现科学执政、民主执政和依法执政。要加强法治国家、法治政府、法治社会一体建设，推动依法治国、依法执政、依法行政协同共进，实现科学立法、严格执法、公正司法、全民守法全面推进，这既是提升国家治理体系和治理能力现代化水平的重要保证，也是实现和保障党的领导取得成功的最佳途径。

（三）坚持党的领导与全面推进依法治国统一于中国特色社会主义法治实践

由于加强和改进党的领导与建设社会主义法治国家都是一个需要不断实践和逐步完善的过程，因而不能简单地把党的领导和依法治国的关系看作是静态自发的、一成不变的统一，而应看作是动态的、不断发展的辩证统一，即坚持党的领导和依法治国的统一是在中国特色社会主义法治实践中不断实现并臻于完善的过程。

党的领导和社会主义法治一致性的问题，从本质上讲，是一个重大的理论问题，也是一个重大的实践问题。由于我们党是全面推进依法治国、建设社会主义法治国家的领导核心，因而正确处理党的领导和依法治国关系的关键在党。这就要求我们党在社会主义法治实践中，必须紧紧围绕加强和改进党对全面推进依法治国的领导，始终做到"三统一"和"四善于"，即："把依法治国基本方略同依法执政基本方式统一起来，把党总揽全局、协调各方同人大、政府、政协、审判机关、检察机关依法依章程履行职能、开展工作统一起来，把党领导人民制定和实施宪法法律同党坚持在宪法法律范围内活动统一起来，善于使党的主张通过法定程序成为国家意志，善于使党组织推荐的人选通过法定程序成为国家政权机关的领导人员，善于通过国家政权机关实施党对国家和社会的领导，善于运用民主集中制原则维护中央权威、维护全党全国团结统一。"①这既是党的领导与依法治国辩证统一的重要体现，也是进一步实现两者有机统一的重要途径。"三统一"、"四善于"总结了在党的领导下推进依法治国的成功经验，指明了法治中国今后的努力方向。自觉做到这些要求，坚持党的领导和推进依法治国就能做到有机结合。

三　坚持人民主体地位

人民民主是社会主义的生命，没有民主就没有社会主义，就没有社会主义的现代化。习近平强调："我国社会主义制度保证了人民当家作主的主体地位，也保证了人民在全面推进依法治国中的主体地位。这是我们的制度优势，也是中国特色社会主义法治区别于资本主义法治的根本所在。"②

（一）人民是依法治国的主体和力量源泉

人民的主体地位和力量源泉作用，强调的是人民在依法治国中处于主要地位，起着主要作用，人民以法治的方式治理国家，也在法治中自我约束、遵法守制。人民的参与度是衡量依法治国是否深入人心、是否体现人民利益的标尺，要充分调动人民群众投身依法治国实践的政治热情和行动自觉，使尊法、信法、守法、用法、护法成为全体人民的共同追求。

1945年7月，毛泽东和黄炎培在延安窑洞里对话时，面对黄炎培提出的中国共产党能否跳出中国历史上各种政权的"历史周期率"问题，毛泽东充满自信地回答：我们已经找到新路，我们能跳出这个周期率，这条新路就是民主，只有让人民来监督政府，政府才不敢松懈，只有人人起来负责，才不会人亡政息。关于坚持历史唯物主义基本原理和中国

---

① 《中共中央关于全面推进依法治国若干重大问题的决定》，《人民日报》2014年10月29日，第1版。
② 习近平：《加快建设社会主义法治国家》，《求是》2015年第1期。

共产党的性质宗旨，习近平强调："人民是历史的创造者，群众是真正的英雄。人民群众是我们力量的源泉。"①

在长期的治国理政实践中，党总是时刻关注最广大人民的利益和愿望，把"人民拥护不拥护"、"人民赞成不赞成"、"人民高兴不高兴"、"人民答应不答应"作为制定各项方针政策的出发点和归宿，在全面推进依法治国中也是如此。《物权法》从研究起草到通过历时13年，在此期间广泛征求社会各方面意见，尤其是基层群众的意见，就一部法律草案征求意见范围之广、规模之大前所未有。《各级人民代表大会常务委员会监督法》从酝酿到颁布历时20年，同样广泛听取了人民群众的意见和建议。凡此种种，都是充分发挥人民群众作为依法治国主体和力量源泉作用的生动体现。

（二）保障人民权益是法治建设的出发点和落脚点

没有人民权益的切实维护，依法治国就背离了根本。在全面推进依法治国中坚持人民主体地位，就必须保证人民在党的领导下，依照法律规定，通过各种途径和形式管理国家事务、管理经济文化事业、管理社会事务，这是发挥人民主体和力量源泉作用最重要、最根本的体现。同时，坚持法治建设为了人民、依靠人民、造福人民、保护人民，还要通过法治保障公民的人身权、财产权、基本政治权利等各项权利不受侵犯，保证公民的经济、文化、社会等各方面权利得到落实，保障人民群众对美好生活的向往和追求，让广大人民群众在法治进程中得到更多实惠，增加更多幸福感。

在修改"八二宪法"中，有人主张改变之前三部宪法的顺序结构，把公民的基本权利和义务一章置于国家机构一章之前。对此，当时的宪法修改委员会感到未有先例，难以决断。邓小平了解情况后明确表示：应当把公民的基本权利和义务这一章摆到国家机构这一章的前面。同时，

---

① 习近平：《在十八届中央政治局常委同中外记者见面时的讲话》，《人民日报》2012年11月16日，第4版。

在"八二宪法"中，还根据邓小平提出的要切实让人民享有充分的公民权利的要求，对公民的各项权利和自由作出了广泛、充分的规定。在宪法体例设计上，先规定公民权利和义务，再规定国家机构，充分体现出我国一切权力属于人民的性质，也表明了党和国家对保障公民享有的基本权利的高度重视。

新中国成立60多年来，特别是现行宪法颁布实施30多年来，我们党团结带领全国各族人民不懈探索，成功找到了支持和保证人民通过人民代表大会制行使当家作主权力、享受广泛民主的各种途径和方式。这表明，我国社会主义法治建设同社会主义民主政治建设是相辅相成的，我们党在积极发展社会主义民主的同时，始终致力于稳步推进社会主义民主政治法治化，其出发点和落脚点都是为着促进社会公平正义、保障人民根本权益。

（三）在全面推进依法治国中充分体现人民主体地位

坚持人民作为法治主体，是我国国体和政体的根本所在，也是顺应民主政治时代潮流的必然要求。但人民主体地位说起来容易，实现起来却极其复杂。特别是随着我国经济社会快速发展和政治体制改革稳步推进，人民群众的权利意识、公平意识、民主意识、法治意识不断增强，参政议政的热情不断提高，这就要求我们在推进社会主义法治建设中，要始终把人民群众作为主体和目的，切实体现人民主体地位。

在全面推进依法治国进程中，必须坚持党的领导和人民主体地位的统一。我们党将不断提高科学执政、民主执政、依法执政水平，广大人民群众也将不断提高依法管理国家和社会事务、管理经济和文化事业以及管理自身事务的能力。但在当前，对照全面推进依法治国的总目标，回应人民群众对法治中国的殷切期待，法治建设还存在许多不适应的地方。坚持把人民群众作为主体和目的，就要恪守以民为本、立法为民理念，使每一项立法都符合宪法精神、反映人民意志、得到人民拥护；依法惩处各类违法行为，加大对关系群众切身利益的重点领域的执法力度；加强对司法活动的监督，努力让人民群众在每一个司法案件中感受到公平正义；加强民生领域法律服务，保证人民群众在遇到法律问题或者权利受到侵害时能够获得及时有效的法律帮助；等等。任何时候都不能忘记，"在人民面前，我们永远是小学生，必须自觉拜人民为师，向能者求教，向智者问策；必须充分尊重人民所表达的意愿、所创造的经验、所拥有的权利、所发挥的作用"①。

四 坚持法律面前人人平等

无论在中国还是在西方，法律面前人人平等，都是一个古老的原则。我国在宪法中规定了"公民在法律面前一律平等"，反映了广大人民群众的意志和利益。贯彻这一基本原则，就要自觉维护宪法和法律权威，消除一切形式的特权，把权力关进制度的笼子里。

（一）平等是社会主义法治的基本要求

尽管"法律面前人人平等"的口号最早是由资产阶级在反对封建主义的斗争中提出来的，并且在资产阶级革命成功之后，成为资产阶级法制的一项重要原则。但是，由于资产阶级的统治是建立在生产资料私有制之上的，它所强调的法律上的平等在实际生活中却是事实上的不平等。社会主义社会的建立，开辟了人类历史新纪元。社会主义建立在生产资料公有制之上，以共同富裕为本质要求，以平等为应然之义。社会主义法律作为广大人民根本利益和共同意志的集中反映，则以国家意志和国家强制力保证全体人民平等参与社会主义现代化建设、平等享有各项权益。因此，平等是社会主义法律的基本属性。

坚持法律面前人人平等是我们党的一贯主张。在革命、建设和改革各个历史时期，党都为之进行了艰苦卓绝的奋斗。2014年12月4日，在首个国家宪法日当天，以1937年轰动解放区的"黄克功事件"为原型的电影《黄克功案件》全国公映。该片反映了战功卓著的抗大红军将领黄克功因逼

---

① 习近平：《在纪念毛泽东同志诞辰120周年座谈会上的讲话》，《人民日报》2013年12月27日，第2版。

婚未遂,将女学生刘茜杀害,面对全民抗战之际应该让黄克功戴罪立功还是将他就地正法的难题,陕甘宁边区最高法院以"法律面前人人平等"为信条,判处黄克功死刑并立即执行。事实上,1931年11月制定的《中华苏维埃共和国宪法大纲》即规定:在苏维埃政权领域内的工人、农民、红军兵士及一切劳苦民众和他们的家属……在苏维埃法律面前一律平等。1954年9月通过的《宪法》再次明确:中华人民共和国公民在法律上一律平等。现行宪法中重申了法律平等原则,并且从党的十五大开始,在每次党的全国代表大会报告中都对这一问题进行强调和阐释,把坚持法律面前人人平等作为加强社会主义法治建设的一项重要任务。

（二）坚决维护宪法法律权威和法制秩序

宪法法律代表着社会所需要的秩序和正义,是确保社会规范、有序、稳定的制度保证。罗马有句谚语:法律是神圣的命令,它要求做正当的事,而禁止做相反的事。神圣的命令,强调的就是法律的权威性。习近平强调:"人民权益要靠法律保障,法律权威要靠人民维护。"① 坚持依法治国,任何组织和个人都必须服从宪法法律权威和法制秩序,决不允许有法外之地和法外之人。

坚持依法治国首先要坚持依宪治国,坚持依法执政首先要坚持依宪执政。与法制相比,法治除了强调依法办事外,更强调宪法和法律是国家的最高权威。列宁曾指出:"宪法就是一张写着人民权利的纸。"② 我国宪法是党和人民意志的集中体现,它规定了国家的根本制度和根本任务,是国家的根本法,具有最高的法律效力。习近平强调:"宪法与国家前途、人民命运息息相关。维护宪法权威,就是维护党和人民共同意志的权威。捍卫宪法尊严,就是捍卫党和人民共同意志的尊严。保证宪法实施,就是保证人民根本利益的实现。"③ 宪法的生命和权威在于实施,但

---

① 习近平:《加快建设社会主义法治国家》,《求是》2015年第1期。
② 《列宁全集》第12卷,人民出版社,1987,第50页。
③ 习近平:《在首都各界纪念现行宪法公布施行30周年大会上的讲话》,《人民日报》2012年12月5日,第2版。

目前，我国的宪法实施监督机制还不健全，人们的宪法意识还有待增强，需要不断增强宪法蕴含的基本共识并创造实现共识的机制和途径。为此，必须完善以宪法为核心的中国特色社会主义法律体系，通过完备的法律法规推动宪法实施、加强宪法实施，必须健全宪法实施和监督制度，切实保证宪法法律有效实施。

维护宪法法律权威和法律秩序，要坚决反对特权思想、特权现象。现实生活中，司法腐败和执法不公现象的存在，使得一部分人享有"法外特权"，严重影响司法公正；在执法过程中，一些行政执法人员执法司法不规范、不严格、不透明、不文明，从而使公民适用法律的权利出现了事实上的不平等。对此，习近平在2014年1月的十八届中央纪委二次全会上指出：各级领导干部都要牢记，任何人都没有法律之外的绝对权力，除了法律和政策规定范围内的个人利益和工作职权以外，所有共产党员都不得谋求任何私利和特权。对那些违背社会主义法治原则、损害人民群众利益的问题，必须加大惩处力度，通过执法、司法、守法和法律监督等各个方面的共同努力，维护社会公正，维护法律制度的尊严。

（三）加强对公权力的规范和约束

从我国宪法法律的有关规定中可以看出，"坚持法律面前人人平等"有三个方面的科学内涵：一是任何公民，不分民族、种族、性别、职业、家庭出身、教育程度、财产状况、居住期限，都一律平等地享有宪法和法律规定的各项权利，同时也都必须平等地履行宪法和法律所规定的各项义务。二是公民的一切合法权益都一律平等地受到保护的同时，对违法行为一律依法予以追究，决不允许任何违法犯罪分子逍遥法外。三是任何公民都必须在宪法法律范围内活动，都必须依照宪法法律行使权力或权利、履行职责或义务，都不得有超越宪法法律的特权。因此，宪法法律最核心的功能就是保护人民的权益、保护公民的基本权利。而保障人民权利，最根本的是国家的公权力要受制约，要把权力关进制度的笼子里，坚持用制度管权管事管人，通过授予控制和监督国家公权力，建立决策科学、执行坚决、监督有力的权力运行体系。这是走向法治国家首要和核心的问题。

公权力如何得到制约、如何得到科学运用是世界性难题，也是共产党执政要解决的重要问题。在社会主义发展史上，确实出现过公权力得不到有效控制的情况。长期以来，公权力违法案件频发也是我国法治建设中存在的一个顽瘴痼疾。法国思想家孟德斯鸠曾说过："一切有权力的人都容易滥用权力，这是万古不易的一条经验。有权力的人们使用权力一直到遇有界限的地方才休止。"[1] 在我国，国家一切权力属于人民，行使国家权力的"一府两院"由人民代表大会选举产生，公权力经由法律授予。对公权力而言，法无明文授权即不可为。在2014年1月的中央政法工作会议上，习近平指出：不要去行使依法不该由自己行使的权力，更不能以言代法、以权压法、徇私枉法。十八届四中全会《决定》也强调："必须以规范和约束公权力为重点，加大监督力度，做到有权必有责、用权受监督、违法必追究，坚决纠正有法不依、执法不严、违法不究行为。"[2]

五　坚持依法治国和以德治国相结合

习近平指出："法律是成文的道德，道德是内心的法律。"[3] 法律和道德都具有规范社会行为、维护社会秩序的作用。这就清楚地阐明了法律与道德的本质联系，为在依法治国中正确认识和处理法治建设与道德建设的关系提供了方法指导。国家和社会治理需要法律和道德共同发挥作用，以法治体现道德理念，强化法律对道德建设的促进作用；以道德滋养法治精神，强化道德对法治的支撑作用，最终实现法律和道德、法治和德治共张并举。

---

[1] 孟德斯鸠：《论法的精神》（上册），张雁深译，商务印书馆，1982，第154页。
[2] 《中共中央关于全面推进依法治国若干重大问题的决定》，《人民日报》2014年10月29日，第1版。
[3] 习近平：《在首都各界纪念现行宪法公布施行30周年大会上的讲话》，《人民日报》2012年12月5日，第2版。

（一）法治与德治都是治国理政的重要手段

法律是他律，道德是自律，两者都是治国理政的重要手段。孟子说过："徒善不足以为政，徒法不能以自行。"① 一方面，法治与德治各有侧重、各有特点。法律是经国家制定或认可并有成文的条款，由国家保证实施，具有鲜明的强制力。道德具有内在自控力，可以约束人们的内在心理和外在行为，具有比法律更广泛的调整范围。另一方面，法治与德治相互渗透、相互促进。道德是法律的基础，法律承载着社会的价值理想和道德追求。一些道德规范可以凝结为法律约束，一些法律规范可以转化为道德要求。它们共同调节社会关系，维护社会稳定。发挥两者的长处，德法并举，方能夯实国家治理的制度基础和思想道德基础。

坚持依法治国和以德治国相结合，是深刻总结古今中外治国经验后提出的治国方略。习近平强调，中国优秀传统文化"可以为治国理政提供有益启示，也可以为道德建设提供有益启发"②。中国古代政治家、思想家很早就开始探讨礼治和法治的关系，在实践中往往倾向合二为一，主张"儒法并用"、"德刑相辅"，体现了德治和法治相结合的治国之道。从世界范围看，凡是社会治理比较有效的国家，都坚持把法治作为治国的基本原则，同时注重用道德调节人们的行为。在全面推进依法治国的进程中，十八届四中全会再次强调依法治国与以德治国相结合，体现出党科学汲取中国传统治国理政智慧、借鉴世界各国治国理政经验以实现国家治理体系与治理能力现代化的深刻认识，是党在国家治理方式上的完善和创新。

坚持依法治国和以德治国相结合，是坚持走中国特色社会主义法治道路的内在要求。十一届三中全会以来，党深刻总结我国社会主义法治建设的成功经验和深刻教训，逐步把依法治国确定为党领导人民治理国家的基本方略，把依法执政确定为党治国理政的基本方式，成功走出了

---

① 《孟子·离娄上》。
② 习近平：《在纪念孔子诞辰 2565 周年国际学术研讨会暨国际儒学联合会第五届会员大会开幕会上的讲话》，《人民日报》2014 年 9 月 25 日，第 2 版。

一条中国特色社会主义法治道路，其中一个重要方面就是坚持依法治国和以德治国相结合。应当看到，我国法治建设现状同实现依法治国的总目标相比，还有一定差距。要切实解决法治领域存在的突出矛盾和问题，单靠法治是不够的，应当统筹推进法治建设和德治建设，重视加强道德教育和思想引导，更加自觉地坚持依法治国和以德治国相结合。

（二）充分发挥法律的他律和规范作用

没有规矩不成方圆，建设社会主义法治国家，首先必须立规矩、讲规矩、守规矩，而法律就是国家的最大规矩。法律规定了每个公民、法人、政党、社团必须遵守的基本行为规范，赋予国家管理的权力并明确其边界，明确了国家希望社会成员做什么、不能做什么，哪些行为是允许并受到保护的，哪些行为是禁止并将受到惩罚的，并要求所有社会成员必须遵守这些行为规则。十八届四中全会《决定》指出："法律是治国之重器，良法是善治之前提。"[①] 坚持依法治国和以德治国相结合，必须重视发挥法律的他律和规范作用，更好地用法律的权威增强人们培育和践行社会主义核心价值观的自觉性，推进道德建设、提升全社会的文明程度。

在全面推进依法治国中，发挥好法律的他律和规范作用，必须以法治体现道德理念、强化法律对道德建设的促进作用。只有符合人民群众的道德意愿、维护人民群众利益的法律，才能为人民群众所信仰和遵守。中国特色社会主义法律体系总体上反映了社会主义的道德要求，但随着社会的转型发展，社会生活中出现了一些新的矛盾和问题，人们的道德观念也相应地发生着变化，一些法律法规的内容存在与社会主义道德规范不协调的问题。要坚持在法律的制定和完善过程中体现社会主义道德要求，真正使符合社会主义核心价值观要求的行为得到鼓励、违背社会主义核心价值观要求的行为受到制约，使法律法规维护公平正义、促进

[①] 《中共中央关于全面推进依法治国若干重大问题的决定》，《人民日报》2014年10月29日，第1版。

社会和谐发展,使其更好地与社会主义道德相结合。

发挥法律的他律和规范作用,良法是前提,善治是关键。要在有法可依的前提下,确保法律得到正确实施,做到有法必依、执法必严、违法必究;要继续深入开展道德领域突出问题专项治理,通过法律来惩治严重的不道德行为,发挥对整个社会的警示教育作用,推动形成良好社会风尚和社会秩序,保障道德底线;要确保审判机关、检察机关依法独立公正地行使审判权、检察权,通过严格公正地执法司法营造扬善惩恶的社会风气;要大力推进全民守法,使全体人民都成为社会主义法治的忠实崇尚者、自觉遵守者、坚定捍卫者。

(三) 充分发挥道德的自律和教化作用

亚里士多德说过,道德意义上的公正优于法律的公正。法律和道德都是社会行为规则,但相比较而言,法律调整范围有限,道德调整范围更宽。孔子说:"道之以政,齐之以刑,民免而无耻;道之以德,齐之以礼,有耻且格。"① 坚持依法治国和以德治国相结合,必须重视发挥道德的教化作用,大力弘扬社会主义先进思想道德,为法律有效实施创造良好条件。

要把社会主义核心价值观贯彻到法律实施过程中,以社会主义核心价值观作为检验法律实施效果的重要标尺。习近平指出:"人类社会发展的历史表明,对一个民族、一个国家来说,最持久、最深层的力量是全社会共同认可的核心价值观。"② 核心价值观承载着一个民族、一个国家的精神追求,体现着一个社会评判是非曲直的价值标准。不仅法律的制定要体现社会主义道德规范的要求,法律的实施更应以社会主义核心价值观为指引,确保法律的实施不违背立法初衷、不偏离正确方向。特别是对只能作出原则性规定的法律,必须在实施过程中按照社会主义核心价值观要求作出公正合理的判断和裁决,使执法司法行为既遵从法律标

---

① 《论语·为政》。
② 习近平:《青年要自觉践行社会主义核心价值观——在北京大学师生座谈会上的讲话》,《人民日报》2014年5月5日,第2版。

准又符合道德标准,既于法有据又合乎情理,获得坚实的民意基础、道义基础。

要加强公民道德建设,为法治建设提供道德支撑。国无德不兴,人无德不立。良好的公民道德是建设法治社会的重要基础和前提,在很大程度上影响和制约着国家的法治进程。当前,我国道德建设方面还存在一些问题,一些领域和地方诚信缺失、道德失范现象严重,一些人缺乏道德观念,缺乏对"真、善、美"的追求,造成规避、践踏法律的现象屡屡发生。事实上,人们对法律的认同,很重要的是对其蕴含的道德价值的认同;人们对法律的遵守,很重要的是源于思想道德觉悟的提升。2013年11月26日,习近平在山东考察时讲,要引导人们向往和追求讲道德、尊道德、守道德的生活。他还强调:中华民族的优秀道德文化基因中,蕴含着向上的力量、向善的力量,只要中华民族一代接着一代追求美好崇高的道德境界,我们的民族就永远充满希望。要深入实施公民道德建设工程,大力弘扬中华传统美德,切实加强社会公德、职业道德、家庭美德、个人品德建设,引导人们自觉履行法定义务、社会责任、家庭责任,为推进法治建设培育丰厚的道德土壤,增强法治的道德底蕴。

六 坚持从中国实际出发

"为国也,观俗立法则治,察国事本则宜。不观时俗,不察国本,则其法立而民乱,事剧而功寡。"① 建设社会主义法治国家,既不能因循守旧、墨守成规,更不能脱离国情、超越阶段。全面推进依法治国,要坚持从我国基本国情出发,同推进国家治理体系和治理能力现代化相适应,积极稳妥地进行。

(一) 全面推进依法治国必须高举中国特色社会主义伟大旗帜

十八届四中全会《决定》指出:"中国特色社会主义道路、理论体系、

---

① 《商君书·算地第六》。

制度是全面推进依法治国的根本遵循。"① 之所以作出这样的强调，缘于由道路、理论体系、制度三位一体构成的中国特色社会主义，是党领导人民历经千辛万苦、付出各种代价在长期实践中取得的根本成就，是全面建成小康社会、加快推进社会主义现代化、实现中华民族伟大复兴的必由之路，充分彰显着当今中国社会的根本属性和中国未来发展的根本方向。

2013年3月23日，习近平在莫斯科国际关系学院发表演讲时说："'鞋子合不合脚，自己穿了才知道'，一个国家的发展道路合不合适，只有这个国家的人民才最有发言权。"② 形象的话语揭示出一个深刻的道理：一个国家走什么样的发展道路，选择什么样的民主制度，采取什么样的治国方式，必须由本国国情决定。在同美国总统奥巴马的中南海瀛台会谈中，习近平说，我们已经找到一条符合国情的发展道路，这就是中国特色社会主义道路。我们将沿着这条道路坚定不移地走下去。

高举中国特色社会主义伟大旗帜，以中国特色社会主义道路、理论体系、制度为根本遵循全面推进依法治国，就是要在中国特色社会主义道路上、在中国特色社会主义理论体系指引下、在中国特色社会主义制度框架内厉行法治，走中国特色社会主义法治道路；就是要使法治建设自觉服务于全面建成小康社会和中华民族伟大复兴中国梦的生动实践，为实现"两个一百年"的奋斗目标提供强有力的制度动力和根本保障；就是要将法治建设系统贯穿社会主义现代化建设"五位一体"的总体布局之中，以法治指导、规范、促进和保障社会主义现代化建设。

（二）全面推进依法治国必须牢牢把握社会主义初级阶段的基本国情

法治建设不能大跃进，不能脱离国家社会发展水平。从中国实际出发，就要明确我们面临的实际是什么。当前我们面临的最大实际、最大

---

① 《中共中央关于全面推进依法治国若干重大问题的决定》，《人民日报》2014年10月29日，第1版。
② 习近平：《顺应时代前进潮流，促进世界和平发展——在莫斯科国际关系学院的演讲》，《人民日报》2013年3月24日，第2版。

国情,就是我国处于并将长期处于社会主义初级阶段。全面推进依法治国,必须牢牢立足于社会主义初级阶段的基本国情,认真总结和研究党领导人民建设社会主义法治国家已经取得的成就,不断深化和解决新时期遇到的各种法治建设难题。

与马克思主义经典作家关于理想社会主义国家与法制的论述相比较,社会主义初级阶段的基本国情决定了:"同党和国家事业发展要求相比,同人民群众期待相比,同推进国家治理体系和治理能力现代化目标相比,法治建设还存在许多不适应、不符合的问题,主要表现为:有的法律法规未能全面反映客观规律和人民意愿,针对性、可操作性不强,立法工作中部门化倾向、争权诿责现象较为突出;有法不依、执法不严、违法不究现象比较严重,执法体制权责脱节、多头执法、选择性执法现象仍然存在,执法司法不规范、不严格、不透明、不文明现象较为突出,群众对执法司法不公和腐败问题反映强烈;部分社会成员尊法信法守法用法、依法维权意识不强,一些国家工作人员特别是领导干部依法办事观念不强、能力不足,知法犯法、以言代法、以权压法、徇私枉法现象依然存在。"[①] 这些问题的存在,违背社会主义法治原则,损害人民群众利益,妨碍党和国家事业发展。

法治是一个长期的系统工程,不可能一蹴而就。全面推进依法治国,必须科学评判我国法治现状以及法治水平,并着力解决这些问题。既不能因为这些问题的存在,否定30多年来法治建设的整体成就,更不能因此而丧失对未来法治建设的信心。正视现实中存在的各种问题,通过不断完善法治来妥善解决这些问题,这是我们法治建设中所必须经历的历程。

(三) 全面推进依法治国必须同全面深化改革相适应

改革开放是当代中国最鲜明的特色。党的十八大之后,我国经济社会发展进入新阶段,站在了新的历史起点上。习近平指出,改革开放是

[①] 《中共中央关于全面推进依法治国若干重大问题的决定》,《人民日报》2014年10月29日,第1版。

建设法治中国

党在新的时代条件下带领全国各族人民进行的新的伟大革命,"中国特色社会主义在改革开放中产生,也必将在改革开放中发展壮大"①。在当今中国,把改革发展稳定的关系处理好了,党和国家工作大局就能巩固,中国特色社会主义事业就能不断向前推进。而无论是改革、发展,还是稳定,都离不开法治的引领、规范和保障。

同全面深化改革的要求相适应,十八届四中全会对全面推进依法治国作出了一系列部署。这些部署体现了经济、政治、文化、社会、生态文明建设等领域的深化改革对完善法律制度的现实要求,也明确了今后一个时期完善法律制度的努力方向和工作重点。按照十八届三中全会确立的全面深化改革的总目标、时间表和路线图实现这些战略部署,就必须全面推进依法治国,推动用法治方式解决我国改革发展中的根本性、全局性、长期性问题。总的就是要达到党的十八届四中全会《决定》提出的要求:"实现立法和改革决策相衔接,做到重大改革于法有据、立法主动适应改革和经济社会发展需要。"②

在我国现行宪法和法律体系内在和谐统一的体制下,改革与法治之间是一种相互促进的关系。全面推进依法治国,实现科学立法、严格执法、公正司法、全民守法,一体推进依法治国、依法执政和依法行政,共同建设法治国家、法治政府和法治社会,既是各项体制改革的重要组成部分,也是全面深化改革的法治保障。改革离不开法治的引领和保障,法治必须紧跟改革的进程和步伐,二者必须协同推进、密切配合。

---

① 习近平:《全面贯彻落实党的十八大精神要突出抓好六个方面工作》,《求是》2013 年第 1 期。
② 《中共中央关于全面推进依法治国若干重大问题的决定》,《人民日报》2014 年 10 月 29 日,第 1 版。

第九章
科学立法

　　法律是治国之重器，良法是善治之前提。中国特色社会主义法治体系包括完备的法律规范体系、高效的法治实施体系、严密的法治监督体系、有力的法治保障体系、完备的党内法规体系五个子系统。健全完善的社会主义法律规范体系不仅是中国特色社会主义法治体系的重要组成部分，而且对于整个法治体系建设具有引领和推动作用，对整个社会和全体公民具有导向和规范作用。党的十八届四中全会《决定》不仅强调立法先行，"形成完备的法律规范体系"，"完善以宪法为核心的中国特色社会主义法律体系"，而且在"有法可依"的基础之上提出了"提高立法质量"的新要求，发出了"科学立法"、"民主立法"的更强音。为"善治"打造"良法"前提，是全面推进依法治国、加快建设社会主义法治国家必须高度关注和切实搞好的基础工程和重点工程。

一 深刻理解科学立法的重要意义和科学内涵

　　分析判断法律的良莠优劣，是避免陷入法律形式主义泥潭的重要思想指南。"内外兼修"、形式完善和内容良善相统一的法，才是真正生机盎然、真正具有强健长久生命力的法。立法先行，首先应明晰和确立内在一致、前后一贯的立法指导思想和价值取向，避免立法指导思想和价值取向混乱、不断迁移乃至互相矛盾冲撞之大弊。其关涉与蕴含的核心问题——立什么样的法、为谁立法,是决定法律体系性质和效能的根本问题,也是立法者需要反复叩问的基本问题。

(一) 科学立法是法治的必要条件和必然要求

古希腊先哲亚里士多德已经非常明确地为世人书写了"法治"的公式:法治=良法+一体遵行。他在《政治学》一书中写道,法治应包含两重意义:已成立的法律获得普遍的服从,而大家所服从的法律应该本身是制定得良好的法律。在这样的法治状态中,"良法"是被人们一体遵行的行为依据,是法治局面达成之前提。何谓"良法"?用现在的话讲,"良法"即制定得科学的法。马克思主义经典作家评判事物时极为关注"是什么样的秩序"、"是谁的或对谁有利的秩序"这样的价值问题。扩展和延伸一点看,"谁的权利"、"什么样的权利"和"为了谁"这些有关的犀利问题,恰恰直击法的立场和本质,对于立法性质而言具有根本和决定意义,同时也成为法的科学性的实质性标尺。

亚里士多德的"法治"思想,典型地晕染着古代自然法学的色彩,与中国传统法律文化对法的道德根基的注重明通暗合。总体而言,中国传统法律文化注重法的实质正义即实体性的权利义务分配是否公平,强调法的道德基础,提出了礼法互补、德刑结合等思想,在谈及法的时候往往要加以规定,强调"德法"、"仁法",等等。老子所言之"法令滋彰,而盗贼多有"[①]的现象,秦用严刑峻法而不可长,其中都可能关联着一条重要的原因——订立推行之法非良法。西方法律文化长于法的形式正义即形式、程序等是否公正,比较关注法律规则是不是完善成体系、程序是不是合理这些问题,肯动脑筋想出一套办事情的行之有效的具体办法。但西方资产阶级宣扬的"法治"过于偏重效率价值和个人自由,对社会公平和谐等重视不足。西方分析法学"恶法亦法"的主张更是登峰造极,在法律的道德关怀与科学性评判方面可以说是大张旗鼓地向后

---

① 《老子·第五十七章》。

转,大踏步地向后退,深深陷入了法律形式主义的窠臼。

作为法治体系之中的"输入环节"和"基准数据",立法是否科学关乎法治的方向和全局。离开这一基础和前提侈谈法治,只能像驾驶上"恶法亦法"之类"型号"的汽车,由于导航的错误、方向的悖逆,所以马力越大、跑得越快,则违背初衷、南辕北辙的程度就越大。保持对法是否良法这一问题的极端关注与高度重视,努力强固对怎样的法才算良法的清醒认知和精准判断,是人类法治文化蓬勃成长、健康发展的源泉与根基所在。它直接关系着法及其实施能否顺应历史发展规律与趋势,关系着能否在法治实践中实现"公平正义"等美好价值寄托,关系着法治建设对社会进步和人类文明发展是发挥正能量还是负效应。

(二) 强调科学立法对于中国特色社会主义法治建设具有特别重要的意义

历史和实践一再证明,遵纪守法的行为、内心道德感和高尚人格的养成,应借助于法与道德、法治与精神文明的合力作用。新的历史条件下,按照"古为今用,洋为中用,批判继承,综合创新"的方针,我们必须把中西法律文化中的有益因素结合起来,特别是把法与道德适度地结合起来。强化法的道德基础,增进立法的科学性,正是这种结合的根本之点和重要方面,也是中国特色社会主义法治的特色和优越性之所在。科学立法,是中国特色法治建设的重要组成和关键要素。

"邦畿千里,惟民所止"①,"民惟邦本,本固邦宁"②,"民为贵"③,是远自商周、流布至今的中国传统文化的根脉和神髓,是中国传统法律文化所推崇的仁法、德法的价值内核。然而,法的实质正义问题,在维护少数人对多数人剥削压迫的时代和制度条件下,没有也不可能得到根本、彻底的解决。在社会主义的所有制和分配方式之下,则可以得到真正的解决。所以说中国特色社会主义现实属性,不仅对中国法治建设和

---

① 《诗经·商颂·玄鸟》。
② 《尚书·五子之歌》。
③ 《孟子·尽心下》。

思想道德建设的相互推进、比翼齐飞有着强烈的需求，提供着强大的必要性，同时也恰恰在为二者的良性互动、为实现科学立法提供着可能。

将我们党和国家的性质与全心全意为人民服务的根本宗旨相鉴照，推进中国特色社会主义法规制度建设必须深思熟虑、反复琢磨：怎样才能切实体现我们党的先进性？怎样才能真正体现国家的性质？怎样才能有效体现特有政治优势？实现科学立法，为"善治"打造"良法"前提，关键在于能否通过立法将社会主义的基本原则现实化，能否将社会主义的根本制度坚持下来，能否把中国传统文化的精髓特色和社会主义的优越性转化为制度优势，进而在实践中充分发挥出来。

（三）必须准确把握科学立法的科学内涵

马克思和恩格斯关于法的本质的最著名的论述就是《共产党宣言》中对于资产阶级法的本质的揭示："你们的观念本身是资产阶级的生产关系和所有制关系的产物，正像你们的法不过是被奉为法律的你们这个阶级的意志一样，而这种意志的内容是由你们这个阶级的物质生活条件来决定的。"[①] 马克思认为法律是人的行为本身必备的规律，是人的生活的自觉反映。他阐述了社会物质生活条件决定法和法律的一般原理，指出"每种生产形式都产生出它所特有的法的关系、统治形式等等"[②]。这种法的关系归根结底即以法律语言表述出来的生产关系，因而马克思充分肯定了学者兰盖关于"法的精神就是所有权"的思想有其深刻性。按照历史唯物主义的观点，法具有物质制约性和相对独立性。法的产生、发展、特性及其在社会调控体系中的地位和作用，归根结底都是由社会物质生活条件决定的，同时也与社会的精神生活状况密切相关。法作为上层建筑的组成部分，决定于经济基础并对之产生能动的反作用；法律与政治、哲学、宗教、文化、艺术等又有自身的发展规律并互相影响。

马克思主义法学的基本理论和观点对于我们深刻理解和准确把握法

[①] 《马克思恩格斯选集》第 1 卷，人民出版社，2012，第 417 页。
[②] 《马克思恩格斯选集》第 2 卷，人民出版社，2012，第 688 页。

的本质、科学立法的实质深具指导意义。什么才是科学的立法？科学立法的目标指向、本质内涵、评判标准是什么？科学立法的核心指标应当是尊重和体现社会发展客观规律、法律调整的社会关系的客观规律以及法治建设自身的规律。法与利益诉求紧密联系。但各种利益主体的主观愿望不能突破客观规律和客观实际的边界，即便是统治阶级与被统治阶级的利益，在一定范围和程度上也需要相互妥协与调和。科学进步的法不应逆历史潮流而动，代表顽固保守的因素，而应顺应社会发展趋势和方向，在"能动作用"的意义上和范围内，发挥积极的导向牵引作用。

在党的十六大报告中，特别明确地把依法治国定位为党领导人民治理国家的基本方略，同时强调了"三者有机统一"，即发展社会主义民主政治，根本的是要把坚持党的领导、人民当家作主和依法治国有机统一起来。这恰恰体现了中国特色社会主义民主政治、中国特色社会主义法治的根本特点。因此，十八届四中全会十分强调要把党的领导贯彻到依法治国全过程。社会主义社会是对少数人剥削和压迫多数人的社会形态的超越，中国特色社会主义法治体系及其建设背景和语境下的科学立法，不仅在过程中和形式上应体现民主性、程序性、合宪性等基本属性，而且最根本的是要在实质上恪守以民为本、立法为民理念，切实有利于真正体现中国共产党的领导及其政治理念、政治诉求，真正体现党所代表的最大多数人民群众的根本和长远利益，真正体现和维护"公意"，贯彻社会主义核心价值观，使每一项立法都符合宪法精神、反映人民意志、得到人民拥护。

二 不断完善以宪法为核心的中国特色社会主义法律体系

我国已经形成了以宪法为核心和统帅，以宪法相关法、民法商法、行政法、经济法、社会法、刑法、诉讼与非诉讼程序法等多个法律部门的法律为主干，由法律、行政法规、地方性法规等多个层次的法律规范共同构成的中国特色社会主义法律体系，国家和社会生活的各个方面总体上实现了有法可依,中国特色社会主义制度逐步走向成熟。但立法仍不能完全适应经济社会发展的需要,法律体系中不协调、不一致、体系性不强等问题依然存在。如前所述,立法只有提高质量才能彰显力量,进一步完善规则体系具有前提和基础意义。特别是要强化关键部位、关节点上的法规制度设计及其运行,织就疏而不漏的恢恢法网。

(一) 完善法律体系应当抱持人民情怀

科学立法的科学性,最核心的指向应当是坚持人民立场、抱持人民情怀。党的十六大报告强调的"三者有机统一"的基点,归根到底在于"最广大人民"的"根本"利益。"民之所好好之,民之所恶恶之"①,体现好、实现好、维护好、发展好最广大人民群众的共同意志和根本利益,是建设中国特色社会主义法治体系的根本目的和最高价值追求。"立法为民"、增进人民福祉、利为民所谋,是维护和促进社会公平正义的出发点和落脚点,是中国特色社会主义立法的鲜明特点、永恒主题、最重要的科学性和最大优势所在。在根本性和重点领域立法中,要充分体现和保证人民的主体地位,加快完善体现权利公平、机会公平、规则公平的法律制度,保障公民人身权、财产权、基本政治权利等各项权利不受侵犯,保障公民经济、政治、文化、社会等各方面权利得到落实,不使立法为部门利益所左右,或者偏袒某些利益集团的诉求。这样才能使国家建设发展和全面深化改革拥有持续动力、获得可靠支持。

社会主义立法的温度,应该表现为人民情怀,这是和当今时代社会发展客观规律相一致的,是与社会主义社会生产力的发展水平和生产关系性质相吻合的。当然,实现这一目标,需要一系列相关具体制度机制的支持支撑。要想达成社会财富增长与社会共同富裕目标的现实一致,实现个体全面发展与社会全面发展的相携共进,就要加快保障和改善民生的法律制度建设,就要调整税收制度,还要着眼根本方面和前置环节。必须充分体现社会主义本质要求,完善社会物质与精神生活条件,处理

---

① 《大学·第十章》。

好生产力与生产关系之间的关系，处理好物质文明与精神文明之间的关系，探索解放发展生产力的先进生产关系，健全以公平为核心原则的产权保护制度，创新适应公有制多种实现形式的产权保护制度，使改革发展成果更多更公平地惠及全体人民，促进全体人民的共有共享，维护社会公平正义，促进社会财富相对均衡、公正地分布，逐渐把社会财富分布的非均衡性缩小和控制在一个安全合理的水平，使社会既有竞争、有活力又有秩序，社会管理既体现公平又富于效率。

我国《立法法》不仅规定"立法应当体现人民的意志"，同时还规定要"发扬社会主义民主，保障人民通过多种途径参与立法活动"。民主是避免"历史周期率"的根本出路，而民主必须选择法治化道路，才能最大限度地发挥积极、正面的作用。以保障人民当家作主为核心，推进社会主义民主政治制度化、规范化、程序化、法治化，也是彰显社会主义民主政治特质的根本举措。而正确处理权力与权利的关系，科学配置和设定权利与义务、权力与责任，是立法活动的根本任务。保证人民当家作主的政治权利，与制约国家机关及其工作人员的权力及其行使之间，实际上存在一体两面的关系。

（二）完善法律体系应当注重权力制约

权力除了通常提及的具有等级性、对象性、强制性、目的性等特性之外，还包括以下几个典型特征：权力的利益性，即权力的运行过程是一个确认、固定、分配、发展利益的过程。权力的转换性，即权力需要一定的中介环节。出于社会管理等方面的需要，社会主义社会也必然要求建立一些中介环节即专门代表人民行使权力的机构。权力的易腐性，由于权力与利益紧密联系，且往往具有转换性，所以权力容易发生腐败。由此可见，在社会主义民主政治建设中依法制权，保证权力坚持为人民服务的指向，保障权力健康发育和正确行使，真正把权力关进制度的笼子，真正给权力这匹野马套上制度的缰绳，是推进科学立法的一个关节点。

其一，应从多方面对权力配置本身进行适当限制。在配置权力的制度设计中贯彻分解、削减、制约权力的思路和举措,对于降低权力腐败概率,特别是遏制不同权力、利益相互交换和"寻租",具有根本性意义。权力应当按照领导岗位的能级赋予,在适应岗位需要的同时注重适度分开、相互制约、严密监督。应当按照不同性质的权力由不同部门行使的原则,使决策、执行、监督职能相分离,使人权、事权、财权适当分离。应当按照集体领导、分工负责原则对党委权力进行分解,形成领导班子内部相互制约和协调的闭环系统。应当对直接掌管人财物等高风险部门和岗位的权力进行限制,不要使之过大;用权力清单清晰列出权力项目和权力边界,促进显性权力规范化,压缩和规制其自由裁量空间,使隐性权力显性化并接受检验。应当强化权力监督,加强党内监督、人大监督、民主监督、行政监督、司法监督、审计监督、社会监督、舆论监督制度建设,特别是要把反腐作为"正在进行的具有许多新的历史特点的伟大斗争"中极其重要的内容,作为赢得民心、谋求健康发展的内在要求,完善惩治和预防腐败体系,形成不敢腐、不能腐、不想腐的有效机制。

其二,应避免使权力成为凝聚其他利益和资源的黑洞。孔子曾经郑重提醒:"放于利而行,多怨。"① 意思是说,若围绕个人利益而行动,一定会招致很多怨恨。领导教育群众淡泊名利,而自己只要坐上领导的位置,就能自然而然地享利在先,能够拥有和获得大量衍生资源,这无异于"言行不一",效果是明摆着的。实践中,各种资格地位、奖励荣誉等利益和资源围绕权力、等级而层层展开,形成滚雪球般的"马太效应",似乎已成为司空见惯的现象。这是根本背离我们党的宗旨的。作为与共产主义社会衔接的社会主义社会,即便在其初级阶段,在消减权力的利益附着这一特殊领域,也应体现前瞻意识和我们党的先进性。法规制度应致力于消减权力的利益附着,促使领导干部真正体现为人民谋福利、为人民服务的公仆本色,自觉践行古代先贤推崇的"先忧后乐"的价值取向。

---

① 《论语·里仁》。

其三，应缩小领导干部与普通群众的待遇差别。不适当地拉大与普通群众的待遇差距，无异于将领导干部与人民群众区别开来、隔离开来，甚至对立起来。和群众在一起，与群众共甘苦，本应是领导干部的一种自然常态，唯其若此，才能真正保持最质朴的思想感情，真正和群众同呼吸、共命运，拉近而不是疏远领导干部和人民群众的心理距离。

（三）完善法律体系应当运用系统思维

科学立法，就要全面系统地推进立法活动，围绕经济、政治、文化、社会、生态五个文明建设，建立健全相关领域法律制度，完善党内法规体系，构建覆盖全面、体系完备、内容周详、结构均衡、协调配套、有机自洽的法规制度体系，促使各领域各层级各位阶立法之间内容不抵触、效力相衔接、明确可操作。应注意立法内容和形式两个方面的科学性、合理性，追求内外兼修、形实俱美的立法境界。特别要强化"底线思维"、运用"木桶理论"，防范漏洞、加长短板。比如要贯彻落实总体国家安全观，针对各种传统和新型安全威胁加强立法，守住内外安全底线，在保证系统稳定的同时，优化和提升系统整体效能。

法律不应旋颁旋废、朝令夕改，但因时而立的法也要因时而化、与时俱进。全面深化改革，说到底是利益格局的调整，应遵循法治原则进行顶层设计、科学谋划、把关定向、推进实施，通过法规制度的动态发展，及时回应改革需求。依法破解改革进入深水区和攻坚期所遇到的矛盾和问题，实现立法和改革决策相衔接，做到重大改革于法有据、立法主动适应改革和经济社会发展需要，确保在法治轨道上推进改革。立法工作要紧跟时代发展进步的节奏，将前瞻性、现实性统一起来，建立符合时代要求的、更有价值的系统性和稳定性，为改革的重点突破、整体推进和全面深化保驾护航。

"立善法于天下，则天下治；立善法于一国，则一国治。"在与立法相关的事务上应拓展国际视野，全面梳理和科学评估各领域、各层级的国际法律原则和规范体系，尊重和遵行对我方具有适用性、具有法律约束力的国际公约条约、法律原则规范，警惕并设法绕开或尽力减低不合理的国际"游戏规则"对我方的束缚与负面影响,适时做好与我方利益立场一致的相关国际法的批准与加入,以及通过适当方式向国内法的纳入与转化工作,并以综合实力的增长为基础,强化我方在国际立法中的话语权、积极影响乃至导向作用。

从法治过程所包含的主要环节来看,除了法的制定之外,还需要通过法的实施,才能达成法的实现。通过法的实施,使法律从抽象的行为模式变成人们的具体行为,从而实现法的功能。法的实施主要包括法的适用、法的遵守和法的监督等。张居正曾言:天下之事,不难于立法,而难于法之必行。法的最大特点、法的威慑力的来源,并不在于它的严厉性,而在于它的不可避免性。应当充分认识到,"法之必行"、法的"不可避免性"这个问题,恰恰在相当程度上可以依靠科学立法来解决。立法工作必须充分考虑、密切关注法律实施问题,在制度设计时即将法治体系视作包括立法、执法、司法、守法等各个环节的动态系统,健全执法之法、司法之法、监督之法等"使法必行之法",增强法规制度的权威性、严肃性、强制性和执行力,通过立法促进法的实施和实现。

三 通过完善立法体制机制努力增进立法科学性

科学立法,就要把公正、公平、公开原则贯穿立法全过程,在健全宪法实施和监督制度的同时,通过完善立法体制、健全立法机制、丰富立法主体特别是强化民众参与,增强法律法规的及时性、系统性、针对性、有效性。

(一) 完善立法体制,增进立法科学性

党的十八届四中全会《决定》强调要加强党对立法工作的领导,"凡立法涉及重大体制和重大政策调整的,必须报党中央讨论决定。党中央向全国人大提出宪法修改建议,依照宪法规定的程序进行宪法修改。法律制定和修改的重大问题由全国人大常委会党组向党中央报告"。这是加强党对立法工作领导的具体思路举措。比如,制定《立法法》、《物权

法》、《公司法》、《企业破产法》，修改《选举法》、《预算法》、《刑法》、《刑事诉讼法》等法律，都是由全国人大常委会党组就有关重大问题向党中央报告，由党中央讨论决定的。党对立法工作的领导是在法治轨道内进行的，党的理论主张与人民利益诉求的根本一致，党对人民利益、意志的切实代表，是党的领导、人民当家作主和依法治国三者有机统一的真谛。加强党对立法工作的领导，有利于党将人民的利益体现和固化于法。今后应完善党对立法工作中重大问题的决策程序，使之进一步制度化、规范化。

完善立法体制，应当健全有立法权的人大主导立法工作的体制，发挥人大及其常委会在立法工作中的主导作用，加强人大对立法工作的组织协调和责任担当，包括人大对立法决策、相关法律案起草等工作的主导。比如在立法项目论证阶段，人大要综合考虑、通盘统筹各方动议，根据实际需求和条件形成立法规划和立法计划，特别是深入研究各部门分歧较大但关系重大、需求迫切的立法项目，提出稳妥解决方案。除加强人大有关专门委员会和常委会工作机构组织起草法律草案的工作外，对其他方面组织起草法律法规的活动，人大也可以适度介入与协调。在发挥人民代表大会作为会议性机构的整体职能的同时，还必须发挥人民代表个人在参与立法起草和修改法律中的作用，比如可以通过建立吸收人大代表参加立法调研和审议等立法活动制度、在立法中征求人大代表意见制度，增加人大代表列席人大常委会会议人数等方式，对其作用加以保证。

立法权是国家权力最重要的表现形式，应当通过《立法法》等位阶较高的立法及其修订，科学配置立法权，并依法合理运用立法权。2014年8月25日，《立法法修正案（草案）》首度提请全国人大常委会审议。目前，《立法法》正在修订过程之中。应当进一步完善我国的立法体制，注意各级人大及其常委会、行政机关立法权限的合理划分与协调衔接，在修改《立法法》等时依法赋予设区的市地方立法权。同时，必须严格规制相关立法权，划定权力边界，鼓励积极作为，明确禁止事项，有效防止立法权在某种范围和程度上成为部门争权夺利的工具，防止部门利益和地方保护主义法律化，排除长官意志对立法的干扰。应当加强立法监督的机构建设和职权赋予，建立各级特别是基层立法意见征询联系点，促进对立法机关和立法活动的监督，使监督成为促进和保证科学立法的有力杠杆，成为立法科学性的有效增长点。

(二) 健全立法机制，增进立法科学性

立法应该是一个实事求是、合乎规律的过程。必须健全立法机制，特别是设定科学的立法程序，在立法这一法治系统的重要方面和环节，通过强化程序正义、形式合理性，保证乃至增进实体正义、实质合理性。

应当完善立法项目征集和论证制度，有针对性地开展立法预研，评估立法成本效益，论证必要性、可行性和轻重缓急，分清道德和法律调整的界限，科学选择立法调整对象。只将那些需要法律调整并且我们已经对其有了比较深刻认识的事项纳入立法视野，审慎妥善地制定立法规划和立法计划，确保立法资源"好钢用在刀刃上"。应当健全立法起草、协调、审议机制。比如，健全立法机关和社会公众沟通机制，在更大范围内和更高程度上引入协商、辩论与听证等意见表达和交流沟通举措，充分发挥政协委员、民主党派、工商联、无党派人士、人民团体、社会组织在立法协商中的作用，探索建立有关国家机关、社会团体、专家学者等对立法中涉及的重大利益调整论证咨询机制，建立保证相关意见建议被及时有效地整合吸纳的工作机制，力争在"兼听则明"的基础上"科学集中"。审议法律案是立法程序中最重要的环节，对一部新的法律案应反复认真审议，确保审议质量。法律草案表决是科学立法、民主立法的关键一环、最后环节。应当完善法律草案表决程序，对重要、关键条款可以先行单独表决，公开表决结果，再就整个草案进行表决。这些做法，都有助于让每一部法律、每一条条款都成为精品力作，经得起时间和实践的检验。

在实行间接民主制的社会，不仅法治建设大系统中要强化监督，在立法活动这一子系统中也要加强监督反馈，特别是要促使人民对立法机关、立法人员、立法过程的监督得以充分实现。除了上面提及的"加强立法监督的机构建设和职权赋予"之外，还应建立健全相应的操作性强的机制，比如通过一套链条完整、衔接顺畅的机制，实施立法前后乃至全程的监控评估，不断按照法定的实质与技术标准，针对立法的内容、形式、效果进行审查评判、把关过滤、反馈修正，为提高立法质量加上道道"阀门"。应当坚持立改废释并举，进一步明确和规范对立法的解释及其效力，搞好法律清理和法规配套，保证整个法律规范系统协调一致、整体升级。

（三）强化民众参与，增进立法科学性

人民是国家的主人，也是依法治国的主体。毛泽东在1941年的《〈农村调查〉的序言和跋》中，曾说过一段很重要的话："群众是真正的英雄，而我们自己则往往是幼稚可笑的，不了解这一点，就不能得到起码的知识。"① 在1945年《论联合政府》中他又深刻指出："人民，只有人民，才是创造世界历史的动力。"② 他还说："只有代表群众才能教育群众，只有做群众的学生才能做群众的先生。"③ 人民群众不仅最具智慧，而且其朴素的立场与情感更是无可替代的宝贵财富。民主立法的核心除了立法为民，还有坚持人民的法治主体地位，紧紧依靠人民推进法治建设，包括强化民众对立法的参与，这本身就是公民相关权利的体现方式和实现过程，具有提升人民群众主体意识、增进社会公正与和谐、提高立法本身的社会认同度和接受度之功。公众参与立法的程度是衡量一个国家立法民主化程度的重要指标之一。科学立法应当更好地体现为立法的民主化，民主立法能够更好地促进立法的科学化。

必须着力提高立法的实质民主化水平，健全立法机关主导、社会各方有序参与立法的途径和方式，特别是在立法工作中贯彻党的群众路线，畅通和拓宽人民群众利益表达机制、意见建议传递渠道。在考虑保密需求的同时，法律法规议案的提起、讨论、审议和表决等过程、结果和相关记录，应通过合理途径让公众知晓，并尽可能借助新闻媒体对外传播，

---

① 《毛泽东选集》第3卷，人民出版社，1991，第790页。
② 《毛泽东选集》第3卷，人民出版社，1991，第1031页。
③ 《毛泽东选集》第3卷，人民出版社，1991，第864页。

保障公民行使知情权、参与权、监督权。这本身就是一种建立公众与立法信任关系的过程，同时也是一个普法的过程。2005年，我国《物权法（草案）》通过全国人大常委会官方网站向社会公布，这是国家立法首次通过网站征求意见。今后应形成制度，成为法定要求。应当探索各方共同论证立法中涉及重大利益问题的机制，促使立法机关准确把握、统筹兼顾社会不同方面、不同发展阶段的正当利益诉求，平衡权利与义务的关系，在广泛民主基础上正确集中，更好地"定分止争"[①]、增进和谐。现代法律规范构成中技术规则占比增大、立法活动专业性增强，除了不断提升立法工作者专业水平外，还必须吸纳相关领域专家参与立法，特别是针对重大问题建言献策。

为牵引、"倒逼"立法机关等相关职能机构和部门提升对公众立法意见建议的关注度和对待处理的认真程度，增强其集纳公众立法意见建议的自觉性，提高公众参与立法的有效性，促使公民长期保持参与立法的积极性，力避相关工作中的形式主义，应当建立对公众意见分析采纳的情况反馈机制，提高意见搜集整理反馈工作的规范性和透明度。这方面机制的建立运行，有助于使立法真正成为集思广益、群策群力、汇集民智、凝聚共识、调整利益、完善举措的过程，达成上下同意、外在法律规则与人们内心规则契合一致。法律能够铭刻在人们内心里的最深刻原因，在于法律源自公民意志而又经过立法程序上升为国家意志，在于法律与公民自身的物质和精神利益诉求高度契合。这样的法律，才能真正内化于心、外化于行，人民才会以自觉维护、自觉遵守的实际行动，为法治建设提供不竭的源头活水。

---

① 《商君书·画策》。

第十章

严格执法

法治是一个系统工程,在不同的历史时期有不同的重点建设方向。改革开放以来,法治建设的重点主要在立法环节,解决有法可依的问题。随着中国特色社会主义法律体系的建成,有法不依、执法不严、违法不究逐渐上升为法治建设的主要矛盾,由此决定了严格执法在依法治国中的重要地位。习近平同志指出,现在,我们的工作重点应该是保证法律实施,做到有法必依、执法必严、违法必究。有了法律不能有效实施,那再多法律也是一纸空文。

一 严格执法的地位和作用

广义上的执法既包括行政机关执行法律,也包括司法机关适用法律;狭义上的执法则主要指行政机关的执法活动,本章的严格执法采取狭义概念。中国是一个集中统一的行政体制国家,无论是推动法律实施、维护法律权威和尊严,还是破解国家治理困境、维护公共秩序和公民权利,都有赖于行政机关严格执法,推进良法得到良好实施。

(一) 严格执法是法律实施的关键环节

十八届四中全会指出:法律的生命力在于实施,法律的权威也在于实施。法律实施是法律从文本走进生活、从规范演变为行动的途径,"它主要体现在两个方面:一个是凡行为受法律调整的个人和组织遵守法律;另一个是执法、司法机关执行和适用法律"①。与西方一些国家选择的"司法中心主义"的实施道路不同,中国的国家体制、历史传统和行政现实,都决定了大量的法律法规必须依赖行政机关贯彻执行,严格执法在法律实施中起着重要的作用。

行政机关是法律实施的重要主体。政府作为国家的重要机构,其职能便是执行法律法规,实现公共治理目的。中国实行人民代表大会制度,政府是权力机关的执行机关,其职能就是贯彻执行经由人民代表大会而形成的法律法规,严格执法是实现政府职能的主要方式。与"三权分立"的宪法体制不同,中国的根本政治制度决定了行政机关肩负有更大的执法职责,我国大约80%的法律、90%的地方性法规和几乎所有的行政法规都是由行政机关执行的②。习近平指出:"行政机关是实施法律法规的重要主体,要带头严格执法,维护公共利益、人民权益和社会秩序。"③各级行政机关严格执法的能力和水平,直接影响着整个国家的法律实施程度。

行政执法是法律实施的重要方式。中国是一个行政化体制国家,与西方国家侧重于不同权力之间横向制约不同,中国更多依赖于行政权的纵向控制,法律法规的实施更强调来自上级的权威。相比而言,司法机关对法律的实施,主要通过横向监督实现。中国具有深厚的行政控制传统,客观上存在一个庞大的行政体系,法律的权威和实施效果,更取决于自上而下的执法推进。在老百姓的眼中,执法机关的行政地位越高,其执法的公正性、权威性也越高。这种特殊的历史传统,决定了在中国行政执法具有特殊的意义。

严格执法是决定法律实施效果的关键因素。执法严格与否,直接影响法律实施效果,以及法律权威的塑造。目前,中国处于全面深化改革

---

① 沈宗灵主编《法理学研究》,上海人民出版社,1990,第259页。
② 参见袁曙宏《深化行政执法体制改革》,《行政管理改革》2004年第7期。
③ 习近平:《加快建设社会主义法治国家》,《求是》2015年第1期。

时期，社会转型中的法律实施具有突发性、应急性等特点，同时又容易缺乏规范性、常态化。行政权因其高效、灵活、积极等特点，在处理复杂多变的法律事务方面具有天然的优势。因此，改革和转型时期，更加需要强调行政执法的积极功能，促进其严格、规范执法。只有实现行政机关严格执法，才能保证国家法律法规实施的效果，树立良好的法律权威，让改革和各项事务都在法治轨道上运行。

（二）严格执法是秩序生成的重要方式

秩序安定是法的重要功能。但很多时候，有法律不一定有秩序，良好社会秩序的形成，既需要在各个领域建立起完善的规则体系，更需要行政机关依法履行职责，恪守执法使命和任务。

严格执法是破解秩序失范的有效手段。严格执法的要求不仅在于严，更在于密。我国制定了大量法律，却无法形成相应的法律秩序，这已经成为中国转型时期社会秩序的重要特征。[①] 其背后的原因就是执法不严。只有通过一次次对违法行为不间断的矫治，一次次将法律规则的秩序功能发挥出来，才能有效杜绝各种投机主义下衍生的秩序失范现象。最为典型的如行人交通违章、公共场所禁烟、环境污染治理、公共安全事故等，都是因为缺乏对违法行为的常态化执法。时紧时松的"运动式"治理，并不能塑造人们遵守规则的意识。只有严格执法，才能在违法行为与不利后果之间建立必然性的逻辑关联，让违法者付出应有的代价，从而促使各个行为主体坚守秩序底线。

严格执法是形成稳定秩序的长久之计。良好秩序的生成，必须在人们心里形成持久的制度预期，让遵守规则的人获得尊重，让违反规则的人受到谴责。但是中国具有深厚的崇尚权力思想，容易产生按领导人意见执法的习惯，运动式、通知式执法屡见不鲜。一个时期的集中惩治或许能够带来立竿见影的效果，但缺乏常态化的严格执法，稳定秩序的形

[①] 参见蒋立山《为什么有法律却没有秩序——中国转型时期的社会秩序分析》，《法学杂志》2005年第4期。

成便缺乏保障。对于参与秩序构建的人而言,只有形成遵守法律的行为习惯和自觉,才能共同营造良好的社会秩序。严格执法恰是塑造守法习性的必由之路,能让违法者付出难以承受的代价,让守法者获得遵守制度的红利,让诚实守信和公平正义在法治的阳光下茁壮成长,最终重塑公平公正的法治秩序。

严格执法是完善秩序立法的重要依据。由于法律制度与法律秩序之间存在时间差,法律的制定在先,而秩序的形成在后,使得瞬息万变的社会现实不断挑战固有秩序,需要立法及时回应。执法直接面临社会实践,最能洞察社会变化和秩序漏洞。执法人员在执法实践中,不断总结、研究新情况和新问题,对不适应新形势要求的法律及时向立法机关提出修改意见,根据新的秩序建构需求向立法机关提出创设新的法律意见,为完善法律秩序提供根本依据,从而及时修补秩序方面的规则漏洞,促进秩序立法的健全和完善。

(三) 严格执法是国家治理的主要手段

党的十八届三中全会提出,全面深化改革的总目标是完善和发展中国特色社会主义制度,推进国家治理体系和治理能力现代化。法治是实现国家治理现代化的必由之路,严格执法作为法治的中心环节,更是国家治理的有效手段。

严格执法是国家治理体系和治理能力的重要内容。国家治理现代化的本质就是通过严格的法治防止公权力越位、缺位和错位,并以法治保障公民对公共事务的有序参与,有效表达。[1] 以法治方式推进国家治理现代化,不仅依靠各种法律制度的现代化,更依靠执法体系的现代化。习近平同志指出:"国家治理体系和治理能力是一个国家的制度和制度执行能力的集中体现。"[2] 国家治理体系现代化就是要适应时代特点,通过改革和完善体制机制、法律法规,推动各项制度日益科学完善,实现国家

---

[1] 参见高尚全、陆琪《依法治国与国家治理现代化》,《经济参考报》2014年10月17日,第A07版。
[2] 习近平:《切实把思想统一到党的十八届三中全会精神上来》,《求是》2014年第1期。

治理的制度化、规范化、程序化，其中包含执法体制机制和制度的完善。严格执法要求建立健全科学规范高效的执法体制和制度，从而提升国家治理体系现代化的制度建设水平；执法体系不仅是治理体系的重要内容，还是治理能力的具体体现。通过严格执法，将凝聚国家治理现代化的法律制度予以贯彻落实，从程序上实现国家治理能力现代化的提升。

严格执法是破解国家治理困境的有效方式。当前，我国改革发展稳定处于关键阶段，利益格局调整困难复杂，社会矛盾纠纷高发多发，国家治理面临巨大压力，甚至出现公共治理失效的困境。例如：食品安全事故频发，我国城市居民中有77.8%的人认为目前的食品安全状况比较差或非常差，40.2%的人认为我国食品安全状况不会有好转，还有14.5%的人认为会越来越严重[1]；公共事故屡治不绝，几乎每年都有死亡百人以上的重大安全事故发生；环境污染查处不力，全国90%的地下水遭受不同程度的污染，其中60%的地下水污染严重，80%以上的河流也受到不同程度的污染[2]。这些治理困境的形成，很大程度上与地方执法不严有关。破解这些治理困境，必须寻求严格执法的良方，通过执法体制机制的改革创新，加强执法监督检查，才能将重点领域治理的法律法规落实到位。

总之，严格执法是法律实施的关键环节，是秩序生成的重要方式，也是提升国家治理现代化的重要手段。全面推进依法治国，建设社会主义法治国家，必须将重心转移到严格执法上来，加大执法体制改革力度，推进改革方式创新，严格规范执法程序，强化执法监督，确保良法得到良好的实施。

二 严格执法的体制改革

科学、权威、高效的执法体制，是确保严格执法的关键。党的十八

---

[1] 李培林等主编《2014年中国社会形势分析与预测》，社会科学文献出版社，2013，第166页。

[2] 韩雪：《新移民报告：他们为什么"逃离"祖国》，《中国民商》2014年第6期。

届四中全会明确提出了"深化行政执法体制改革"的任务。深化执法体制改革,就是要以着力解决权责交叉、多头执法问题为重点,以建立权责统一、权威高效的执法体制为目标,横向上着重厘清执法部门职责权限,整合执法主体,相对集中执法权,深入推进综合执法,努力实现执法机构的精简和统一;纵向上重点根据不同层级政府的职能和事权,合理配置执法力量,减少执法层级,推进执法重心向市县政府下移,着力提高基层政府执法能力。[①]

(一) 整合执法机构职能

执法机构的设置及其职能配置,是行政执法体制改革的关键。中国行政机构经过多轮改革,围绕市场经济需要积极转变政府职能,取得了很大成效。但总体上看,执法机构设置依然以"事权"为中心,执法分工过细、部门林立、机构重叠,执法职能分散、各成体系、缺乏监督,呈现"碎片化"境况。[②] 执法机构职能改革需要立足国家治理需求,以科学、高效、顺畅、协调为目标。

执法机构设置从"部门需求"导向转为"社会需求"导向。以往,执法机构通常由执法部门提出申请,经审定后设立,这种以"部门需求"为导向的机构设置,很容易夹带部门利益,使得有的执法权相互重叠冲突,有的领域则缺乏具体的执法责任主体。例如在食品卫生监管方面,以往的工商、质监、卫生、药监、物价等多个部门都具有执法权,在执法效果上却并不好。改革的方向是,以"社会需求"为导向设置执法机构,努力回应社会治理和公众需求。例如针对我国食品安全问题频发,第十二届全国人大一次会议通过《国务院机构改革和职能转变方案》,组建国家食品药品监督管理总局,对食品药品实行统一监管。这种食品药

---

① 参见袁曙宏《深化行政执法体制改革》,《行政管理改革》2004年第7期。
② 以北京市为例,1988年,北京市27个市级执法部门共设有执法机构45个。到1995年,市级执法部门增至54个,所属执法机构增至93个。2006年再次清理时,市级执法部门65个,直属执法机构237个。参见周继东《深化行政执法体制改革的几点思考》,《行政法学研究》2014年第1期。

品监管执法机构的设置,打破了部门利益藩篱,能够有效整合执法力量,体现了"社会需求"导向。

执法机构职能从以"事权"为中心转为以"功能"为中心。长期以来,我国执法机构以"事权"为中心,呈现"条块分割"的体制结构:地方政府负责本区域内的行政执法,但具体行政执法权则按照领域的不同被配置给不同的政府部门。按照"事权"而非"功能"配置执法职权,使得执法部门内部自成体系,同一大类的执法权力趋于分散化,既有重复监管,又有监管"盲点",难以形成公共治理合力。经常出现一部法律、法规实施就要成立一个执法机构,地方一级政府的综合执法职能被分解破碎,行政执法多表现为一种"分段监管"的"流水作业"形式,难以有效回应社会治理需求。因此,国家推行大部制改革,就是从行政体制上去"碎片化",将职能相近、业务雷同的执法部门有机整合,按照"功能主义"的标准对执法权进行结构调整,以消除横向执法权力的分割与交叉,降低行政执法成本,实现执法职能的科学配置和规范、高效运行。

执法机构内部建立决策、执行和监督适度分离的组织体制。决策、执行和监督相分离,是科学组织体制的重要内容。目前,我国行政执法部门内部权力高度集中,缺乏分权制衡,容易产生执法腐败。例如,法律明确规定经济类处罚应当执行"收支两条线"原则,但由于缺乏内部的监督制约,事实上这一原则在实践中被普遍虚置,促进了"执法经济"的衍生。因此,除了在外部系统整合执法权的配置,还需要从执法部门的内部视角,按照决策、执行和监督适度分离的目标,重新架构行政执法组织体制,实现依法民主决策、科学有效执行、严格中立监督。

(二) 推进综合执法改革

所谓综合执法,主要指由一个执法部门在合理的管理范围内,综合行使多个执法部门职权的行政执法制度。十八届四中全会明确提出:推进综合执法,大幅减少市县两级政府执法队伍种类,重点在食品药品安全、工商质检、公共卫生、安全生产、文化旅游、资源环境、农林水利、交通运输、城乡建设、海洋渔业等领域内推行综合执法，有条件的领域可以推行跨部门综合执法。

在行政执法领域，因为执法权力配置的分散，经常出现"几顶大盖帽管不住一个破草帽"，并且造成一些领域不堪执法骚扰的现象[①]。从20世纪90年代开始，我国开始进行行政执法体制改革探索。例如，根据《行政处罚法》第16条关于"相对集中行政处罚权"的规定，进行城管执法体制改革，成立统一的城管执法机构，将有关城市管理执法部门的处罚权集中起来综合行使；在文化领域开展综合执法改革，组建文化市场执法总队，把文化、文物、新闻出版、版权等多方面监督和处罚等职能集中行使；在内部开展相对集中行政处罚权和行政许可权的尝试，如北京市有20多个执法部门把内部分设的机构合并，组建专司行政处罚的执法机构[②]，一些地方政府推行行政许可集中办理、联合办理、统一办理等。

执法权被过度分解的结果是机构的膨胀、权力的过度分散以及效能的低下，综合执法改革就是消除前述弊端，"由一个统一的行政执法队伍负责执行多部法律、法规，还可以达到降低执法成本、提高行政执法效率的目的"[③]。但是从这些年的改革实践看，城管执法改革也产生诸多问题，诸如相对集中处罚权、许可权改革仍旧依赖于原有的执法人员、编制、经费等，缺乏体制变革的因素，效果并不明显。从体制上看，综合执法不仅仅强调执法权的集中，同样强调人员、编制、经费以及相关职能的转移，其重心在于集中相近职能，合并执法机构、减少中间层级，杜绝交叉重复和多头执法。

除了扩大相对集中执法的范围，建立相对集中的统一执法体制，综

---

① 例如，非法使用食品添加剂是一类独立的违法行为，按照常理本应该由一个具体部门来负责处理。但2011年4月27日发布的《关于严厉打击食品非法添加行为 严格规范食品添加剂生产经营使用的公告》署名部门竟有9个之多：国务院食品安全委员会办公室、工业和信息化部、公安部、农业部、商务部、卫生部、工商总局、质检总局、国家食品药品监督管理局。

② 参见周继东《深化行政执法体制改革的几点思考》，《行政法学研究》2014年第1期。

③ 青峰：《行政处罚权的相对集中：现实的范围及追问》，《行政法学研究》2009年第2期。

合执法改革还需要形成部门协同执法的机制。"从公共治理的本质来看，将同一执法权分散给多个部门的执法权配置模式并不符合公共治理的要求。要实现公共治理，确立'集中执法＋部门协同'的执法权配置模式才是正确的选择。"① 毕竟，无论在权力配置上如何泾渭分明，现代公共管理乃是日趋复杂的精细活，执法部门的职责边界很难完全划分清晰，尤其是一些公共治理顽疾的处理，离不开多部门协同执法，综合治理。只是与以往执法权简单交叉重复不同，综合执法改革在建立集中执法体制的基础上，要着眼于外围执法权的综合效能，建立必要的部门执法协同机制，以提高行政执法的整体效果。

（三）健全基层执法组织制度

根据行政管理学原理，最靠近被管理者，管理最便捷、成本最低、效率最高。由于我国行政执法机关主要作为政府部门设置，客观上层级较多、力量分散，多数执法力量浮在省市一级，而基层尤其是乡镇一级政府缺乏应有的执法力量。尤其在食品药品、安全生产、环境保护、劳动保障、海域海岛等重点领域，基层执法力量明显不足。十八届四中全会《决定》提出要减少执法层级，重点加强基层执法。因此，将执法重心下移，健全基层执法制度，也是执法体制改革的重要环节。

明晰不同层级执法机构职能。针对行政执法机构分层级设置，需要依法明确不同层级各自的执法范围和权限，厘清其执法任务，以此为依据和标准配备执法力量。这项改革的目标是为行政执法体系"消肿"，改变"大机关"的臃肿结构，真正将执法力量配备到一线执法岗位。例如根据不同层级承担的职能，有的执法机构可能只需在省一级设置，也可能需要设置跨区域的分支执行机构。

减少行政执法机构层级。在行政执法组织体制当中，执法机构的层级设置是否科学，直接影响执法效率和成本。根据现代公共治理需要，

---

① 王青斌：《公共治理背景下的行政执法权配置——以控烟执法为例》，《当代法学》2014年第4期。

世界各国行政体制改革的方向是扁平化结构,尽量减少结构设置的层级,将可以放到基层的执法事项下放到基层实施。例如公安机关,在省厅、市局、分局和派出所之间,大量资源耗费在中间的机关环节,近年来公安部要求警力下沉无疑正确,但是需要从体制上进行彻底改革。减少中间的机关层级,把其相应指导性职责合并在其他综合部门当中,有助于提高行政执法效率。

充实基层执法组织力量。根据执法组织力量与执法任务相匹配的原则,在减少层级的基础上,应当将人力、物力、财力向基层倾斜,以实现执法力量配置的均匀性。目前,我国执法人员的总量不少,但具体到一个执法部门又严重不足,尤其是最基层的执法部门真正在一线执法的人员严重不足,出现大量临时工执法现象。因此,要通过组织立法,把人员编制、职权、经费、装备真正配备到基层一线,并不断提高基层执法队伍素质,提升基层执法质量。

(四) 完善执法人员管理制度

执法者并不是由执法系统所控制的机器,其在执法中的行为不仅受到规则的影响,很大程度上还受到个体利益、价值认同、个人经历、情感甚至其他心理因素的影响。[1] 为防止执法者可能根据不同场域中成本收益的计算,而采取与政府立场(利益)不一致的个体化行为,严格执法就离不开完善的执法人员管理制度作保障。

一是执法资格准入制度。柏拉图在其名著《法律篇》中告诫后人,"如果在一个秩序良好的国家安置一个不称职的官吏去执行那些制定得很好的法律,那么这些法律的价值便被掠夺了,并使得荒谬的事情大大增多,而且最严重的政治破坏和恶行也会从中滋长"。事实上,近年来一些恶性执法事件引起舆论公愤,很大程度上与一些不称职的执法人员甚至是临时工从事执法有关。建立统一的执法资格准入条件,将执法者纳入法律职业共同体的资格管理体系,才能杜绝不称职者僭越执法权力。为

---

[1] 参见王锡锌《中国行政执法困境的个案解读》,《法学研究》2005年第3期。

此，应当严格执法人员持证上岗和资格管理制度，未取得执法资格的人员不得从事执法工作。

二是执法人员培训制度。着眼于执法者个体素质的提升，重点加强三个方面的培训：狠抓执法纪律和职业道德教育，加强执法人员思想作风建设，全面提高执法人员政治素质；建立执法人员法律专业素质培训机制，通过法律知识培训、专门法律知识轮训和新法律法规专题培训，提高运用法治思维和法治方式解决执法中突出矛盾和问题的能力；加强本部门、本领域的业务知识培训，例如审计执法懂经济，食品卫生执法懂化学，消防执法懂建筑，适应现代社会执法的专业化需求，建立复合型专业执法队伍。

三是执法绩效考核评价制度。行政执法绩效考核评价制度是对行政执法进行数据统计、定量分析和绩效评估的制度。目前我国行政执法的绩效考核评价缺乏制度的顶层设计，具体的评价指标不完善。[①] 应当设计科学合理的考核评价指标体系，健全执法绩效考核评价制度，将考核结果作为执法人员奖励惩处、晋职晋级的重要依据，将以自律为主的内部评判监督机制发展为自律与他律相结合的开放式评判监督机制，形成严格执法、公正执法、文明执法的激励机制。

四是执法责任制度。确定不同部门及机构、岗位执法人员的具体执法责任，建立健全严明的执法问责制，加强对执法的监督，坚决排除对执法活动的非法干预，坚决防止和克服地方保护主义和部门保护主义，坚决防止和克服执法工作中的利益驱动，坚决惩治腐败现象。

三 严格执法的方式转型

执法方式是行政执法内容和行政组织职能的实现形式。执法方式的选择，直接关系到执法目的的实现，影响着执法效果的社会评价。随着市场经济的发展、官民关系结构的变化、公共治理情况的变迁以及民主

---

① 参见陈书笋《行政执法绩效评估指标研究》，《社会科学》2014年第3期。

政治的进步,行政执法方式需要因时而变、转型创新。

(一) 从运动式执法到法治化执法

运动式执法是指执法机关为解决某一时期、某一领域内突出存在的问题,通过集中优势执法资源和力量,采取有组织、有目的、大规模的执法活动,曾在打黑除恶、扫黄打非以及整治安全生产等社会治安管理领域被广泛采用。无论是集中整治、专项治理还是严打、执法会战等,都是在"立竿见影"的急功近利下,企图一次性解决由于行政执法被动性所遗留下的各种问题。运动式执法方式貌似在积极推进法治的进程,却在法治系统内部孕育了否定法治成长的因素。[①] 因为运动式执法所依据的主要是政策、指示、领导者意志,带有浓厚的非理性色彩,本质上乃是一种"人治型"执法。

在治乱时期,运动式执法具有一定的优势,但倘若过后不能及时转入法治化执法轨道,便容易将行政执法陷入"间歇(执法淡季)→外力推动→严打(执法旺季)→事件平息→间歇(执法淡季)"的无限循环,形成别具特色的执法"怪圈"[②]。行政执法对违法行为的纠偏和矫治功能,关键不在于处罚的强度,而在于执法的密度与持久度。一旦执法松懈,人们就会产生侥幸心理,出现运动式执法的怪圈,甚至让公民产生逃避法律、规避法律的心理,使得其服从规则的行为习惯更难确立。因而无论是全面推进依法治国,还是严格执法、促进国家治理现代化,都需要从运动式执法转为法治化执法,将执法权力的运作纳入法治轨道。其具体要求是:执法力戒一张一弛、时紧时松,而是保持严密的追查打击态势;力戒从重从快,高压威慑,而是依据法律标准坚持均衡治理,保持执法尺度一以贯之,保持法律的稳定性和确定性;力戒"头痛医头、脚痛医脚"或"毕其功于一役",而是坚持长效治理,将矛盾和问题的化解融于每一次执法。

[①] 参见张泽想、赵娟《"法治运动化"现象评析》,《南京社会科学》2000 年第 7 期。
[②] 参见胡宝岭《中国行政执法的被动性与功利性——行政执法信任危机根源及化解》,《行政法学研究》2014 年第 2 期。

(二) 从选择性执法到常态化执法

选择性执法,即在时间、空间、客体上有选择的执法。由于违法时间、空间和个体始终具有高度不确定性,使得选择性执法作为一种执法结果具有客观性。但是作为一种执法方式,则在有限的执法资源限制下,凸显出执法主体对不同对象的区别对待,很容易夹带执法者个人意志或私利。由于选择没有一定的标准,难免给执法腐败提供操作的空间,执法者可以利用控制执法的疏漏率或者选择执法与否来威胁利诱管辖客体,从而实现权力寻租的目的;同时随着执法的疏漏率逐渐增大,容易向社会传递错误信息,即对法律不必当真,可以躲避执法,不需遵守法律。如对一些"有背景"、"后台很硬"的执法对象,执法退避三舍或绕道而行。这对法律的平等性、权威性、正义性和神圣性构成严重挑战,对法律秩序是一种严重损伤。所以,"选择性执法尽管在转轨时期有其合理性,但弊端已经随着改革的深入而日益凸显,包括对人们预期的扰乱,执法代理人的渎职、腐败,对执法体制进一步改革的阻碍,等等"①。

严格执法的关键在于做到执法的常态化,让行政执法全天候、全覆盖。选择性执法一方面源自执法资源的有限性,另一方面则是执法者滥用自由裁量权的结果。② 为此,实现从选择性执法到常态化执法的转变,就必须从加大执法资源投入和严格控制执法自由裁量权两方面着手。只有尽可能地针对法律实施加大执法资源投入,为执法提供足够的人员、经费、设施等保障,才能防止出现客观上不得已的选择性执法;只有严格规范执法裁量权,从立法上细化行政执法的权责项目,从监督上加强外部因素的制衡,才能防止执法夹带私货,将种种利益借口下的选择性执法逼入正轨。

---

① 戴治勇:《选择性执法》,《法学研究》2008 年第 4 期。
② K. C. Davis, *Discretionary Justice: A Preliminary Inquiry*, University of Illinois Press, 1971, p. 3.

（三）从象征性执法到职能性执法

所谓象征性执法，主要描述这样一类执法现象：执法者启动执法权开展执法行动，并不是基于法定职能或公共治理需要，而是基于应付外界舆论的需要，或是为了"装点门面"。例如，有些执法部门在执法中敷衍了事，惯于走过场，上级推动一下便动一下，外部监督一点才动一点，结果很多时候表面上看似乎完成了执法任务，但往往是法了事不了，案平理未平。① 从公共行政的体制性因素观察，许多公共管理的基本目标并不在于特定的、具体的目的的"实现"，而在于对特定管制立场的"宣告"，因为在中国的管理体制中，"立场宣告"本身也可以成为政府和官员"政绩"的一部分。② 正因为如此，行政执法现实中还经常采取象征性执法方式，衍生出"通知式"执法、以发文件代替执法现象。这些敷衍了事的执法态度和方式，说到底是一种懒政，损害了人民群众对法律的信仰和对实现社会公平正义的信心。

破除象征性执法的现象，必须回到执法职能的依法履行上，重塑职能性执法的威严。一是在立法上明晰执法机构的具体职能和责任后果，尤其是明确执法不作为、虚假作为的具体责任，从制度和机制上将执法者从办公室赶到执法监管一线；二是在执法绩效考核评估中加大效果评价比重，将执法的社会效果作为检验执法的重要标准；三是下力气整治"通知式"执法的懒政现象，严格控制规范性文件的下发范围和程序，避免将执法职能等同于下发通知；四是建立职能性执法激励机制，通过奖励和晋升促进执法主体依法履行职能。

（四）从功利性执法到公益性执法

无论是执法部门还是执法者个体，客观上都存在自己的利益，这种利益很可能借助具体的执法行为进入法律实践当中，让功利性执法大行

---

① 参见付思明《中国依法行政理论与实践》，中国检察出版社，2002。
② 参见王锡锌《中国行政执法困境的个案解读》，《法学研究》2005年第3期。

其道。现实中，一些基层执法部门经费的主要来源是罚款和收费，如查处毒品按数额奖励，查处黑车和卖淫嫖娼、赌博等按罚没款提成，等等，使执法与执法者的自身利益直接挂钩，造成执法行为与执法目的严重背离。这种功利性执法的直接后果是："执法经济"大行其道，重处罚轻教育，以罚代管；一些执法部门有利则争、无利则推，出现执法部门之间冲突或执法断档；"钓鱼执法"屡禁不止，为相对人设定执法陷阱，甚至与违法者狼狈为奸、相互勾结①。无论表现形式和后果有多么不同，其共同点都在于功利性执法，违背了行政执法的公益属性，与现代行政法治原则相抵触。

行政执法不仅仅是单纯的技术行为，更是一种带有价值判断的公益行为，只有保护人民权益、体现公平正义的执法才是正当的，才合乎立法目的。因此，必须从根本上扭转功利性执法的冲动，塑造合乎正义的公益性执法体制机制。一是改革、完善执法部门经费保障制度，严格贯彻落实"收支两条线"原则，严厉禁止罚款指标，确保所有罚没提交国库，从源头上断绝"执法经济"；二是严格规范执法程序，加快行政程序立法，将行政执法权牢牢限制在程序正义的笼子里，从程序机制上杜绝"钓鱼式执法"；三是加强对行政执法的正当性审查监督，赋予司法机关对行政执法行为的实质性审查权力，对于违背立法目的和公共利益的执法进行纠偏；四是加大对功利性执法主体的问责力度，通过严厉的责任追究将执法动机导向公益性目的。

（五）从粗暴执法到文明执法

执法活动直接影响公民、法人和其他组织的权利和义务，人民群众往往是通过执法来认识和评价政府、认识和评价法律。执法是否文明，直接关系着政府的威望和法律的权威。2010年10月发布的《国务院关于加强法治政府建设的意见》明确要求，要坚持文明执法，不得粗暴对待

---

① 典型的案例有：2005年成都火车站警匪勾结案，2010年上海交通执法大队钓鱼执法事件，2012年西安钓鱼抓嫖案，2014年广西一派出所"钓鱼执法"成产业链，等等。

当事人，不得侵害执法对象的人格尊严。但实践中，在城管执法、征地拆迁、警察执法、计生执法等领域，还存在大量的粗暴执法现象，媒体披露过不少案例，如2014年岁末曝出的"太原警察打死讨薪女农民工，倒地后仍遭脚踩头发"，造成恶劣的社会影响。

采取简单、粗暴、野蛮的方式执法，凸显出扭曲的官民关系。一些基层执法者在观念上存在浓厚的强权意识，认识不到自己手中的执法权乃是人民授予的、必须服务于人民，因而在执法中"匪气"十足；有的执法者缺乏基本的法律素质，执法不懂法，导致随意执法，滥施处罚现象严重。改变这种粗暴执法方式，形成文明执法的行为自觉，既需要从体制上重构官民关系，以民主政治的进步推动行政执法的整个文明程度；也需要立足执法行为的法律规范，从程序控制、责任承担、执法监督和执法素质等方面加强对执法行为的监控，预防和治理粗暴执法行为，真正在执法人员的内心和行为中注入以人为本、依法执法、执法为民的理念，充分尊重行政相对人合法权益，严格遵循法定程序，提高执法的文明水平。

（六）从硬性执法到柔性执法

世界范围内，公共事务由"统治"向"治理"的转变方兴未艾，带动了行政执法方式的回应性变革。公共治理很难依靠政府单方力量就可以实现善治目标，各个领域都需要社会组织乃至私人机构参与治理，从而出现了公共行政多元化、柔性化、合作化趋势。传统单一、强制、对立的执法方式受到挑战，要求政府放下身段，开始以服务行政为导向，改进执法工作流程、整合程序规则，通过市场机制让相对人拥有更多的选择权。目前，我国行政执法还是过度依赖强制手段，习惯于采取命令、处罚、强制等硬性执法方式，迷恋于行政执法权的打击权威，缺乏足够的说服教育耐心。这极大地抑制了相对人参与执法的积极性，降低了行政执法的效率和效果。

在社会转型背景下，"公众广泛参与公共管理的过程，是由公共管理元素与公民参与元素整合而成——公共治理＝公共管理＋公众参与"①。这种合作行政"意味着政府与公民之间横向的平等关系,意味着政府与公民一道来关心和解决公共利益问题"②。在强调公平、参与、回应、民主的合作行政背景下,非权力行政、非制式行政、协作行政、参与行政等公共行政新样态,必然引起行政执法方式的相应变化,使得行政契约、行政合同、行政奖励、行政资助、行政指导等柔性执法手段备受推崇。因此,适应国家治理现代化的需要,行政执法模式需要从以"权威 依附—服从"为导向的权力机制,转向到以"商谈—合作—服务"为导向的治理机制,执法方式从以往以"命令"、"控制"与"处罚"为主的强制执法即硬性管制,逐渐转变为以"激励"、"指导"与"服务"为主的柔性执法即软性治理,多运用说服教育、调解疏导、劝导示范等非强制手段,给行政相对人提供法律帮助、政策指导和技术支持,寓执法于服务之中,融处罚于教育之中,以承载民主、协商与沟通的法治价值与平等、尊重、信任的人文主义精神。

四 严格执法的程序完善

程序作为"怎么做"的载体,具有控制进程、规范行为、防止恣意、保障效率等功能,严格执法离不开规范完善的程序作保障。目前,我国统一的行政程序立法缺失,部分执法行为在程序规范上尚无法可依,不遵循法定程序的执法还缺乏有效的监督,从而在实践中造成了违法执法、粗暴执法、执法失范等现象。严格执法本身就包含严格依照法定程序执法。因此,完善行政执法程序,通过程序实现对执法行为的规范,乃是提高执法质量、促进法治文明的重要内容。

(一) 程序对执法行为的标准化控制

对行政执法而言,程序是一套程式标准,通过环环相扣的程序标准,

---

① 袁曙宏、宋功德:《统一公法学原论》,中国人民大学出版社,2005,第299页。
② 贺译荸:《新公共行政之于我国行政诉讼制度的挑战》,《成都行政学院学报》2013年第5期。

实现对行政执法行为的过程控制,以推进执法顺利、合法、高效、透明运作,兑现行政执法权的立法目的。

对执法合法性的标准化控制。严格执法的前提是依法执法,依法执法除了执法主体、权限、内容合法之外,还必须程序合法。很大程度上,执法的主体、权限、内容、方式等是不是合法,都是在执法过程中通过程序标准来检测的。程序法为行政执法权设定严格的运行规则,将各种执法行为的方法、步骤、顺序、时限等都通过制度固定下来,以约束行政执法过程,保证行政相对人享有最基本的程序权利,防范行政执法权的滥用。

对执法效率的标准化控制。程序法本身蕴含着效率功能。英国行政法学家韦德认为:"行政官员往往把法律工作者发明的程序看成是效率的障碍,这是自然而然的。确实,自然正义规则限制了行政活动的自由,遵循这些规则须花费一定的时间与金钱。但如果减少了政府机器的摩擦,时间与金钱似乎用得其所。正因为它们主要是维持公正的原则,可消除苦怨,所以可以说自然正义原则促进了效率而不是阻碍效率。"[1] 不仅如此,行政程序法是对行政执法实践的科学总结,是人们在实践中对"同类或同样的行为程序不断选择、改进"[2] 的结果,能够以高度的科学性、规范性、权威性维护行政执法权力,并以严格的时限性要求解决办事拖拉、推诿扯皮等问题,提高行政执法效率。

对执法正义的标准化控制。执法程序本身具有独立的价值,在实现程序正义的同时追求实质正义。一方面,行政程序法通过确认并保障行政相对人参与性权利,实现行政执法的程序正当。通过赋予公民知情权、申辩权、参与权、监督权等,建立行政公开,调查取证制度、告知制度、公示制度、回避制度等,充分彰显参与者的尊严,并防止和控制行政执法权的滥用。另一方面,程序理性是公认的按照实质正义标准做出决定的最可靠方法[3],为了追求客观、理性、公正的决定,必须有程序法的规

---

[1] 威廉·韦德:《行政法》,徐炳等译,中国大百科全书出版社,1997,第94页。
[2] 谌中乐、王敏:《行政程序法的功能及其制度》,《中外法学》1996年第6期。
[3] 马怀德:《解决执法不规范重在程序制度建设》,《学习时报》2012年1月5日,第5版。

范，使人们能够预见到政府的行为，减少行政裁量行为的错误，从而精确地实现实体法。只有完善执法程序，才能保证执法的实质正义。

(二) 行政程序立法的完善

无论是从合法性、民主性来看，还是从监督、效率与正义的实现来看，严格执法都有赖于程序法的保障。程序法保障的前提，乃是为行政执法构建一套系统、全面的程序规范体系。目前，我国行政程序立法的系统性不够，精细化程度不高，执法程序的公开透明度不强，导致执法不依法、不严密、不规范、不文明的问题比较突出。推进严格执法，需要对现有的行政执法程序进行完善，致力于执法程序的法定化、精细化、公开化，不断加强行政执法程序制度建设。

总体上看，我国行政程序立法呈现实体与程序合一的模式，行政执法程序分散在《行政处罚法》、《治安管理处罚法》、《行政许可法》、《行政强制法》、《行政法规制定程序条例》、《规章制定程序条例》和《政府信息公开条例》等法律法规当中，并确立了一些基本的程序原则；但是在很多领域和方面，由于缺乏单项的行政行为立法，使得大量行政执法仍然缺乏必要的程序法规范。例如，行政检查执法、行政收费执法、行政命令、行政决策等，均缺乏可以直接援引的程序法律规范，导致实施这类执法行为无法可依。与此同时，分散立法还可能为执法逃避程序规则提供漏洞，例如，《行政处罚法》虽然规定了听证程序，但何种行政处罚行为应当适用听证程序的规定并不明确，出现了大量规避法律的情形，很多行政执法机关以撤销注销行政许可不属于行政处罚为由拒绝适用听证程序。

可见，行政程序的单项立法所涉及的范围过窄，很多与行政相对人权益相关的重要执法程序还显不足，因此，我国加快制定统一的行政程序法典势在必行。这些年，湖南、山东以及汕头、西安等省市积极探索制定地方性的统一行政程序立法，摸索出一些实践经验。行政执法一般程序规范的制度化、法律化的条件已基本成熟，应当积极创造条件推动统一行政程序法的立法进程，在整体上将正当法律程序、信息公开等基本程序法治原则贯彻到所有行政执法过程当中。同时对重大决策程序、具体执法流程、应急执法程序、特别行政程序、法律责任和救济机制等作出系统规范。

在行政程序立法的过程中,尤其需要讲求精细化和公开化两大要求。严格执法程序规范的精细化意味着要从细节入手,执法程序不仅要有原则性的规定,更要有具体的规定,不能预留程序漏洞。例如对行政决策程序,不仅明确把公众参与、专家论证、风险评估、合法性审查和集体讨论决定作为重大决策的必经程序,并且要就每个环节的操作性规程和标准明确设定相关法律责任。严格执法程序规范的公开化要求让公众了解行政执法的运行程序,使得每个执法阶段都处在可查阅的公开轨道上,以信息化手段实现行政执法的透明化、民主化,强化行政执法的程序正义。

(三) 规范执法自由裁量权

行政执法面对千变万化的社会生活,不可能完全按照既有规则实现格式化治理,无论是立法的滞后性局限还是执法自身的特点,都使得在行政执法中必然存在一定的自由裁量空间。"没有裁量的规则无法全面考虑使结果适应个案之独特事实与环境之需要。证明裁量之正当性的通常是个别化正义的需要。"① 因此,行政实体法不得不赋予行政执法主体一定的自由裁量权。为了防止裁量权的膨胀和滥用,合理规范执法自由裁量权的重任便落到了行政程序法上。实践证明,自由裁量权并不可怕,只要从程序上为之确立完善的规则,确保自由裁量权运行在规范、公开、透明、可控的程序法治轨道上,就能大幅降低执法裁量的随意性。

实践中,我国行政执法裁量随意作出,标准不一,存在显失公正和过罚不当问题。为此,程序法对执法裁量权的控制重心,一是健全完善执法自由裁量的标准,针对立法设定的每一项裁量权,细化其实施条件、

---

① 卡罗尔·哈洛、理查德·罗林斯:《法律与行政》(上卷),杨伟东等译,商务印书馆,2004,第210页。

范围、幅度、基准等，用细化的规则来压缩执法者的裁量空间，防止执法机关规避程序、滥用权力；二是加强执法自由裁量权的运作过程控制，建立执法公开和科学的考核评价机制，使得行政执法的自由裁量权在阳光下运行，通过考核促使自由裁量权的行使符合比例原则和立法目的；三是加强执法自由裁量权的事后监督，通过严厉的责任追究，倒逼执法者善待手中的自由裁量权，防范执法中的任性与失范。

五 严格执法的考核监督

实行执法责任制，加强对执法部门和执法人员的考核监督是严格执法的根本保障。科学严格的考核监督，能够形成良好的严格执法激励机制。实践中，一些法律法规之所以得不到严格的贯彻执行，很大程度上与考核监督机制的缺失有关。① 因此，一方面要建立完善科学的考核评价指标体系，以客观衡量执法能力、水平及效果；另一方面要在加强内部监督的同时，充分发挥人大、检察和社会的执法监督职能，保障严格执法不打折扣地落实到位。

（一）构建科学的执法考核评价体系

建立科学的执法考核评价体系是确保执法规范化建设的重要环节，也是加强对严格执法的监督的重要方式。从世界范围看，法治发达国家都注重以立法方式推进行政执法绩效考核。例如，美国早在1993年就颁布了《政府绩效与结果法案》，从法律的高度对联邦政府各机构的绩效评估进行了规定。英国政府于1992年制定了业绩信息公示制度，确认了六个基本行为准则作为各地评价公共服务的行动方针。荷兰的《市政管理法》、日本的《政府政策评价法》等，也都为政府部门进行绩效评估建立

---

① 例如，自1996年《北京市公共场所禁止吸烟的规定》实施后，基本没有被认真执行过，十余年没有开出过一张罚单（参见王青斌《公共治理背景下的行政执法权配置——以控烟执法为例》，《当代法学》2014年第4期），其原因很大程度上是缺乏刚性的监督机制。

了永久性法律框架，从立法上确立了政府绩效评估的地位。①

中国行政执法考核评价起步较晚。2004年国务院颁布《全面推进依法行政实施纲要》，提出要积极探索行政执法绩效评估和奖励办法。各地各执法部门也积极探索执法绩效评估实践，在公安执法、交通执法、工商执法、城市综合执法等领域出台了一系列考核评价规定。例如《公安机关执法质量考核评议规定》（2001）、《贵州省行政执法责任和评议考核规定》（2004）、《工商行政管理机关行政执法评议考核办法》（2008）、《交通运输行政执法评议考核规定》（2010）等。但是从总体上看，目前我国的执法评价体系存在零散不一、指标不科学、规范性不足等问题，对严格执法未能发挥足够的监督功能。

从世界范围看，无论是法治水准还是正义实现程度，实践证明在一定程度上是可以被检测评估的，这正是世界法治指数和各种法治指标体系的由来。中国全面推进依法治国，带有强烈的自上而下推动型特征，使得严格执法的评价机制至关重要，评价的指标设计科学性也更为关键。尤其在转型时期，法治尚不成熟，行政执法仍存在诸多不确定性和不规范性，这决定了一套科学合理的评价体系将是提高严格执法水平的关键。

一是在严格执法评价体系的建构上更加系统规范。目前，不同地方、不同执法部门的考核指标十分零散，在具体标准设计上不规范、不统一。应当加强顶层设计，实行行政执法考核评价的统一立法，对评估原则、评估方式、评估内容、评估指标等进行规定，以形成科学、权威、统一、规范的执法考评评价体系。

二是在严格执法评价体系的内容上更加立体多元。评价体系说到底是一套技术指标，其用于衡量执法公正难免存在技术上的短板，只有构建立体多元的技术指标，才能从不同方面多维评估执法运行状况，避免偏失。因此，未来的执法评价体系应当是一套综合性的指标体系，既包含对执法行为的导向性评价，也包含执法错误的负面评价；既包括执法结果的评价，也包括执法过程的程序性评价；既包括执法行为的合法性

---

① 参见陈书笋《行政执法绩效评估指标研究》，《社会科学》2014年第3期。

评价,也包括执法社会效果的评价。

三是在严格执法评价体系的实施上更加开放中立。评价体系的设计应立足于人大体制和民主社会背景,广泛征求民意;评价体系不仅包含执法系统内部的考核评价,而且突出社会对执法的外部评价;评价的具体实施可以寻求中立的第三方力量,以科研院所或人大机构主导执法评估,采取定量与定性的评估方法,尽量保持评价的客观中立。

四是在执法考核评价的结果运用上更加客观理性。将由执法机关内部的行政控制手段,转变为合乎法治规律的执法行为激励机制,避免陷入唯数据论的政绩观陷阱,并通过信息公开和问责机制,强化考核的社会监督功能,真正作用于严格执法的规范化建设。

(二) 健全严格执法的人大监督

根据我国宪法的规定,全国人民代表大会和地方人民代表大会是我国的权力机关。权力机关对行政机关及其工作人员的监督是宪法的授权,在我国的行政执法监督体系中具有重要地位,健全人大对严格执法的监督意义重大。

一方面,要落实人大监督职责。2006年出台的《监督法》专章规定有"法律法规实施情况的检查"、"询问和质询"、"特定问题调查",为人大监督提供了法律依据。但是在实践中,人大在监督政府特别是具体行政执法方面还不得力。因此,还必须在人大监督行政执法上出台实施细则,针对执法中人民群众反映强烈的普遍性问题,进一步激活人大的质询和特定问题调查制度,设计出严密可行的监督程序,让人大的监督职权真正落地。

另一方面,要健全人大监督机构。《监督法》赋予人大广泛的监督权,人大在监督行政执法上很容易陷入无机构履行职责的困境。各级人大中没有专门的监督委员会,加上各级人大常委会事务繁忙,人大监督几乎变成了人大代表们个人对行政执法的监督。个人的力量有限,仅仅通过人大代表个人对政府的执法行为进行监督显然是不够的。因此,可以在各级人大设立专门的监督委员会,作为人大监督执法行为的常设机构,对政府进行监督。其性质同人大的其他专门委员会,由人大产生,对人大负责,当人大闭会时由人大常委会领导。监督委员会可以对各级行政机关及其工作人员的执法行为进行监督。

(三) 加强严格执法的内部监督

与司法机关不同,行政执法机关是典型的行政组织,采取自上而下的控制方式,这使得执法监督最有力的方式往往是内部的层级监督。但是由于我国没有建立起完善的内部监督体制机制,共同的利益绑架反倒使得层级监督呈现疲软趋势,无法达到预期的效果。因此改革行政执法内部监督体制机制至关重要。

完善内部监督法规制度。在内部监督的立法上,多依据规章、规范性文件甚至本部门的惯例。由哪个部门来担任监督主体,监督主体可以对哪些方面进行监督以及采用什么形式进行监督,缺乏明确的规定,使得监督的规范性不够。因此,要从立法上将行政监督法制化,从而将权力的行使用明确的法律规定下来,达到监督执法行为的目的。

改革内部监督组织体制。实践中,大多数上级机关和领导为了维护本部门的名誉和形象,往往对下级的错误行为采取封锁消息、防止公开的手段,对于相关的责任人也不做严肃处理。对此,应当由专门机关来对执法部门的行为进行监督。比如,可以在地方或执法部门设立行政督察室[①],便于了解具体的行政执法情况,公众认为执法不公时可以向其投诉。也可以在纪检监察体制改革中,融入对严格执法监督的机制设计,通过提高纪检监察机构的独立性强化对严格执法的监督。

严格落实行政执法责任制。执法责任制是实现行政执法权责一致的关键制度,也是倒逼执法者依法执法的重要机制。2005 年国务院办公厅下发《关于推行行政执法责任制的若干意见》,很多省份也出台有相应的行政执法责任制条例或规定。但是实践中,仍然存在问责刚性不足、问

---

① 殷啸虎:《关于设立行政监督室以加强执法内部监督的思考与构想》,《政法论丛》2011 年第 4 期。

责力度不大或是采取变通手段等问题,无法发挥责任制的威慑作用。要严格落实执法责任制,重点是公开权责清单,将问责程序法治化、透明化,防止被问责的官员无故"复出"或是"暗度陈仓"。

(四) 强化严格执法的检察监督

检察机关是宪法规定的法律监督机关,肩负有对行政执法监督的职责。但长期以来,我国的法律监督基本停留在诉讼领域内,将检察权对行政权的监督缩减为诉讼监督,不能满足规范行政权正当运行的需要。因此需要进一步从制度上畅通监督渠道,确立高效权威的监督制度。

建立行政公诉制度。行政公诉"是指在没有适格原告的情况下,检察机关认为行政机关的行为违反了有关法律规定,侵害公民、法人和其他组织的合法权益,损害国家和社会公共利益,依照行政诉讼程序向法院提起公诉,提请法院进行审理并作出裁判的活动"[①]。在国外,代表政府或公共利益提起诉讼是检察长的基本职能之一。英国检察总长是公诉权的原始的享有者,"为了公共利益而采取行动是检察总长的专利"[②];美国检察长不仅可以提起公诉,还可以授权其他人员以他的名义提起诉讼;德国《行政法院法》规定以检察长作为公益代表人;《俄罗斯联邦行政违法法典》"显著地扩大了检察长在追究行政违法行为人责任领域的活动范围"[③]。相比而言,中国行政诉讼法对于行政执法的监督功能十分有限。现实中,诸如国有资产流失、环境污染、市场垄断、自然资源破坏、公共安全事故、地方重大违法等损害公共利益的执法违法或失职渎职现象十分普遍,但由于缺乏直接的利害关系人而很难进入司法监督。建立由检察机关作为原告的行政公诉制度,由检察机关代表国家通过行政诉讼实现对行政执法的司法监督,更有助于维护国家法律的实施和法制的统一,达到维护法律秩序的效果。

[①] 孙谦:《设置行政公诉的价值目标与制度构想》,《中国社会科学》2011年第1期。
[②] 威廉·韦德:《行政法》,徐炳等译,中国大百科全书出版社,1997,第263页。
[③] 参见 Ю. Е. 维诺库罗夫主编《检察监督》(第7版),刘向文译,中国检察出版社,2009,第343—352页。

完善检察建议制度。"检察建议是检察院为促进法律的正确实施、督促行政机关依法行政,在履行法律监督职能过程中,结合执法办案情况,向有关单位发出纠正、改正违法行为或移送案件的建议,包括纠错建议、改正建议、处置建议和移送犯罪案件建议等。"① 从性质上,检察建议是针对行政执法活动的一种综合性的检察监督方式。为提高检察建议对行政执法的监督效果,应进一步完善检察建议适用的一般规则,包括检察建议应当遵循的原则、检察建议的适用情形、检察建议的提出程序、检察建议的内容要求、对检察建议采纳情况进行跟踪了解以及检察建议在检察院内部的归口管理等内容。

（五）推进严格执法的社会监督

社会监督是公民、社会组织和团体对行政执法进行的监督。随着信息技术的快速发展,利用网络等渠道展开对行政执法活动的监督更为便捷,诸如"躲猫猫"、"钓鱼执法"、"城管暴力执法"等一系列执法事件,都是在媒体、网民、大众舆论的介入下,以社会监督纠治执法问题告终。可见,社会力量在监督执法过程中起着重要的作用。

完善新闻媒体舆论监督。媒体是现代社会重要的监督力量。目前,我国新闻媒体的监督作用还需更好发挥,有的媒体监督在利益引诱下失范。因此,既要立法保障新闻记者的采访报道权利,确保新闻记者能够畅通无阻地监督行政执法行为;又要依法规范新闻媒体的涉法报道,防止出现"新闻腐败"和报道丧失客观与中立。

保障公民的自媒体监督。公民监督应当在监督政府执法中起着很大的作用,但是由于种种原因,我国公民监督的效果相当有限。网络技术的兴起,使得自媒体勃发,让人人都拥有了"麦克风",从而开创出公民监督新的疆域。因此,既要依法保障公民利用自媒体的监督权,防止出现"跨省追捕"之类的打击报复公民监督的行为;又要适度规范网络监

---

① 杜睿哲、赵潇:《行政执法检察监督:理念、路径与规范》,《国家行政学院学报》2014年第2期。

督行为，防止自由化表达带来的误伤。对行政机关而言，应当主动满足并有效回应公民监督的诉求，在寻求良好的官民互动中提高执法的规范化、文明化水平，凝聚严格执法的权威与公信力。

第十一章

公正司法

司法是社会公正的保障,是国家正义的化身,要让人民在每一个司法案件中都能感受到公平正义,就必须确保司法公正。党的十八届四中全会《决定》指出:"公正是法治的生命线。"[1] 司法是维护社会公平正义的最后一道防线,司法公正对社会公正具有重要引领作用。党的十八届四中全会对保障司法公正作出了全面部署,在完善确保依法独立公正行使审判权和检察权的制度、优化司法职权配置、推进严格司法、保障人民群众参与司法、加强人权司法保障、加强对司法活动的监督等方面出台了一系列具体举措,充分反映了构建开放、动态、透明、便民阳光司法机制的要求,有利于促进司法公正、树立司法公信,切实让人们在每一个司法案件中都能感受到公平正义。

一 司法是维护社会公平正义的最后一道防线

司法权是一项独立的权力,它与立法权、行政权一起构成国家权力的基本部分。从我国的宪法来看,司法权的独立存在是不争的事实。通

---

[1] 《〈中共中央关于全面推进依法治国若干重大问题的决定〉辅导读本》,人民出版社,2014,第8页。

常认为，司法权与其他国家权力相比有以下特点：①司法权是判断性权力。司法即裁判，是适用法律处理具体案件的专门活动。它是基于社会纷争和违法犯罪的客观存在而存在的，它的使命就是依据既定标准判断是非曲直。②司法权是被动性权力。司法恪守"不告不理"的信条，只对起诉到法院的争议和案件依法处理。③司法权是中立性权力。司法就是依法居中裁判，中立性是司法的本质特征。④司法权是程序性权力。司法公正首先是程序公正，程序公正是实质公正的法律保证。⑤司法权是自主性权力。法官在审理案件时，立足于自己对事实问题和法律问题的独立判断，只服从法律。⑥司法权是终极性权力。社会纷争在通过其他途径不能得到妥善解决时，可由司法部门最终解决。

司法在定分止争、伸张社会公平正义、维护法律尊严和权威中具有不可替代的作用。英国哲学家培根曾经说过："一次不公正的审判，其恶果甚至超过十次犯罪。因为犯罪虽是无视法律——好比污染了水流，而不公正的审判则毁坏法律——好比污染了水源。"如果罪犯没有得到应有惩处、当事人胜诉权益没有得到及时实现，社会公正就难以伸张；如果司法不公，办关系案、人情案、金钱案，社会就会失去最起码的公平正义，人们对公平正义的最后一线希望就会破灭。因此，司法腐败是司法公正的天敌。所谓司法腐败，是指司法机关及其工作人员在履行司法职能时，利用司法权力徇私舞弊、枉法裁判，谋取个人或团体利益，造成恶劣影响和严重后果的行为。坚持公正司法必须铲除司法腐败，要求司法机关牢固树立和切实践行公平正义的法治理念，切实肩负起维护社会公平正义的神圣职责，更加合理地协调各种社会利益关系，更加妥善地化解各种社会矛盾冲突，始终坚持司法为民、公正司法，严肃认真地对待每一起案件，坚决防止和纠正冤假错案，使受到侵害的权利依法得到保护和救济，使违法犯罪行为依法受到惩处和制裁，靠一个个具体案件的公正审判，提升司法公信力，维护司法权威性，确保法律面前人人平等，确保公平正义在每一起案件中都能得到体现。

公正是公信的基础，而公信则是司法权威的前提。所谓司法公正就是司法机关以事实为根据，以法律为准绳，严格依法办事，惩罚违法犯罪，保障公民合法权益。司法公正包括实体公正和程序公正两个基本方面。所谓实体公正，又包括案件事实真相的澄清和对法律的正确适用两项内容。其中，澄清案件事实真相是正确适用法律的前提，这就要求司法人员必须正确认定案件事实，如果事实认定发生偏差，势必导致法律适用的错误。正确适用法律则是实体公正的根本要求，只有适用法律正确，人们依法享有的权利和义务才能最终得以实现。所谓程序公正，主要是指诉讼程序、诉讼方式、诉讼步骤具有正当性和合理性，诉讼参与人在诉讼过程中受到公平的对待。现代各国诉讼法普遍确立的举证、回避、辩护、无罪推定、自由心证、公开审判等原则和制度就是程序公正的必然要求和主要体现。为了使司法过程和结果都能体现公平正义的原则，必须规范司法行为，严格依法独立公正行使职权，切实维护法律的尊严和权威，把办理每一起案件都作为维护社会公平正义的具体实践，从实体上、程序上、时效上全面保障司法公正的实现。

通过程序公正实现实体公正是公正司法的内在要求。程序公正是实体公正的前提，实体公正是程序公正追求的目标。只有把实体公正与程序公正结合起来，才能坚守维护社会公平正义的最后一道防线。鉴此，一要确保实体公正。实现实体公正，关键是以事实为依据，以法律为准绳。要把证据作为保证案件审理质量的生命线，严格执行防止冤假错案的规定，对采取刑讯逼供等非法方式收集的证人证言、供述陈述，不得作为定案的依据，确保审理的每一起案件都事实清楚、证据确凿、适用法律正确、裁判处理公正，让受到侵害的权利得到救济、违法犯罪的行为受到制裁。二要确保程序公正。程序具有三重价值：机会公平、中立公正和权利救济。一些复杂案件要达到实体公正实属不易，但按照事先设置的公平的程序来处理，即使最终结果不尽如人意，人们也会坦然接受。要把程序公正的要求落实到司法全过程，严格结案期限，确保中立公正，切实落实告知、回避、开庭审理、举证质证、法庭辩论等制度，让全社会以看得见的方式实现公平正义。

司法的使命是解决矛盾和纠纷，其价值追求是实现公平正义。习近平总书记强调：努力让人民群众在每一个司法案件中都能感受到公平正义,决不能让不公正的审判伤害人民群众感情、损害人民群众权益。为此,要把维护公平正义作为核心价值追求,切实解决损害司法公正和影响司法形象的突出问题,强化司法机关内部制约和外部监督,健全冤假错案有效防范、及时纠正和责任追究制度,对司法腐败行为实行零容忍,决不允许滥用权力侵犯群众合法权益。恪守司法宗旨,努力满足各类社会群体对法律的需求,使人人平等地享用法律资源,切实解决立案难、申诉难、执行难问题,让人民群众真正感受到公平就在身边、正义就在眼前,决不让一份判决成为无法兑现的空头支票。遵守司法程序,以程序公正确保实体公正,积极回应人民群众对司法公正的关注和期待。提高司法效率,严格审结期限,降低诉讼成本,全面清理久押不决案件。提升司法品质,自觉遵守理性、平和、文明、规范的司法准则。

十八届四中全会后,呼格吉勒图案引起了社会的广泛关注。18年前的1996年4月,内蒙古自治区呼和浩特市毛纺厂年仅18周岁的职工呼格吉勒图被公安机关认定为毛纺厂女尸案凶手。案发61天后,法院判决呼格吉勒图死刑,并立即执行。2005年,内蒙古系列强奸杀人案凶手赵志红落网,其交代的数起杀人案中就包括毛纺厂女尸案。2014年11月20日,内蒙古自治区高级人民法院正式启动对该案的再审程序。12月15日,内蒙古自治区高级人民法院经过再审,宣告呼格吉勒图无罪。12月30日,内蒙古自治区高级人民法院对呼格吉勒图案作出向赔偿请求人支付2059621.40元的国家赔偿决定。纠正冤假错案是近年来司法领域备受瞩目的事件。据不完全统计,仅2014年就有12起重大冤假错案被纠正,其中许多都是积压已久的疑案。像呼格吉勒图这种平常人的命运因当年办案机关的错误而彻底改变,如今只有用司法公正来弥补既往的创伤、告慰无辜的灵魂。

二 实现司法公正关键在于制度

实现司法公正,使公正的法律获得公正的司法结果,以司法公正推进社会公正,关键在于制度。司法制度很多,但最根本的是两个:一个是独立审判制度,一个是公开审判制度。所谓独立审判,是指审判活动依法独立进行,不受任何干涉。司法权是一项注重独立思考、理性判断的权力,应独立于诉讼当事人,不受行政机关、社会团体和个人的干涉,不受权力、金钱、人情的干扰,真正做到谁审理、谁裁判、谁负责。所谓公开审判,是指审判活动除涉及国家秘密、个人隐私和未成年人犯罪的案件之外,一律公开进行。

习近平总书记指出:"要坚持以公开促公正、树公信,构建开放、动态、透明、便民的阳光司法机制,杜绝暗箱操作,坚决遏制司法腐败。"[①]公开审判包括四个方面的内容:①适用的法律公开。对于程序主体而言,公开的法律是其规划行为、预见结果的依据;对于程序主持者以及审判者而言,公开的法律是其行动的指南和裁判的依据;对于程序过程而言,公开的法律是整个程序透明、公正的规格和标准。②案件的信息公开。法院在开庭前应公告案由以及开庭时间、地点等。③审理的过程公开。除法律规定不公开审理的案件以外,所有案件都应公开审理,允许公众旁听和新闻媒体报道。④审判的结果公开。即无论案件是否公开审理,裁判的结果都应公开宣告。司法信息公开的目的:一是将法院的审判活动置于当事人、律师和公众的监督之下,防止司法不公;二是以法官展现在当事人、律师和公众面前的形象以及公正的裁判结果,赢得社会对司法的信任。因此,要完善公开机制,创新公开方式,畅通公开渠道,建立审判流程公开、裁判文书公开、执行信息公开平台,让司法权力在阳光下运行。通过司法公开,促进司法公正,提高司法能力,树立司法公信,有效遏制司法不公、司法腐败等问题,确保司法公正、廉洁、高效。

独立审判和公开审判这两个司法制度带有根本性,是我国宪法关于司法活动的两个基本原则。没有独立,审判活动受到人情、关系、金钱的干扰,就不可能有司法公正;没有公开,司法活动秘密进行,不受社会监督,也不可能有司法公正。因此,独立与公开是对立统一的关系。

---

① 习近平:《加快建设社会主义法治国家》,《求是》2015年第1期。

独立就是不受干扰,但不是独断专行、恣意妄为,为此就必须公开审判,使独立的司法活动接受社会的监督。没有监督的司法必定是专横的司法,司法专横与司法腐败有着天然的联系。不可否认,现实生活中确实存在一些司法腐败现象,例如,对案件受理与否以是否有利可图为标准,案件如何裁判以当事人表示的多少为标准,判案快慢以关系远近为标准。司法的运行一旦走上了利益驱动的轨道,就注定要走向腐败。① 为了使社会能够监督审判,必须实行公开审判制度,让所有的审判活动都在众目睽睽之下进行,防止暗箱操作。公开审判制度就是为社会提供一个监督审判的平台。为了防止公开审判走过场,要实行审判的全程公开,从立案到审理,从听证到认证,从判决到文书,都要公开。② 这就是说,独立审判与公开审判必须有机地结合起来,任何一个方面都不能偏废。

独立审判与公开审判都源于司法独立,没有司法独立也就谈不上独立审判与公开审判。司法独立是实现司法公正的最重要的体制保障。所谓司法独立就是司法机关审理案件不受外界干扰,以保证案件审理的客观性和公正性。司法独立是为了让法院将法律作为其裁判案件的唯一根据,正像西方的正义女神眼睛上蒙着黑布,目的是保持独立的判断,以实现公正的裁决一样,因而具有十分重要的意义。①司法独立是严格执法的前提。这是因为:第一,只有保持司法独立,使法官依法独立审判,不屈从于任何权势和诱惑,才能做到法律面前人人平等。第二,只有保持司法独立,使法官独立于任何一方当事人,不与当事人有任何利害关系,才能保障法定程序的实现。第三,只有保持司法独立,不受任何机关或个人的干涉和影响,才能严格依法办事,准确适用法律。②司法独立是公正裁判的基础。司法独立在严格执法、平等保护当事人、实现程序正义中的作用,表明其处于公正裁判的基础地位。司法独立包括与当事人的独立,纠纷必须由与当事人没有任何利害关系的法官进行裁判。因此,要实现公正裁判,法官必须处于对诉讼当事人互不依附的居中地

---

① 李秋芳主编《反腐败思考与对策》,中国方正出版社,2005,第289页。
② 肖扬:《关于司法公正的理论与实践问题》,《法律适用》2004年第11期。

位，成为超然独立于诉讼当事人双方的第三者，否则，就不可能做到公正裁判。③司法独立是程序公正的保障。司法独立不仅是现代司法产生的基础，也是现代司法最重要的程序原则。由于司法独立与中立是整个司法程序运作的前提，也是司法裁判公正性的保障，因而司法人员的中立被视为最重要的公正的诉讼程序。④司法独立是制约行政权力的关键。现代法治不仅要求公民守法，而且要求政府守法。法院要履行司法审查的职能，发挥司法对行政的制约作用，前提就是司法权与行政权必须分离，司法不得从属于行政或受行政的支配。保持司法独立是司法机关依法制约行政权力，维护公民权利的关键。如果司法机关在审判活动中受制于行政机关，司法权对行政权就不可能产生制约作用。①

我国第一部宪法就肯定并接受了司法独立原则。其第 78 条规定：人民法院独立进行审判，只服从法律。自那时起，我国的宪法和相关法律几乎一以贯之地坚持了这一原则。现行宪法第 126 条规定：人民法院依照法律规定独立行使审判权，不受行政机关、社会团体和个人的干涉。第 131 条规定：人民检察院依照法律规定独立行使检察权，不受行政机关、社会团体和个人的干涉。《刑事诉讼法》第 5 条规定：人民法院依照法律规定独立行使审判权，人民检察院依照法律规定独立行使检察权，不受行政机关、社会团体和个人的干涉。《民事诉讼法》第 6 条规定：民事案件的审判权由人民法院行使。人民法院依照法律规定对民事案件独立进行审判，不受行政机关、社会团体和个人的干涉。《行政诉讼法》第 3 条规定：人民法院依法对行政案件独立行使审判权，不受行政机关、社会团体和个人的干涉。《人民法院组织法》第 4 条规定：人民法院依照法律规定独立行使审判权，不受行政机关、社会团体和个人的干涉。《人民检察院组织法》第 9 条规定：人民检察院依照法律规定独立行使检察权，不受其他行政机关、团体和个人的干涉。这一切都表明，司法独立原则在我国有宪法和法律依据。

全面理解我国司法独立的内涵，还需要科学把握我国的司法独立与

---

① 王利明：《司法改革研究》，法律出版社，2000，第 112—117 页。

西方国家的司法独立之间的区别。① 这些区别主要表现在：①独立的依据不同。西方国家司法独立是建立在立法、行政、司法三权分立的基础之上的，三权不仅彼此分开、自成体系，而且相互平行、相互制衡，司法权构成各种纠纷包括政治纠纷的最终裁决机制。我国司法独立则是建立在民主集中的基础之上的。我国的一切权力属于人民，人民行使国家权力的机关是人民代表大会，司法机关由权力机关依法产生，对权力机关负责并接受其监督。②独立的范围不同。西方国家的司法机关独立于立法和行政机关。我国的司法机关则独立于行政机关。我国宪法在确立司法独立原则时，没有规定司法机关独立于权力机关，而是规定司法机关在权力机关监督之下开展工作。尽管如此，我国的国家权力之间也存在科学的分工，立法权由权力机关行使，行政权由行政机关行使，司法权由司法机关行使，一个机关不能代替另一个机关行使权力。宪法规定的国家权力的合理分工，是司法独立的重要依据。③独立的主体不同。西方国家的司法独立，主要是指法院独立和法官独立，强调法院和法官在行使司法权的过程中，除受法律及其良知的约束外，不受任何外来干涉或影响。我国的司法独立，主要是指司法机关在行使职权上的独立，而不是法官独立，强调法官必须严格依照法律进行审判，而不能偏离法律规定进行审判。④独立的保障不同。西方国家司法独立的保障比较完备。我国司法机关在人财物等方面较多地受行政机关的牵制。总之，我国的司法独立与西方国家的最大区别，就是我国的独立审判是在党的领导和人大的监督下进行的，这是我国社会主义司法制度的一大特点和优势。当然，党的领导是路线方针政策的领导，而不是具体干预案件的审理；人大的个案监督要通过启动法院内部的监督程序来进行，而不是代替法院对个案做出具体处理。

根据我国的政治理念和政治制度，中国共产党是全体人民的领导核心，一切国家机关及其工作人员都必须接受中国共产党的领导，这是社会主义中国不可动摇的政治原则。党的领导是政治领导，即政治原则、

---

① 王英津、刘海滨：《司法独立的由来及其在我国的实现》，《学术探索》2005年第2期。

政治方向、重大决策的领导和向国家政权机关推荐重要干部。这种领导的性质属于政党的政治权威，而不是国家权力；这种受人民拥戴的政治权威，不同于国家权力的强制性和普遍的约束力，主要体现为党的政治号召力、说服力和影响力。党作为人民的一部分，不能凌驾于人民之上；党的领导作为人民主权的一部分，不能凌驾于人民主权之上。正因为如此，党提出的政治主张，必须通过国家政权机关的法定程序，才能转化为国家的行动纲领与法律法规，才具有国家权力的强制性和普遍的约束力。党对司法工作的领导主要体现在以下几个方面：通过立法程序把党的主张上升为国家意志，把党的路线方针政策转变为具体的法律规则，使之成为司法裁判的依据和准则，司法机关严格依法办事就体现了党的意志，坚持了党的领导；制定司法工作的方针政策，保证司法工作的正确方向，如推进司法改革、保证司法独立、维护司法公正等；考察推荐司法机关领导人选，由国家权力机关选举或任命；对司法机关中的党员干部进行监督，对违法乱纪者予以党纪处分或建议国家权力机关罢免其职务。① 因此，坚持党对司法工作的领导，一方面要求司法机关必须将自己的一切活动置于党的领导之下，自觉服从党的路线方针政策的领导；另一方面要求党组织必须改善自己的领导，不应插手具体案件的审理，更不能事无巨细地包揽司法，干预司法程序，甚至审批案件。党章规定党必须在宪法和法律范围内活动，宪法和法律要求维护司法机关依法独立行使司法权，因而，坚持党的领导，要通过党组织对司法机关依法独立行使职权提供支持和保障来体现。司法机关依法独立行使职权，本身就是坚持党的领导的体现。

司法工作有其自身的特殊性和规律性，党组织要加强和改善对司法工作的领导，必须掌握和遵循这些特殊性和规律性。按照我国的宪法和法律，司法机关的组织与活动必须遵循一定的原则，这些原则就是司法工作特殊性和规律性的具体体现：①司法统一原则。统一行使司法权——我国的审判权、检察权、侦查权、司法行政权由人民法院、人民

---

① 张恒山等：《法治与党的执政方式研究》，法律出版社，2004，第252页。

检察院、公安机关、司法行政机关分别依法行使，其他任何机关、团体和个人都无权行使这些权力。统一适用法律——国家统一适用法律，任何公民如有违法犯罪行为，都无权逃避和抗拒司法机关的依法制裁。统一司法体制——人民法院和人民检察院直接向国家权力机关负责并报告工作，公安机关和司法行政机关通过政府向国家权力机关负责并报告工作。②司法机关分工负责、互相配合、互相制约的原则。人民法院、人民检察院、公安机关和司法行政机关在分工负责的前提下，在互相配合、互相协作的基础上，互相制约，互相监督，保证国家法律正确实施。③对公民适用法律一律平等的原则。对任何公民的合法权益，不分种族、性别、职业等，一律依法予以保护；对于任何公民的违法犯罪行为，无论其职位多高、资格多老、功劳多大，都必须依法予以应得的惩罚。④以事实为依据、以法律为准绳的原则。司法机关必须以确凿的证据和客观的事实行使自己的司法权，司法机关必须切实以国家法律为标准处理案件。⑤独立行使审判权、检察权的原则。人民法院、人民检察院行使审判权、检察权，任何行政机关、社会团体和个人都无权干涉。⑥便利公民诉讼的原则。司法机构的设置要便利公民，诉讼手续要简便，诉讼法规要通俗易懂。贯彻我国司法机关组织与活动的基本原则，目的在于保障司法独立，防止司法腐败，提高司法质量，实现司法公正。

三　用制度保障司法公信力

制度内容具体，形式统一，规定明确，是司法活动的规矩和依据，带有根本性、全局性、稳定性和长期性。"制度好可以使坏人无法任意横行，制度不好可以使好人无法充分做好事，甚至会走向反面。"① 只有加强制度建设，用制度将司法活动的方式、程序和规则确定下来，并使这些制度具有统一性、完整性和规范性，不因人而异，不随人而变，才能确保司法公信力。

---

① 《邓小平文选》第2卷，人民出版社，1994，第333页。

建立以审判为中心的诉讼制度。我国《刑事诉讼法》规定，公、检、法三机关在刑事诉讼活动中各司其职，互相配合，互相制约。充分发挥审判特别是庭审的作用，是确保案件处理质量和司法公正的重要环节。但在司法实践中，有的办案人员对法庭审判重视不够，常常出现一些关键证据没有收集或没有依法收集，进入庭审的案件没有达到"案件事实清楚、证据确实充分"的法定要求，影响了审判工作的顺利进行。党的十八届四中全会提出，推进以审判为中心的诉讼制度改革，全面贯彻证据裁判规则，严格依法收集、固定、保存、审查、运用证据，完善证人、鉴定人出庭制度。这将促使办案人员牢固树立办案必须经得起法律检验的理念，保证庭审在查明事实、认定证据、保护诉权、公正裁判中发挥决定性作用，通过法庭审判的程序公正实现裁判的实体公正，有效防范冤假错案产生。

建立检察机关提起公益诉讼制度。目前，检察机关对行政违法行为的监督，主要是依法查办行政机关工作人员涉嫌贪污贿赂、渎职侵权等职务犯罪案件，范围相对狭窄。而实际情况是，行政违法行为构成刑事犯罪的是少数，更多的是乱作为、不作为。对此，党的十八届四中全会提出，检察机关在履行职责中发现行政机关违法行使职权或者不行使职权的行为，应督促其纠正。对侵害国家和社会公共利益或者有侵害危险的案件，如国有资产保护、国有土地使用权转让、生态环境和资源保护等，由于与公民、法人和其他社会组织没有直接利害关系，使其没有也无法提起公益诉讼，应由检察机关提起公益诉讼。这项改革，有利于优化司法职权配置、完善行政诉讼制度、推进法治政府建设，从而更好地保护公共利益。

建立确保依法独立公正地行使审判权和检察权制度。审判权和检察权是法律赋予司法机关的专门权力。人民法院、人民检察院依法独立公正地行使审判权和检察权，才能在司法实践中有效排除各种影响和干扰，做到以事实为根据、以法律为准绳。党的十八届四中全会提出，建立领导干部干预司法活动、插手具体案件处理的记录、通报和责任追究制度，健全行政机关依法出庭应诉、支持法院受理行政案件、尊重并执行法院生效裁判的制度，建立健全司法人员履行法定职责保护机制。这些举措将有效排除来自司法机关内部和外部的干扰，促使行政机关依法服从司法管辖权和司法裁判权，解除司法人员独立办案的后顾之忧，为坚守公正司法底线提供可靠稳定的制度保障。同时，应实行法官终身任职制度，使全社会形成这样一个共识：出任法官是很高的荣誉，代表着对其一生学识、经验和美德的肯定。

建立办案质量终身负责制和错案责任倒查问责制度。办案质量终身负责制和错案责任倒查问责制是指出现案件质量问题尤其是出现错案，原办案司法人员不管其退休、调离或升职，都要追究其相应的责任。实行办案质量终身负责制和错案责任倒查问责制，是明确各类司法人员法律责任，确保案件处理经得起历史检验的客观需求；是完善司法制约监督机制，预防和遏制司法腐败的迫切需要；是事实认定符合客观真相、办案结果符合实体公正、办案过程符合程序公正的必然要求。实行办案质量终身负责制和错案责任倒查问责制，要以社会主义法治理念为指导，探索司法工作的客观规律，力求彰显办案质量终身负责制和错案责任倒查问责制的科学性和规范性；与司法体制改革相适应，促进办案质量终身负责制和错案责任倒查问责制的标准化和统一化；从完善制度入手，着眼构建制约监督司法行为的长效机制，加强司法机关的制度执行力建设，将办案质量终身负责制和错案责任倒查问责制真正落到实处。对因玩忽职守造成冤案错案的法官，应依法追究法律责任，情节严重的终生不得担任法官。

建立领导干部干预司法责任追究制度。领导干部干预司法责任追究制度是指对领导干部干预司法机关办案活动进行责任追究的制度。建立领导干部干预司法活动、插手具体案件处理的记录、通报和责任追究制度，是防范违法干预司法活动、保证司法机关依法独立公正行使审判权和检察权的客观要求。党的十八届四中全会强调，任何党政机关和领导干部都不得让司法机关做违反法定职责、有碍司法公正的事情，任何司法机关都不得执行党政机关和领导干部违法干预司法活动的要求。对干预司法机关办案的，给予党纪政纪处分；造成冤假错案或者其他严重后果的，依法追究刑事责任。近年来，司法人员在办案中经常会遇到来自上级机关、领导干部的干预，对依法独立公正办案构成干扰，严重影响了司法公信力。这一方面要求司法人员刚正不阿、勇于担当，敢于依法排除来自司法机关内部和外部的干扰，坚守公正司法的底线；另一方面要求各级党政机关和领导干部切实支持司法机关和司法人员依法独立公正行使职权，决不允许以言代法、以权压法、徇私枉法。对违法干预司法个案和插手具体案件的领导干部，要及时记录在案，并予以通报和问责。

四 改革是解决司法公正问题的根本途径

习近平总书记指出："解决法治领域的突出问题，根本途径在于改革。"① 司法不仅是整个国家法治建设的关键环节，而且是连接国家与社会的主要桥梁。推进司法管理体制改革，强化司法功能作用，对全面推进依法治国至关重要。完善司法管理体制是实现社会公平正义的必然要求。只有完善司法管理体制，建立公正高效权威的司法制度，才能满足人民群众的司法需求、维护人民群众的根本利益。完善司法管理体制是解决司法腐败的必然要求。司法领域裁判不公、徇私枉法的现象相当严重，人民群众对此深恶痛绝。只有完善司法管理体制，才能切实解决影响司法公正的深层次矛盾和问题，有效杜绝司法权力滥用。所谓完善司法管理体制，是指以维护司法公正为目的，以优化司法职权配置为重点，以推行司法公开、加强司法监督为保证，对司法系统、制度和机制所进行的调整与创新。

从制度上看，我国宪法不仅确立了审判机关、检察机关与同级人民政府平等的法律地位，而且明确规定人民法院、人民检察院依照法律规定独立行使职权，不受行政机关、社会团体和个人的干涉。在西方很多实行议会制或总统制的国家，中央政府对高级法官具有一定的委任权，

---

① 习近平：《加快建设社会主义法治国家》，《求是》2015年第1期。

即政府在一定程度上控制着司法机关。而我国的各级法官由各级人民代表大会产生，各级司法机关只向各级人民代表大会负责，因而司法机关独立于行政机关，不存在行政机关对司法机关的直接控制。我国是社会主义国家，共产党领导国家政权机关，当然包括领导司法机关。但这种领导主要是路线方针政策的领导，主要是从政治上支持和从制度上保证司法机关依法独立公正行使审判权和检察权。这表明，在制度上，我国的司法机关能够独立地认定事实，准确地适用法律，公正合理地行使司法权，以保护国家、集体和公民的合法权益。但从实践上看，由于人事、财政体制和工作机制上的原因，我国宪法规定的原则还没有完全落到实处，司法独立和司法公正还没有得到切实有效的保障，司法机关的司法活动经常受到党政机关的不当干预。

按照《人民法院组织法》和《人民检察院组织法》的规定，地方各级人民法院和人民检察院的领导人员、审判员、检察员以及审判委员会委员和检察委员会委员均由本级人民代表大会及其常务委员会选举或任命，但根据党管干部的原则，在上述人员提交选举或任命前，须由本级党委讨论同意，上述人员的免职同样由本级党委或其组织部门向人大提出，而党的组织部门与政府的人事部门实际上是合二为一的。加之政府的领导成员在本级党委的组成人员中通常占大多数，这在实践上造成党政机关不仅控制着司法机关主要领导人的任免权，而且控制着司法机关其他工作人员的任免权。因此，在地方党政机关实际上握有司法人员进退走留大权的情况下，司法人员独立行使职权往往要冒很大的风险。同时，地方各级人民法院和人民检察院的经费列入本级政府预算，由财政拨付。由于行政机关控制着司法机关的财政权，行政机关的财政部门减少对司法机关拨款，司法机关就很难正常运转。这就导致司法机关对行政机关的依附及司法工作受行政机关的掣肘。如在行政诉讼中，若法院做出不利于行政机关的判决，行政机关就常以人事权、财政权等相要挟。在这种情况下，司法机关独立行使职权同样要冒很大的风险。由于各级党政机关不仅对同级法院和检察院的人事任免有实质性权力，而且财政拨款也要由同级政府来决定，这就使长期存在的"权大于法"的现象难以改变,不仅很难保证司法独立和司法公正,甚至还会诱发司法腐败。另外,我国县级以上各级党委均设有政法委员会,而且大都由公安局长任书记,由法院院长或检察院检察长任副书记,或者由一名常委兼政法委书记,分管政法工作。在实际工作中,人民法院和人民检察院遇有复杂或重大疑难案件都要提交政法委员会,由其协调、研究并提出处理意见。司法权是自主性权力,它的权力来自法律,如果司法权根据来自法律以外的权力与权威的命令而行动,就变成其他权力的工具了。司法权的工具化主要是指司法权对法律以外的权力与权威的依附性。[1] 实行这种工作机制,要求人民法院和人民检察院依法独立行使职权,很难说不被打折扣。

我国司法体制对司法独立的制约不仅根源于司法机关的外部关系,也体现于司法机关的内部关系。长期以来,人民法院对案件的审判通常由独任庭或合议庭审理并提出处理意见,然后报庭长审核和院长审批,重大、复杂或疑难案件由院长提交审判委员会讨论决定;下级人民法院审判案件,如遇重大、复杂或疑难案件,往往向上级人民法院请示,由上级人民法院做出指示,然后下级人民法院按照指示做出判决。这些做法明显带有行政色彩,混淆了司法与行政的区别,与世界各国通行的法官独立原则以及我国宪法确立的上下级法院之间为审级监督关系的原则相悖,不符合司法工作的特点,难以实现司法公正。同时,司法组织的行政化趋势,还为司法系统内部上级不当干预下级司法审判提供了机会。审判委员会制度更是为直接影响审判结果提供了制度性工具,形成了"判而不审,审而不判"的现象。上下级法院之间的业务指导和重大事项请示制度为上级法院某些工作人员干预下级法院独立办案提供了便利条件。[2]

由此可见,实现我国司法独立的最大障碍在于司法体制问题,实现司法独立离不开司法体制改革。司法体制改革是政治体制改革的重要组

---

[1] 李秋芳主编《反腐败思考与对策》,中国方正出版社,2005,第289页。
[2] 何增科等:《中国政治体制改革研究》,中央编译出版社,2004,第378页。

成部分，以司法独立为取向的司法体制改革必须与政治体制改革相适应，否则司法体制改革就没有出路。政治体制改革每推进一步，都为司法体制改革提供了有利的政治环境和条件。司法体制改革的深化，同样会促进整个政治体制改革的进程。司法体制改革的目的是更好地实现与保障司法公正。如果法律的内容能够体现人民的意志和利益，那么法律本身就是公正的。然而法律是需要人去执行的，如果司法人员由于某种原因造成司法实体的不公正与司法程序的不公正，那么，公正的法律也会导致不公正的司法结果。司法公正是社会公正的最后防线，如果失去了司法公正，那就意味着最终失去了社会公正。因此，司法公正问题至关紧要。司法体制改革的目的应定位于：通过制度的功能排除导致司法不公的各种因素，切实保障公正的法律达到公正的司法结果，以司法公正推动社会公正。

依照我国人民法院组织法和三大诉讼法的规定，法院内部的审判组织包括独任庭、合议庭和审判委员会三种类型，其中合议庭是基本的审判组织，独任庭是适用简易程序审理案件的审判组织，审判委员会则是讨论决定重大、疑难、复杂案件的审判组织。在我国的司法体制中，审判委员会作为法院内部的最高审判组织，是为了保障裁判的公正性而设立的。其成员一般由法院院长、各庭庭长和一些资深法官担任，在保证法院依法审判、提高审判质量、合理裁判重大或疑难案件等方面，都起了积极的作用。然而，审判委员会的存废问题却成了近年来我国司法改革的焦点之一。对审判委员会的否定性意见主要来自两个方面：第一，在法院内部，法官应当具有独立的审判地位，由审判委员会讨论决定重大、疑难、复杂案件，然后交合议庭执行的制度不仅影响了法官对这些案件的独立审判权，而且使得审判委员会与法官之间形成了类似于行政体制中的上下级关系，从而使审判委员会可以通过各种方式干预法官独立审判。[①] 第二，对于重大案件，在合议庭依法公开审理后，还要提交审判委员会做出决定。而审判委员会是在不依上诉程序进行听证的情况下，

---

① 姚莉：《法制现代化进程中的审判组织重构》，《法学研究》2004年第5期。

通过非公开的会议讨论来裁决案件，既不直接面对当事人，又脱离公众的监督。① 其最大的弊端在于：审判委员会作为一个审判组织却不以司法方式也不依司法程序来行使审判权力。② 这样一来，为保障公民的基本权利而设计的审判程序就因为审判委员会的介入而被打破了。因此，审判委员会决定重大案件裁决的方式违背了公开审判的原则，与司法裁判权所应当具有的"亲历性"特征不符，因而不利于实现裁判的公正性。

在实际生活中，司法独立不仅意味着法院对于外部干预的独立，而且意味着上下级法院之间的独立，意味着法官个人的独立。法官独立审判是司法独立原则的具体体现，指法官享有全权审理和裁判案件的权利，同时对自己的错误裁判承担全部责任的审判工作制度。其最重要的标志在于法官根据自己基于对案件事实的认识和对法律的理解所形成的独立意志决定裁判结果，换言之，裁判结果的形成只取决于法官的独立意志。用马克思的话说，就是"法官除了法律就没有别的上司"③。只有法官独立，才能使现代诉讼中规范法官做出正确裁决的一整套制度真正发挥作用，也才能有效贯彻司法责任制度。为了确保法官独立，应改革司法审判制度。鉴于审判委员会决定案件违反了司法公开的原则，破坏了回避制度的效果，造成了司法效率的低下，故应撤销各级法院的审判委员会，将其行使的判决权归还给法庭，以便从根本上解决审、判分离的问题。在此基础上，增设专家咨询委员会，由专家、学者和富有审判经验的法官组成，其主要职能在于总结审判经验，形成理论成果，提供咨询意见，但其意见对判决不起决定作用，仅供法官参考。④

司法独立的内涵既包括司法机关的独立和法官的独立，也包括司法财政的独立和司法活动的独立。我国司法机关的经费主要来源于各级财政，这种财政体制使得原本是依照宪法和法律独立行使审判权和检察权的人民法院和人民检察院事实上成了各级政府的一部分。由于司法机关

---

① 张恒山等：《法治与党的执政方式研究》，法律出版社，2004，第 276 页。
② 黎军：《审判委员会改革的几个基本问题》，《法治论丛》2006 年第 3 期。
③ 《马克思恩格斯全集》第 1 卷，人民出版社，1995，第 180—181 页。
④ 孙国华主编《社会主义法治论》，法律出版社，2002，第 495 页。

的经费主要靠各级财政拨款,而经费的控制足以左右司法机关的意志,这正如"端人家的饭碗,难免要看人家的脸色行事"一样,使司法机关在适用法律时不得不考虑各级政府主要领导的意图,在一定程度上影响了司法机关的公正司法。从这种意义上说,现行的司法财政体制是司法机关地方保护主义的体制性根源。① 因此,应改革法院和检察院的财政体制,下级司法机关的财政由上级司法机关统一管理,最高司法机关的财政由全国人大常委会设立一定机构进行管理,使司法机关的财政权相对独立。

人民法院、人民检察院依法独立公正行使审判权、检察权,是宪法的明确规定,是保障国家法律统一正确实施的关键。鉴此,要通过司法管理体制的改革,推动省以下地方法院、检察院人财物统一管理,探索建立与行政区划适当分离的司法管辖制度,保证国家法律统一正确实施。一是推动省以下地方法院、检察院人财物统一管理。我国是单一制国家,司法职权是中央事权。由我国社会主义初级阶段的基本国情所决定,将司法机关的人财物完全纳入中央统一管理,目前尚有一定困难。按照循序渐进的原则,将省以下地方人民法院、人民检察院人财物由省一级统一管理。地方各级人民法院、人民检察院和专门人民法院、人民检察院的经费由省级财政统筹。二是探索与行政区划适当分离的司法管辖制度。司法管辖包括司法机关的地域管辖和案件管辖。司法机关按行政区划设立,管辖所属行政区划内的案件,容易受到地方保护主义的干扰。因此,依据现行宪法框架,探索与行政区划适当分离的司法管辖制度势在必行。三是设立跨行政区划的人民法院和人民检察院。随着社会主义市场经济的深入发展,跨行政区划乃至跨境案件越来越多。为避免法院所在地有关部门和领导利用职权和关系直接插手案件处理,要探索设立跨行政区划的人民法院和人民检察院。这有利于排除对审判工作和检察工作的干扰、保障法院和检察院依法独立公正行使审判权和检察权,有利于构建普通案件在行政区划法院审理、特殊案件在跨行政区划法院审理的诉讼

---

① 张晓燕:《我国权力制约与监督的五大难题》,《中国党政干部论坛》2004年第1期。

格局，更好地平等保护外地当事人合法权益、保障法院独立审判、监督政府依法行政、维护法律公正实施。

权责明晰的司法权力运行机制，是公正司法、高效司法、廉洁司法的必要保障。要按照司法规律的内在规定，着力健全司法责任制，理顺司法权与司法行政事务权、司法权与监督权的关系，健全权责明晰统一的司法权力运行机制。建立主审法官、合议庭办案责任制，让审理者裁判、由裁判者负责，做到有权必有责、用权受监督、失职要问责、违法要追究。"完善审级制度，一审重在解决事实认定和法律适用，二审重在解决事实法律争议、实现二审终审，再审重在解决依法纠错、维护裁判权威。"[1] 规范和落实上下级法院的审级监督，确保审级独立。最高人民法院设立巡回法庭，审理跨行政区域重大行政和民商事案件。这有利于审判机关重心下移、就地解决纠纷、方便当事人诉讼，有利于最高人民法院发挥监督指导全国法院工作的职能，集中精力制定司法政策和司法解释、监督指导全国法院审判工作，审理对统一法律适用有重大指导意义的案件，提高审判工作水平。

---

[1] 《〈中共中央关于全面推进依法治国若干重大问题的决定〉辅导读本》，人民出版社，2014，第22页。

第十二章

全民守法

在现代社会，守法是一个司空见惯却又备受关注的问题。通常情况下，法律作为一种具有普遍约束力的行为规则，应该得到所有人的普遍遵从，不允许有任何例外。现代法治国家都在宪法或法律中规定或倡导一切主体毫无例外要守法，任何个人、机关、政党和团体都要接受法律的约束，不能超越法律而享有超越法律的特权。尽管人人守法是毫无疑问的，但不论是发达国家还是发展中国家，守法都是一件艰难的事情。即使是像欧美这样的法治国家，守法也依然存在不少问题，国家依然需要对潜在的违法行为保有足够的警惕，保持一种长期的威慑力量。[①] 而"中国式过马路"从一个侧面折射出部分民众守法意识的缺失和守法定力的不足。可见，任何社会都需要促进公民守法。

一　全民守法是建设法治国家的基础

全民守法是建设法治国家的基石，是社会和谐稳定、国家长治久安的保障。党的十八大报告指出："要推进科学立法、严格执法、公正司法、全民守法，坚持法律面前人人平等，保证有法必依、执法必严、违

[①] 王立峰：《法治中国》，人民出版社，2014，第210页。

法必究。"① 这是首次将全民守法与科学立法、严格执法、公正司法一并强调，表明我们党对社会主义法治建设规律认识的不断深化。党的十八届四中全会将科学立法、严格执法、公正司法与全民守法作为四位一体相提并论，以立法、执法、司法、守法四个方面作为建设法治国家的有力抓手，进一步体现了推进依法治国的基本方略，体现了建成法治国家的高度自信。把全民守法提到前所未有的高度，必将对全面推进依法治国、建设法治国家的进程产生巨大的推动作用。

(一) 全民守法是法治社会的必然要求

法国思想家卢梭曾说过，一切法律中最重要的法律，既不是刻在大理石上，也不是刻在铜表上，而是铭刻在公民的内心里。因为法治的根基在于人民发自内心的拥护，法治的魅力源于人民出自真诚的信仰，法治的力量在于人民自觉的法律践行。从这个意义上讲，全民守法是依法治国、建设法治社会的必然要求。守法，顾名思义就是遵守国家的法律法规，依法享有并行使法律赋予的权利，依法承担并履行法律规定的义务。全民守法，则是社会全体成员无一例外都自觉遵守法律，其行为无一例外都要受到法律的约束，违法都要受到法律的制裁。从人类社会发展历史看，为维护正常社会秩序，保证社会正常运行，逐步形成了约束社会成员行为的多种规范：既有非强制性的行为规范，这就是通过社会舆论调节的伦理道德；又有强制性的行为规范，这就是需要国家机器调节的法律法规。法律法规是全体社会成员都必须遵守的强制性行为规范。中国特色社会主义法律体系是以全社会成员的共同意志为内容形成的法律规则体系，因此，社会主义法治从本质上是广大人民群众根本愿望和根本利益的反映，自觉守法是人民主体地位的体现。苏格拉底说："遵守法律是一种美德。"守法不仅是一种美德，更是一种行为规范，一种生活方式。近代法学家沈家本说："法立而不守，辄曰法之不足，此固古今之

---

① 《十八大报告辅导读本》，人民出版社，2012，第 28 页。

大病也。"[①] 自觉遵守和执行法律是对公民的基本要求。建设社会主义法治国家的目标需要全民守法去实现，社会主义法治精神需要全民守法去弘扬和传递，科学立法、严格执法、公正司法需要全民守法去推动。全民守法是法治建设从传统走向现代、从理论走向实践、从精英走向大众的必然趋势。只有全社会成员发自内心地尊崇宪法和法律，宪法和法律才不会仅停留在纸面上。因此，全民守法事关我国社会主义现代化建设全局和中华民族长远发展的重大战略任务，是坚持党的领导、人民当家作主、依法治国的必然要求，是保证中国共产党科学执政、民主执政、依法执政全局的迫切需要，是全面贯彻落实依法治国基本方略、建设社会主义法治国家的迫切需要，是在新的起点上完善中国特色社会主义法律体系、推进社会主义民主法制建设的迫切需要。实践证明，只有增强全民的法治观念，每个人都成为社会主义法治的崇尚者、遵守者和捍卫者，让全民守法成为社会常态，才能为全面推进依法治国夯实最坚实的社会基础。

（二）全民守法是实现群众根本利益的必然要求

党的十八届四中全会《决定》指出："人民权益要靠法律保障，法律权威要靠人民维护。"这体现了法治建设以保障人民根本权益为出发点和落脚点的社会主义法治理念。人民主体地位是建设社会主义法治国家的一个核心理念，人民是国家的主人，整个法治道路必须以人民利益作为出发点和落脚点，以人民利益作为最高的标准。人民不仅是社会主义先进生产力、先进文化的创造主体，也是社会主义法治文明的实践主体。我国宪法和法律是党领导人民制定的，是党的主张和人民意志的共同反映，体现了党的领导、人民当家作主、依法治国的有机统一。只有坚持全民守法，才能在社会主义法治建设中充分尊重人民的主体地位，使人民群众遵守法律的现实和潜在的积极性得以充分调动，从而在全社会形成宪法至上、守法光荣的良好氛围。依法维护人民权益，就是要依法保

[①] 沈家本：《法学盛衰说》，中华书局，1985，第 2143 页。

障全体社会成员享有广泛的权利,保障公民的人身权、财产权、基本政治权利得到落实,保障人民群众对美好生活的实际享有和共同追求。全体人民自觉守法,就是全社会厉行法治的过程,就是法律得到严格执行的过程,也是人民权益通过法律途径得以实现的过程。如保定油条经营者刘洪安从2012年春节开始,打出了"己所不欲勿施于人"和"安全用油杜绝复炸"的招牌,受到了消费者的热捧,被人们称为"油条哥"。他用诚信维护着法律的尊严,更保护了人民的健康。与之相比较的是泛滥的地沟油、皮鞋果冻、问题胶囊等,这些关于食品、药品安全问题的报道已屡见不鲜,黑心商家在违法的同时更侵犯着人民的利益。

当前我国正处于经济转轨、社会转型时期,社会结构由单一转向多样、固定转向流动、封闭转向开放,就业结构、城乡结构、区域结构、阶层结构都在发生深刻变化。利益格局深刻调整,各种利益群体和利益集团不断出现,公民对涉及自身利益和权利的问题十分敏感,公民通过法律渠道表达诉求、运用法律武器维权的意识越来越强烈。全民守法是一种积极主动遵守宪法和法律、自觉维护法律尊严和权威、理性表达和捍卫权利的动态过程。只有坚持全民守法,才能将人的需要转化成法律上的权利。

(三) 全民守法是解决现实矛盾、维护社会稳定的有效手段

全民守法是加强和创新社会治理的基础性工作。社会管理的目标在于法的实现。社会管理说到底就是依照法律来治理社会,使社会管理活动依法进行,从而实现秩序、民主、公平和正义。法治的根基在于人们发自内心的认同,法治的伟力源于人们的真诚信仰。现代社会治理是多元共治,全体人民共同参与,只有让包括社会治理者在内的全体人民都信仰法律,都成为社会主义法治的忠实崇尚者、自觉遵守者、坚定捍卫者,在全社会形成厉行法治的积极性和主动性,社会治理才能在法律框架下运行,现代社会治理模式才能真正形成。我国已经迈进中等收入国家行列,这一阶段的重要特征就是社会进入矛盾多发期,甚至社会矛盾有可能相对激化。失地农民增加、城镇居民就业压力加大,个别地方治

安恶化、上访增加等，都是这一阶段社会矛盾的体现。

2015年1月20日《新京报》报道，1月19日13时许，在河北冀州一处新建楼盘，一名13岁女孩帮父亲讨薪时，从16层跳下摔死。为讨薪跳楼、为征地拆迁而自焚的事例已不是个案，如果能够多一些渠道正确处理这些问题，就可能制止这些惨案的发生。这就需要加强和创新社会管理，正确处理人民内部矛盾，畅通和规范群众诉求表达、利益协调、权益保障渠道。大力推进全民守法，努力让守法成为全民自觉意识和真诚信仰，将有效促进政府依法保障和改善民生，从源头上减少各种矛盾的产生，将有效促进民众依法维护权益、表达诉求，将促使各种社会矛盾的解决纳入法治轨道。

二　全民守法的基本要求

习近平指出：" 全民守法，就是任何组织或者个人都必须在宪法和法律范围内活动，任何公民、社会组织和国家机关都要以宪法和法律为行为准则，依照宪法和法律行使权利或权力、履行义务或职责。"[①] 这一论述，不仅明确了全民守法的基本含义，更对全民守法提出了基本要求。

（一）全民守法要求必须在宪法和法律范围内活动，不允许有超越法律的特权

习近平总书记在首都各界纪念现行宪法公布施行30周年大会上强调，"宪法的生命在于实施，宪法的权威也在于实施"，"全面贯彻实施宪法，是建设社会主义法治国家的首要任务和基础性工作。要让宪法得到有效实施，遵守宪法规定，尊重宪法地位和维护宪法权威至关重要"。如此强调宪法的地位是因为，宪法是国家的根本大法，是治国安邦的总章程。在社会主义法律体系中，宪法具有最高的法律地位、法律权威、法律效力，具有根本性、全局性、稳定性、长期性等特点。因此，任何组

---

① 《习近平总书记系列重要讲话读本》，学习出版社、人民出版社，2014，第83—84页。

织或者个人，都不得有超越宪法和法律的特权。一切违反宪法和法律的行为，都必须予以追究。只有广大社会公民积极维护宪法权威、充分相信法律、自觉运用法律，懂得宪法和法律不仅是全体公民必须遵循的行为规范，而且是保障公民权利的法律武器，才能让社会主义法治理念和公民学法尊法守法用法意识得到普遍提升，依法治国基本方略才能得到全面实施。

一个国家，如果不能将宪法和法律置于至上的地位，国家的法治就无从谈起。宪法和法律的崇高地位，是确保其得以遵守的前提。全民守法就是要坚持宪法和法律的至上性和适用上的平等性。具体表现在以下三个方面：一是法律要平等地约束所有人。任何人在法律面前都是平等的，无论其民族、种族、性别、职业、家庭出身、宗教信仰、教育程度、财产状况、居住期限如何，都一律平等地享有宪法和法律规定的权利，也都平等地履行宪法和法律所规定的义务。都不享有超越法律的特权，任何人都不能以个人意志代替法律。二是任何公权力都不得超越宪法与法律。任何权力都要受到法律的制约，公权力依据宪法和法律产生。依法执政其实也就是依照最广大人民群众的意愿来治理国家。法治体现的是按照最大多数人民意愿治理国家的模式，因为法治本身体现的就是人民的意愿，而不是单个人的意愿。按照法律办事，就是按照最大多数人的意愿来办事。三是法律是全社会行动的准则，无论是党的领导，还是人民当家作主、行使民主权利，都必须严格依法办事。相对于其他的社会规范如道德等，法律是任何人都必须遵守的强制性规范。不但要求国家机关和公职人员严格依法办事，执法必严，违法必究，更要求执政党的行为必须依据宪法和法律，不允许凌驾于宪法和法律之上。这是因为作为执政党的中国共产党，在国家生活中居于领导地位，党的组织和党的工作人员（特别是居于领导岗位的领导人）模范遵守法律，树立守法榜样，才能引导各社会组织和公民严格守法。

但实践中，还有相当一部分官员习惯于依靠权力发号施令，甚至把个人权威凌驾于法律之上，特权意识严重。法治不容特权，我们要弘扬社会主义法治精神，引导全社会树立法治意识，在实践中就必须旗帜鲜明、态度坚决地反对一切特权思想、抵制一切特权行为，让一切凌驾于法律之上、行使特权的人受到法律的严惩，以"法不阿贵"的生动法治实践，教育和引导人民群众树立法律面前人人平等的意识，自觉遵守法律。2014年7月，周永康涉嫌严重违纪被开除党籍并移送司法机关，打破了"刑不上大夫"的潜规则，彰显了法律面前无特权的基本原则。它表明，任何人，无论职务多高，位置多显赫，权力多大，成就和功劳多大，只要凌驾于党纪国法之上、肆意践踏法律尊严，就要受到党纪国法的严惩。

（二）全民守法不仅要切实履行法定义务，还要正确享受法定权利

如何把握守法的内容，涉及对守法概念的理解。有的学者从狭义上理解守法，认为守法是指社会主体依照法的规定履行义务的活动①。有的学者则从广义上理解守法，认为守法意味着一个国家和社会主体严格依法办事的活动和状态。依法办事包含两层含义：一是依法享有权利并行使权利；二是依法承担义务并履行义务。不能仅仅将守法理解为履行义务，它还包含依法享有权利并行使权利。② 我们认为，在现代法治社会，对守法的概念应做广义的理解。广义的守法，除指服从法律（从法）外，还具有运用法律（用法）、信仰法律（信法）、批判法律（疑法）等内涵。法是由国家用规范的形式定型化的权利和义务。法的核心内容就是权利和义务。国家通过法律规范，把一切组织和个人在社会生活领域中允许做什么、必须做什么和禁止做什么，以权利和义务的形式规定下来，去指导、约束和调整人们的社会行为和社会活动，并以国家强制力保证其得到遵守和执行，以建立和维护有利于社会主义的社会关系和社会秩序。当所有组织和个人都能按照法律要求去做，正确行使法律所赋予的权利，积极承担义务，自觉遵守禁令，法就切实得到了遵守。因此，守

---

① 刘星：《法理学导论》，法律出版社，2005，第337页。
② 张文显：《法理学》，高等教育出版社，2003，第250页。

法的一个重要方面是根据法律规定行使法定权利，维护或争取正当利益。德国法学家耶林认为，为权利而斗争不仅是主张自己利益的任何一位市民的权利，同时也是市民的一项道德义务。一个人放弃自己的权利，从法律本身的规定来说并无不可，但如果从功利主义的角度来考察其社会影响，放弃权利的行为是非常危险的。因为当这种行为成为一种社会普遍现象的时候，无疑是对非法行为的纵容和鼓励，法律自身的权威将受到严重的挑战，法律的功能将得不到发挥，社会秩序也就很难得到有力维护。2013年9月3日的"成都奥迪女"车祸事件，以其无证、醉驾等情节，在成都成为继"孙伟铭事件"以后再一次强烈的社会冲击波，被判处有期徒刑一年，民事赔偿58万元。很多人对于自己日常生活中酒驾、闯红灯等行为，总是视为偶尔为之，总是抱持侥幸心理，总是把希望寄托于他人的守法。殊不知，每个人的偶尔为之，集合起来就成了常态。当我们越过法律的边界，实际上也就放弃了自己的合法权益。鼓励权利主体运用法律保护自己的权益和自由，既是对权利主体极为有效的意识形态的压力和约束，也是间接督促义务主体履行义务的一种重要方式，进而可以促使守法的广泛实现。

（三）全民守法要求实现从强制守法到自觉守法

人们服从法律的动机是多元的。英国学者哈特把守法的动机分为两种：一种是出于自愿去接受和维护法律规则，并以法律规则作为自己行为的指导。这是一种非常稳定的守法心态，持有这种动机的人守法的心态很坚决，即使面临困难或诱惑，意志坚强的人也会战而胜之，甚至不惜做出牺牲。另一种是通过观察发现如果不遵守法律规则可能会受到惩罚，因而被迫服从法律。这是一种不稳定的守法心态，对于持这种守法动机的人而言，如果眼前能获得的非法利益远大于以后可能遭受的惩罚，或者他认为以后遭受惩罚的可能性很小时，他就会铤而走险去违反法律。对于持这种守法动机的人而言，可以说，通过严格执法促进其守法，不失为一种有效的方式。如我国采取专项酒驾治理活动，加大对酒驾的处罚力度并加紧执行，遵守情况显著改善。但实践证明，基于威慑而保证人们守法，影响有限。一般来说，公民遵守法律的驱动力量主要靠两种形式：以国家强制为主的外在驱动以及公民内心自觉为主的内在驱动。前者倾向于将人们与法律的关系看成是影响方式和工具的作用，认为法律权威的工具性控制功能和威慑力量是个人服从或遵守法律的动因。后者把人们对法律的理解以及与法律的关系主要看作主观态度问题，从行为与观念、意识之间的内在联系的视角，来理解人们为何要遵守法律。[①]从立法角度看，人们遵守法律，会看这个法律是谁制定的或者怎样制定的。如果社会成员认为立法者具有合法性，就会遵守法律，服从政治权威。从执法角度看，人们服从执法行为，会看谁在执法或者如何执法。如果社会成员认为执法者具有正当性，就会普遍接受政府官员的执法行为。虽然一个政府可以通过强制性手段来实现统治，但一个具有合法性的政府将会使治理变得更加容易，更有效率。如果失去了合法性，政府将不得不花费更多的财力和人力用于制裁和威慑。[②] 因此，自觉守法较之强制守法，对于法治社会的建设更加有利。

目前，我国公民守法状况有基于对法治的信仰、对公平正义的坚信而自觉守法的状态，有基于对法律的尊敬、对司法权威的崇信而不愿或不能违法的状态，有基于对法治的畏惧、对法律强制性惩罚的害怕而不敢违法的状态。不敢违法是全民守法的初级形态，也是较普遍的守法心态。在很多人的心里，法律只是一种惩罚的手段，不是自己应当奉行和遵守的行为规范。在汉语中，甚至有"法不责众"这样的词，它通常理解为如果很多人违法，国家即使想惩罚，也会因违法人数众多而无能为力。从历史角度来看，我国社会缺乏法治传统，社会缺乏对法律的尊重。在中国古代，法律没有权威可言，有权威的是执掌法律的人，法律只是他用来统治人民的工具。因此很多人迷信权力、崇尚金钱，法律还没有成为信仰，守法远远没有内化为人的一种精神。从以上可以看出，要实现全民从强制守法到自愿守法，从被动守法到主动积极守法，还有很长

---

① 陆益龙：《影响农民守法行为的因素分析——对两种范式的实证检验》，《中国人民大学学报》2005年第4期。
② 王立峰：《法治中国》，人民出版社，2014，第220页。

的路要走。

三　实现全民守法的主要路径

全民守法是一项综合工程。只有通过增强法治意识、培育法治信仰、完善立法、加强普法、规范执法、公正司法，提高权力主体法治能力、加强公民道德建设等方面多管齐下，才可能建成法治社会。

（一）培育法治信仰，增强法治意识

十八届四中全会《决定》指出："法律的权威源自人民的内心拥护和真诚信仰。"法治信仰，指的是发自内心地认同法律、信赖法律、遵守和捍卫法律。法律不仅仅是一种制度、一种秩序和一种统治工具，更重要的是包含一种公平正义的价值，代表一种理想信念和文化力量。人类必须有自己的精神家园，只有当外在的法律诉之于人性、扎根于人性，符合人们的心理或情感，人们才能从内心敬重法律、信仰法律，法律才真正找到自己的根，并切实发挥作用，人们才找到了自己的精神家园。"没有信仰的法律将退化为僵死的教条，没有法律的信仰……将蜕变成为狂信，法被信仰，我们就不必担心法律得不到普遍的服从和贯彻实施，也无须考虑公民的正当权益得不到保障，更无须怀疑任何个人、团体甚或国家政府的违法行为得不到纠正和惩罚。"[①] 当今社会，无论是农民工运用法律手段讨薪，还是普通市民活跃在决策听证会上，或是司机"拒绝酒后驾车"，都让人感受到法治释放出的力量。但缺乏守法意识的行为也比比皆是。如公共环境和设施人人受益，人们本应自觉维护和保护，但摆在公共场所的鲜花被哄抢，道路井盖被盗窃，文明伞有去无回……也不同程度地折射出某些角落还缺乏必要的法治信仰。正反两方面的事例都说明，法律只有被信仰，成为坚定的信念，才能内化为人们的行为准

---

① 伯尔曼：《法律与宗教》，梁治平译，生活·读书·新知三联书店，1991，第22—24页。

则，否则将形同虚设。

培育法治信仰，关键要转变人的思想观念，推动全社会树立法治意识。古希腊哲学家苏格拉底被雅典的法庭判了死刑，他的学生认为判决是不公正的，准备给他打通关节，谋划好出逃路线助他逃跑。但是苏格拉底拒绝了学生的请求，他说要维护法律的权威性、公正性和正义性，如果他跑了，法律的公正性、权威性就不存在了。最后，苏格拉底从容赴死，以自己的死来维护雅典法律的权威，用生命维护了对法律的信仰。中国社会深受传统的儒家文化影响，而传统文化的主旨是要达到一个无法或超法的"道德理想国"。由于没有西方社会古希腊、罗马时代就已奠定了的把法律等同于正义、民主、权利的至上观念，没有经历西方法律推崇自然法、推崇契约理性精神的历史背景和文化土壤，因而从古至今中国欠缺崇尚法律、信仰法律的传统精神。在现实生活中，一些人"信访不信法"，习惯于找门路、托关系、请客送礼，其中原因就在于对法治的信仰没有真正树立起来。法律意识的培育取决于整个民族的文明素质。因此，大力发展社会生产力，加强精神文明建设，普及科学文化教育，是法律意识培育的基础和前提。

当然，树立法治信仰与法治建设本身一样，也是一项系统工程，需要在科学立法、严格执法、公正司法、全民守法的具体实践中逐渐形成。完成这项系统工程，就要运用法律手段妥善处理各种社会矛盾，切实维护好社会成员的合法权益，从而让人们切实感受到法治的作用。就要深入开展法治宣传教育，加强法治文化建设，培育法律环境，唤起民众的法治信仰，形成崇尚法治的风尚。就要完善司法管理体制和权力运行机制，提高司法公信力，让人民群众在每一个司法案件中感受到公平正义，筑牢法治信仰的社会根基。同时，也要坚持"法治"、"德治"两手抓，加强公民道德建设，弘扬中华优秀传统文化，增强法治的道德底蕴。近几年治理"中国式过马路"成了交管部门既头疼又棘手，既困扰又无奈的问题。"红灯停、绿灯行"，一个简单到不能再简单的问题，却在现实中制造了大量"警民冲突"。一些人对交警执法非常抵触，甚至还有媒体公开为闯红灯找理由。增强全民法治观念要引导民众从自己做起，从身边做起,从具体行为习惯做起,把法律作为衡量个人行为的标准,真正把守法作为一种生活习惯和生活态度。

(二)做好法治宣传教育

法治宣传教育是树立法治理念、弘扬法治精神、全面推进依法治国的基础性工作。邓小平非常重视法治宣传教育工作。他指出,法治教育要从娃娃抓起,小学、中学都要进行这个教育,社会上也要进行这个教育。我国从20世纪末开始进行"一五"普法教育,到现在已经是"六五"普法教育了,这种大规模的、有计划的宣传教育活动,以快捷的速度使广大干部和民众掌握必要的法治知识。党的十八届四中全会《决定》提出:"坚持把全民普法和守法作为依法治国的长期基础性工作,深入开展法治宣传教育,引导全民自觉守法、遇事找法、解决问题靠法。"① 只有在社会治理过程中,在立法、司法、执法和守法等各个环节,开展法治宣传,才能彰显法治的力量,使社会得以良法善治,切实保障公平正义,才能推动法治建设不断进步。

加强立法宣传教育,使立法得到人民拥护。法乃公器,公则生威。立法机关必须自觉把人民满意作为工作最高标准,只有这样,才能得到人民群众的普遍拥护。加强立法宣传教育,就是要立法者立足国情,从重点任务入手,从人民群众反映最强烈的矛盾和问题入手,以宪法为根本,遵循法定程序,搞好立法工作。要切实坚持以人为本、立法为民理念,提高立法的科学化、民主化水平,使每一部法规都广集民智、汇聚民意,真正符合人民群众的意愿。例如,近年来各种校园性侵、嫖宿幼女、官员强奸幼女案层出不穷,如何捍卫未成年人的权益成为全社会关注的焦点。对此,最高人民法院、最高人民检察院、公安部、司法部联合发布《关于依法惩治性侵害未成年人犯罪的意见》,在严惩性侵害犯罪和加大未成年被害人保护方面,作出了比较细致且针对性强的规定,高

---

① 《〈中共中央关于全面推进依法治国若干重大问题的决定〉辅导读本》,人民出版社,2014,第27页。

度回应了社会诉求，堪称是2013年获得社会认可和赞誉的司法解释。要引导干部群众积极参与立法过程，更全面地了解立法的背景、目的和程序，让人民群众看到党推进法治建设的决心，看到党以法律手段维护人民群众利益的决心，把立法的过程真正变成法治宣传教育的过程。

加强执法宣传教育，使法律法规得到严格执行。法贵于行，法律的生命力在于实施。国家机关及其工作人员担负着法律实施、模范遵守法律以及宣传法律的重任，让法律走进国家机关以及深入每个国家机关工作人员的脑中，对全民守法而言意义重大而深远。通过执法宣传教育，提高行政执法人员公正执法、文明执法能力，切实遵守执法程序，注重人性化执法，在持之以恒、公平公正的执法中体现法律的权威和尊严。坚决纠正执法中的违法行为，确保执法部门带头严格公正文明执法，切实维护公共利益、人民权益和社会秩序。加强执法过程中对人民群众的宣传教育，提高执法人员释理明法的能力，通过执法过程，让执法对象和旁观者加深对法律法规的理解，提高知法守法的能力，让执法收到更好的效果，尽快形成不愿违法、不能违法、不敢违法的法治环境。

加强司法宣传教育，使司法案件体现公平正义。司法正义是社会公平正义的最后防线，也是底线。通过司法宣传教育，在司法机关牢固树立"司法为民"理念，改进司法工作作风，切实解决好老百姓打官司难的问题。使法官、检察官能够以事实为依据，以法律为准绳，不受外部干扰，不受权力干扰，不受金钱人情关系干扰，恪守程序、依法公正地作出裁决，公道公平地对待案件参与各方，用公正高效廉洁的审判赢得人民群众的信任。要加大以案说法的宣传力度，建立法官、检察官、律师等以案释法制度，在办案中宣传法律，在化解矛盾纠纷中体现法律价值，将每一个案件变成展示法律权威和法治力量的最佳载体，让公众实实在在地感受到法治带来的实惠和便利。公正司法不仅能在具体案件中起到保护人权、惩罚罪犯的作用，更能通过惩恶扬善为整个社会树立公平正义的价值理念。

加强守法宣传教育，使干部群众都成为守法公民。人民群众是法律实施的重要主体，是全面推进依法治国的根本力量。党的十八届四中全会《决定》指出:"把法治教育纳入国民教育体系,从青少年抓起,在中小学设立法治知识课程。"① 全民守法,要从娃娃抓起,从幼儿园到小学、中学、大学,均开设法治知识课程。精心设计课程,把法治教育纳入国民教育体系,让法治的精神融入全民的精神血脉。认真实施"六五"普法规划,注重对宪法以及民法、刑法等基础法律知识的普及,注重维护自身合法权益以及与自身密切相关的法律条文的学习。要创新普法形式,营造氛围。在各种法治宣传活动的基础上,广泛运用广播、电视、政府内刊、信息网站等传媒,建成多层次、宽领域、全方位的法治宣传教育阵地。要积极推进公民道德建设工程,大力加强社会公德、职业道德、家庭美德、个人品德教育,让社会主义核心价值观成为全体公民约束自身行为的共同准则,将守法意识作为公民意识的重要组成部分进行塑造和培育,引导人们将依法实现权利、履行法定义务和社会责任转化为自觉思维习惯和行为方式。

(三)领导干部带头,发挥好模范作用

守法不只是群众的义务,更应当成为领导干部的责任。古人云:"其身正,不令而行,其身不正,虽令不从。"社会学研究表明,在群体中存在领导者和追随者,领导者能对群体其他成员进行引导和施加影响。周恩来从不认为自己是国家总理就可以置身法纪之外,他总是时时处处带头遵纪守法。有一次,他乘车去政协礼堂开会,司机违反了交通规则,交警批评司机的时间很长,耽误了开会时间。同车的干部想去和交警交涉,总理严厉制止说:"这怎么行?交通规则是政府颁布的,政府总理应带头遵守。总理不遵守,就是带头破坏制度。"一直等到警察放行,总理一行才离开那里。只有各级领导干部带头学法、模范守法,不违法行使权力,更不以言代法、以权压法,法治精神才能得以彰显,法治信仰才能得以塑造,才能引导群众相信法律面前人人平等,让群众发自内心地

---

① 《〈中共中央关于全面推进依法治国若干重大问题的决定〉辅导读本》,人民出版社,2014,第27页。

认同法治、信仰法治，带动全社会形成崇尚法治之风。

带头强化法治理念。我国《宪法》规定："一切违反宪法和法律的行为，必须予以追究。任何组织或者个人都不得有超越宪法和法律的特权。"现实生活中，我们看到，一些领导干部维护法律权威的理念还比较淡薄，一些领导违法犯罪，并不是不懂法，而是知法犯法。敬畏法律，并不是独善其身的谨小慎微，也不是唯唯诺诺的循规蹈矩，而是一种政治上的成熟，是做人有底线、做事讲原则、做官守规矩的自觉体现。习近平总书记强调："学习党的路线方针政策和国家法律法规，这是领导干部开展工作要做的基本准备，也是很重要的政治素养。"① 领导干部带头强化法治理念，就要主动学习，在长期的学习积淀中逐步培养，不断夯实法治底蕴。

带头积极培养法治思维。所谓法治思维，是指在法治理念指导下，运用法律规范、法律原则、法律精神等对所遇到或所要处理的问题，进行分析、综合、判断并得出结论、形成决定的认识活动与过程。培养法治思维，要牢固确立法律红线不能触碰、法律底线不能逾越的观念，树立法律高于权力、法威高于权威、权力必须关进制度笼子里的观念，破除"重权力、轻法律"的传统观念和"重管人、轻律己"的特权思想。一要把法规作为思考问题的逻辑起点，干任何工作首先要考虑法规是怎么定的，而不是首先考虑领导是怎么想的。二要把法规作为处理矛盾的基本准绳，让解决各种现实矛盾的灵活性、创造性始终处在法治的约束之中。三要把法规作为推动工作的重要依据，筹划工作、组织落实都要与法规制度对表，保证社会建设规范有序。总之，就是要形成办事依法、遇事找法、解决问题用法、化解矛盾靠法的思维方式。

带头掌握并运用法治方式。法治方式，就是符合法治理念和法治思维的工作模式，运用法律途径和手段抓工作的方式方法。法治理念和法治思维，是在思想观念和思维方式层面，强调依据法律法规思考问题、

---

① 习近平：《在中央党校建校 80 周年庆祝大会暨 2013 年春新学期开学典礼上的讲话》，人民出版社，2013，第 8 页。

谋划决策；法治方式，是在实践操作层面，强调依法办事。"徒善不足以为政，徒法不足以自行。"党的十八届四中全会《决定》明确提出："把法治建设成效作为衡量各级领导班子和领导干部工作实绩重要内容、纳入政绩考核指标体系，把能不能遵守法律、依法办事作为考察干部重要内容。"通过进一步建立健全评比制度、考核制度、责任制度、督察制度，进一步理顺整套制度运行机制，给党员干部戴上学法、尊法、守法的"紧箍咒"，从源头上、从关键点抓好促进全民守法的工作，有效推进领导干部运用法治方式解决问题的能力。

（四）建立完备的法律服务体系

习近平总书记2014年4月在对司法行政工作的重要指示中特别强调，要紧紧围绕经济社会发展的实际需要，努力做好公共法律服务体系建设。十八届四中全会进一步指出，要推进覆盖城乡居民的公共法律服务体系建设，加强民生领域法律服务。完善法律援助制度，扩大援助范围，健全司法救助体系，保证人民群众在遇到法律问题或者权利受到侵害时获得及时有效的法律帮助。

推进公共法律服务体系建设。平等地获得法律帮助，是法律赋予每一个公民的基本权利。公共法律服务是由司法行政机关统筹提供的，旨在保障公民基本权利，维护人民群众合法权益，实现社会公平正义和保障人民安居乐业。2014年2月，司法部印发《关于推进公共法律服务体系建设的意见》，就推进公共法律服务体系建设作出全面部署。随着形势的发展变化，法律服务网络覆盖不全、供给不足、发展不平衡的矛盾日益显现，法律服务提供能力与群众日益增长的法律需求还有一定差距，法律服务整体水平与我国社会主义民主法治建设进程还不相适应，需要我们进一步完善工作体制机制，推动法律服务工作达到新水平。推进公共法律服务体系建设，要健全法律服务网络，形成覆盖市、镇、村、户四级的公共法律服务网络，提供综合性、"一站式"服务。要整合资源，拓展多层次、多元化法律服务领域。做好与全面深化改革密切相关的法律服务工作，做好保障和改善民生的重点领域的法律服务工作，健全完善法律服务人员参与信访、调解、群体性案件处置的工作机制。要落实保障措施，积极推动将公共法律服务经费列入财政预算，将公共法律服务事项纳入政府购买项目，促进基本公共法律服务常态化、可持续。

完善法律援助制度。法律援助制度，是指国家在司法制度运行的各个环节和各个层次上，对因经济困难及其他因素而难以通过通常意义上的法律救济手段保障自身基本社会权利的社会弱者减免收费、提供法律帮助的一项法律保障制度。我国的法律援助制度起步较晚，2003年9月《法律援助条例》正式颁布实施。之后，法律援助工作快速发展。随着《办理法律援助案件程序规定》、《关于刑事诉讼法律援助工作的规定》、《关于加强国家赔偿法律援助工作的意见》等法规的出台，法律援助覆盖面逐步扩大，保障能力明显增强。随着我国经济社会不断发展和民主法治进程加快推进，法律援助在实施过程中暴露出了一些亟待解决的问题，如法律援助"刑重民轻"现象严重，法律援助经费严重缺乏、人员不足、法律援助队伍素质有待提高等。加强法律援助，一要积极做好为困难群众提供法律援助的工作，扩大法律援助覆盖面。围绕促进解决涉及困难群众切身利益的社会热点问题，积极组织办理劳动争议、环境保护、食品药品安全、医疗等领域涉及法律援助的案件，重点做好农民工、下岗失业人员、妇女、未成年人、残疾人等困难群众法律援助工作，依法维护其合法权益。二要深化法律援助便民服务，提高法律援助服务质量。健全基层法律援助服务网络，推进法律援助向社区、乡村延伸。拓宽申请渠道，简化程序和手续，实现法律援助申请快捷化、审批简便化、服务零距离。创新服务方式和手段，开展流动服务和网上便民服务，将心理疏导融入法律援助服务，加强法律援助异地协作。三要完善法律援助工作制度，强化法律援助监管职能。制定完善《法律援助条例》配套规章和规范性文件，健全完善组织实施各环节的业务规范和服务标准。建立健全投诉处理制度和业务档案管理、信息统计等内部管理制度。开展法律援助机构和工作人员执业情况考评，建立健全律师协会等行业协会、法律服务机构对律师等人员提供法律援助的考核机制，推行援助业务工作公开，建立法律援助民意沟通机制，主动接受社会监督。

建立健全司法救助体系。司法救助制度是审判机关在民事诉讼、行政诉讼中，通过对当事人缓交、减交或免交诉讼费用的救济措施，减轻或者免除经济上确有困难的当事人的负担，保证其能够正常参加诉讼，依法维护其合法权益的法律制度。司法救助制度是现代司法文明的产物，也被作为一个国家法制完善程度的衡量标准。由于我国对司法救助制度的研究起步较晚，确立的时间不长，还存在不少问题，例如：立法分散，制度发挥的功效较弱；实施主体单一，救助覆盖范围小；经费紧张，救助内容单一；等等。

完善司法救助制度需要把握以下几个问题：一要完善立法体系，制定专门的司法救助法，将司法救助的对象、机构、内容、标准、方式以及程序等以法律的形式确定下来，与刑事诉讼法、民事诉讼法等法律体系相衔接，明确司法救助的职责主体。二要扩大救助对象，确保救助权益。当前，实施司法救助的对象是14类，基本上是自然人，还应当包括除社会公共福利机构外的其他法人和非法人组织。法人和非法人组织的权利受到非法侵害后，由于经济困难交不起诉讼费的，也可以向人民法院申请司法救助，这样才符合司法公正的原则。从审判工作实践来看，最高人民法院曾在一定阶段针对特殊的案件，做出过司法救助的规定，而这些规定所涉及的司法救助对象，大都为法人。如最高人民法院2000年3月17日法函〔2000〕20号《关于海南省高级人民法院〈关于减收积压房地产案件受理费申请费的请示〉的函》，同意到2000年12月31日止，对海南的积压房地产案件按50%减收案件受理费和申请执行费。这类案件的司法救助对象大都为各商业银行法人。三要增加司法救助方式，拓宽司法救助的途径。我国现行司法救助方式单一，仅涉及缓交、减交或者免交诉讼费用的司法救助，应针对新情况增加新的救助方式。四要建立司法救助的经费保障机制。为更好地开展司法救助工作，应加强法院经费保障，并把司法救助费用纳入国家财政预算，设立司法救助基金，从根本上解决司法救助经费短缺的问题。

第十三章

建设社会主义法治文化

法治作为迄今为止最为适用的治国理政方式,不仅是有形的制度,同时也是无形的文化。法治是否昌明、法治的要求能否落到实处、法治的成果能否真正有益于社会进步与社会和谐,核心要素之一在于是否有良好的法治文化作为支撑。党的十八届四中全会指出,"法律的权威源自人民的内心拥护和真诚信仰","必须弘扬社会主义法治精神,建设社会主义法治文化,增强全社会厉行法治的积极性和主动性,形成守法光荣、违法可耻的社会氛围,使全体人民都成为社会主义法治的忠实崇尚者、自觉遵守者、坚定捍卫者"[①]。作为先进文化的重要内容,社会主义法治文化是以平等、公正、自由、诚信和人权等为主要思维方式和行为方式的文化,本身具有权利和义务一致的规范性。因此,弘扬法治精神、建设社会主义法治文化是建设法治中国的关键环节。

一 社会主义法治文化的理论解析

社会主义法治文化作为中华传统法律文化的批判继承和发扬光大,

---

① 《〈中共中央关于全面推进依法治国若干重大问题的决定〉辅导读本》,人民出版社,2014,第26页。

作为一切人类法治文明有益成果的借鉴和吸收，作为当代中国先进文化的重要组成部分，是全体人民意志和党的主张相统一的集中体现，是社会主义伦理道德与社会主义法治精神相统一的集中体现，是社会主义法治理论与社会主义法治实践相统一的集中体现，是社会主义法治意识形态与全面推进依法治国总目标相统一的集中体现，是法制宣传教育与培养法治行为习惯相统一的集中体现。

（一）社会主义法治文化的基本内涵

根据对"文化"和"法治"①的一般理解，可以对"法治文化"②做出狭义和广义的不同界定。狭义上的法治文化通常指观念形态的法治文化。广义上的法治文化，是指从一定的政治、经济和文化的历史和现实的环境中生长出来的，经过长期历史积淀而形成的人们对法律生活所持有的法治价值观，以及由此支配的法律规范和法治实践活动的总和。应该说，从广义上来理解和使用"社会主义法治文化"概念，更符合法治文化的基本特征，更有利于加强我国的法治文化建设。我们党的各种文献、报告中所使用的"法治文化"，也是从广义上讲的。社会主义法治文化就是由体现社会主义先进文化内在要求的法治价值、法治精神、法治意识、法治理念、法治思想、法治理论等精神文明成果，反映中国特

---

① 法治的本义是"法律的统治"。但是，"法治的含义不只是建立一套机构制度，也不只是制定一部宪法一套法律。法治最重要的组成部分也许是一个国家文化中体现的法治精神。因此，要理解法治在一个国家里的意义，要有效发挥法治运作的价值和规范功能，最重要的是文化"。詹姆斯·L.吉布森、阿曼达·古斯：《新生的南非民主政体对法治的支持》，《国际社会科学杂志》（中文版）1998年第2期，第38—39页。

② 对于什么是社会主义法治文化，法学界的认识各有不同，其中具有代表性的有以下五种：一是从文化发生学的视角，把法治文化界定为历史文化积淀而成的、共识性的法治价值观；二是以后现代主义的文化观为基础，把法治文化界定为法的现象中的精神部分，即由社会的经济基础和政治结构决定的，在历史过程中积累下来并不断创新的有关法和法律生活的群体性认识、评价、心态和行为模式的总汇；三是从认识论角度解读法治文化，认为法治文化并不是一个严谨的、实证科学意义上的概念，而是在进行学术研究时用于沟通法社会学与比较法学研究的桥梁；四是借助文化人类学中关于"文化"的基本认知，将法治文化界定为社会群体中存在的较为普遍的某些法律生活方式；五是从系统论角度认识法治文化，把法治文化界定为由法律制度、法学理论和法律观念三个因素组成的一种特有的文化机制。

色社会主义民主政治本质特征的法律制度、法律规范、法治机制等制度文明成果,以及自觉依法办事和遵法守法等行为方式共同构成的一种先进文化现象和法治进步状态。[①] 其内涵可以从以下三个层面来理解。

1. 作为社会主义精神文明成果的法治文化

作为社会主义精神文明成果的法治文化是一个社会主义法治价值理论体系,包括法治精神、法治意识、法治观念、法治价值、法治原则、法治思想、法治理念、法治理论、法治学说,以及公民和国家公职人员的法治态度、法治心理、法治偏好、法治立场、法治信仰等内容。它引领国家法治发展的方向,决定国家法治建设的性质和特点,作用于国家法治发展的速度和质量。但是,对于历史上缺少民主法治传统的国家而言,作为社会主义精神文明成果的法治文化的真正形成,必然要经历一个长期的、渐进的甚至是艰苦曲折的发展过程。在精神文明成果的意义上加强社会主义法治文化建设,既要坚决反对人治、专制、神治、少数人统治和法外特权等观念和做法,也要尽快摒弃违法有理、法不责众、信闹不信法、信权不信法、信钱不信法等非法治的错误观念和做法。

2. 作为社会主义制度文明成果的法治文化

作为社会主义制度文明成果的法治文化是一个法治制度规范体系,既包括宪法规定的社会主义的根本政治制度和基本政治制度、基本经济制度、基本社会制度、基本文化制度,也包括宪法制度、民主选举制度、人权保障制度、民主立法制度、严格执法制度、公正司法制度、法律监督制度、自觉守法制度等,还包括中国特色社会主义法律体系,民法、经济法、行政法等法律部门,各种法律规范和法律条文,立法司法解释,等等。作为社会主义制度文明成果的法治文化,是法治文化建设的主干、平台和躯体,它带动法治精神文明和社会法治行为向前发展。相对于社会主义精神文明和社会行为方式的法治文化建设具有较强的渐进性而言,制度文明的法治文化建设在一定条件下则具有较强的构建性,可以通过

---

① 参见李林《社会主义法治文化概念的几个问题》,《北京联合大学学报》(人文社会科学版)2012年第2期。

革命、变法、改革或其他人为方式加快实现。在制度文明成果的意义上加强社会主义法治文化建设，既要坚持民主和公权力的制度化和法律化，也要坚持社会主义宪政顶层设计的政治体制改革和创新发展，坚持法治制度规范体系与法治精神理论体系的有机统一；既要防止把社会主义法治文化过于抽象而"虚化"、"神化"的倾向，例如把社会主义法治文化建设仅仅理解为是解决法治精神、法治观念、法治意识和法学理论问题，也要避免把社会主义法治文化过于具体而"实化"、"物化"的倾向，例如把社会主义法治文化建设的主要任务理解为进行法治文艺演出、法制宣传活动、制作法治电影电视、发行法治报刊图书等。

3. 作为社会主义社会行为方式的法治文化

作为社会主义社会行为方式的法治文化是一个法治行为体系，不仅包括执政党的依法执政行为，立法机关的民主科学立法行为和依法监督行为，行政机关的依法行政行为，司法机关的公正司法行为，全体公民的自觉守法和理性用法行为，而且包括由法治行为产生的法治习惯、法治功能、法治实效、法治权威、法治秩序、法治环境、法治状况等内容。作为社会行为方式的社会主义法治文化，是法治文化建设的实践基础和实现形式。在社会行为方式的意义上加强社会主义法治文化建设，在认识上既要注重法治文化的实践性、可操作性和大众化的要求，也要注重法治文化的观念引导、制度规范和国家强制的特点；在实践中既要有所作为、积极推进，不可放任等待，也要循序渐进、潜移默化。

由上，我们也可看出法治文化与法治精神的关系与区别[①]。法治文化包含法治精神，法治精神可以说是法治文化的一个组成部分，而法治精神不能涵盖法治文化，法治文化除了精神内容还有物质内容。法治精神是法治文化的核心和精髓，对法治文化的发展变化起至关重要的作用。法治文化是法治精神存在发展的重要环境因素，对法治精神起到熏陶、塑造作用。两者相互促进、相互制约、相互影响，共同作用于现实的法治实践。社会主义法治文化的要义就是以社会主义法治精神为导引，以

---

① 参见孟德凯、高振强《法治精神要论》，法律出版社，2013，第34—35页。

社会主义法律制度为主干，以依法办事和自觉守法为基础，构建以社会主义法治秩序为目标的法治文明。

（二）社会主义法治文化的主要特征

1. 社会主义法治文化是"社会主义"的

这是区别于其他法治文化的最根本特征。毛泽东曾讲过："我们在政治上经济上有社会主义的因素，反映到我们的国民文化也有社会主义的因素。"① 社会主义法治文化的"社会主义"特征主要表现为坚持党的领导、人民当家作主、依法治国的有机统一。首先，中国共产党是中国特色社会主义事业的领导核心，代表先进文化的前进方向，而法治文化又是先进文化的重要组成部分，它的构建当然离不开中国共产党这个领导核心，这是一条不可动摇的政治原则。其次，社会主义法治文化突出和强化了人民的主体地位。马克思、恩格斯在《共产党宣言》中谈到无产阶级的解放时说，"工人革命的第一步就是使无产阶级上升为统治阶级，争得民主"②。社会主义法治文化的社会主义性突出和强化了人民的主体地位，主要表现在：人民群众是社会主义法治文化的创造者和受益者，必须做到法治文化建设依靠人民、为了人民，法治文化建设成果惠及全体人民。人民群众是社会主义法治文化的创造者和受益者，法治文化建设要依靠人民、为了人民，要以实现好、维护好、发展好最广大人民的根本利益为目的。最后，依法治国方略的确立是社会文明进步的重要标志，法治文化建设就是将依法治国理念与法律运行实践相结合，提高人民群众的法律意识和法律素质。

2. 社会主义法治文化具有历史传承性

习近平同志深刻指出："一个国家选择什么样的治理体系，是由这个国家的历史传承、文化传统、经济社会发展水平决定的，是由这个国家的人民决定的。"③ 世界各国的法治文化由于社会经济发展水平、历史文

---

① 《毛泽东选集》第 2 卷，人民出版社，1991，第 705 页。
② 《马克思恩格斯选集》第 1 卷，人民出版社，2012，第 421 页。
③ 《牢记历史经验历史教训历史警示为国家治理能力现代化提供有益借鉴》，《人民日报》2014 年 10 月 14 日，第 1 版。

化传统、法的渊源和结构的不同而有很大差异，我国是一个文化大国，中华的五千年文明源远流长，其中传承性一直是我国历史文化中的一个重要部分。中国特色社会主义文化建设中有着对我国历史上的优良经验的传承和接受，综观我国的社会主义法治文化，其中有着很多历史文化的痕迹。比如民本思想，早在2600多年前管仲就明确提出"下令如流水之源，令顺民心"①，即立法当以便民为本，这种以人为本的价值观念正是今天我们建设社会主义法治国家所倡导的。又如注重道德教化，"明德慎罚"、"德主刑辅"，主旨是通过道德教化来预防犯罪。再如贤人政治，"文武之政，布在方策。其人存，则其政举；其人亡，则其政息。……故为政在人"②。中国的法治道路属于政府推进型，决定了领导层必须具有较强的法治观念。

3. 社会主义法治文化具有开放性

社会主义法治文化不是一个封闭的、孤立的文化体系，而是既积极借鉴中外法治建设历史进程中所积累的宝贵经验，也大胆吸收当代各国法治实践和法治理论研究中的优秀成果。马克思、恩格斯在《共产党宣言》中指出："过去那种地方的和民族的自给自足和闭关自守状态，被各民族的各方面的互相往来和各方面的互相依赖所代替了。物质的生产是如此，精神的生产也是如此。各民族的精神产品成了公共的财产。"③ 全球化使得不同法治文化间的交流日益增多，冲突也日益增多。每一种法治文化都在经历一个面对挑战、扬弃自身，进而实现创造性转换的过程。正是这种交流、碰撞和冲突，促进了法治文化的融合、丰富和发展。随着中国对外开放进程的不断推进，中国法治文化建设中的西方元素、国际元素也在增多，中国特色社会主义法治文化也因之具有了更为明显的开放性。

（三）社会主义法治文化的核心价值

党的十七大报告提出，要树立社会主义民主法治、自由平等、公平

---

① 《史记·管晏列传》。
② 《礼记·中庸》。
③ 《马克思恩格斯选集》第1卷，人民出版社，2012，第404页。

正义的理念。这一概括高度总结了社会主义法治文化所蕴含的价值。党的十八大把"民主"、"法治"、"自由"、"平等"、"公正"等核心理念纳入 24 字社会主义核心价值观范畴，党的十八届四中全会在多处强调了这些理念。民主法治、自由平等、公平正义是社会主义法治文化的核心，共同决定了社会主义法律体系的价值取向，也构成了判断法律良善与否的重要标准。

1. 民主法治是社会主义法治文化的价值基石

虽然民主法治、自由平等、公平正义三者同为中国特色社会主义法治文化的核心，但三者的地位并不等同，民主法治在其中起着基础性作用，是法治文化的价值基石。法治文化首先应该是民主文化。民主即"多数人的统治"，其精髓在于人民是国家事务的最终决定者。人民主权是宪法和法律的逻辑起点，宪法和法律是民主事实的法律化。"人民民主是社会主义的生命"这一论断将民主作为社会主义的生命所系，体现了马克思主义的民主观。法治是法治文化的精髓，倡行法治是法治文化的题中应有之义。法治文化对法治的作用体现为两点：其一，法治文化决定法治建设的实效，为建设制度层面的法治提供思想保障和智力支持；其二，法治文化决定法治的方向，可以避免法治退化为当权者凭借法律恣意侵犯人权的工具。

2. 自由平等是社会主义法治文化的价值取向

自由平等是文明的旗帜，也是社会主义的价值取向。社会主义法治文化本身就是自由文化和平等文化。社会主义社会是追求全人类自由平等的社会形态，现代意义的宪法和法律是人们追求自由平等的产物，社会主义法治文化以人的自由与人的平等为依归，闪耀着自由平等的光辉。因此，社会主义法治文化促进自由平等的发展：一方面，法治文化通过维护宪法和法律的权威，确立人的自由发展和平等地位，为自由平等的实现提供载体；另一方面，法治文化把握自由平等的发展方向，使自由平等始终在社会主义法律体系范围内发展，以防范极端自由主义与绝对平等主义，保障自由平等的有序发展。

3. 公平正义是社会主义法治文化的价值追求

实现社会公平正义是中国共产党人的一贯主张，是发展中国特色社会主义的内在要求。新一届中央领导集体也把公平正义作为法治的核心追求多次强调。习近平在中央政治局第四次集体学习中提出"要努力让人民群众在每一个司法案件中都感受到公平正义"，在2014年召开的中央政法工作会议上强调"实现公平正义是新时期政法工作的生命线"，在党的十八届四中全会《决定》的说明中从"司法是维护公平正义最后防线"的高度再次强调公平公义的重要性。建设社会主义法治文化，将会有力地促进社会公平正义的实现。随着经济的快速发展，我国社会利益格局发生深刻变化，片面追求经济利益、忽视社会公平正义的现象时有发生，这些无疑有违社会主义的本质以及社会主义和谐社会的基本特征。社会主义法治文化以公平正义为价值追求，要求宪法和法律以促进公平、维护正义为首要目标，并在实践中通过维护宪法和法律的权威，使公平正义得以实现。

二 建设中国特色社会主义法治文化的重要性和紧迫性

钱穆先生曾说：一切问题，由文化问题产生；一切问题，由文化问题解决。法治文化的建设和发展，是法治建设的软实力，是"法治中国"的重要基础之一。培育社会主义法治文化是全面贯彻落实依法治国方略的必然选择，对国家的政治进步、经济发展、文化繁荣、社会和谐具有基础性和根本性的作用，它不仅为法治国家建设起到指导和引领作用，而且为坚持与发展中国特色社会主义的战略布局提供精神支撑，是全面推进依法治国方略的当务之急。

（一）加强社会主义法治文化建设是实现"四个全面"的内在动力

党的十八大以来，以习近平同志为总书记的党中央，从坚持和发展中国特色社会主义全局出发,提出并形成了"全面建成小康社会、全面深化改革、全面依法治国、全面从严治党"的国家治理总布局、总方略。治理一个国家、一个社会,关键是要立规矩、讲规矩、守规矩。法律是治国理政最大的规矩,法治是国家治理最基本的手段。党的十八届四中全会指出:"全面建成小康社会、实现中华民族伟大复兴的中国梦,全面深化改革、完善和发展中国特色社会主义制度,提高党的执政能力和执政水平,必须全面推进依法治国。"[①] 习近平总书记指出,要把全面依法治国放在"四个全面"的战略布局中来把握。文化是社会发展与进步的旗帜,法治文化是社会主义法治的灵魂,也是推动实现"四个全面"的重要力量和内在动力。全面实现小康社会,重在"全面",就是要更加注重小康社会建设的系统性、协调性。这个"全面"主要从两个维度来体现:一是覆盖的人群要全面,二是涉及社会生活的各个领域。从根本上讲,就是更好地实现体现"公平正义"、共同富裕的小康,社会主义法治文化的价值追求就是公平正义,建设社会主义法治文化为全面实现小康提供最根本的精神保障与支持。全面深化改革从根本上讲就是"破"和"立",即破除束缚发展的思想观念和体制机制障碍,破除利益藩篱,建立运转良好的制度体系和有利于发展的体制机制。"切实提高运用法治思维和法治方式推进改革的能力和水平"是习近平同志多次强调的,在整个的改革过程中,要高度重视运用法治思维和法治方式,以确保在法治轨道上推进改革,逐步把政治活动、经济活动、文化活动和社会活动纳入法治轨道。全面推进依法治国,是制度、机制、文化的有机统一,无论是坚持走中国特色社会主义法治道路,还是推进中国特色社会主义法治体系建设,都离不开法治文化在精神与价值层面上的培育与熏陶。全面从严治党,就是要锻造坚强领导核心,确保其正确、有效地行使国家权力,铲除各种依靠权力违法违纪的现象,提高党带领人民治国理政的能力。不论是作风建设,还是治国理政能力的提高,唯有让法治成为一

[①] 《〈中共中央关于全面推进依法治国若干重大问题的决定〉辅导读本》,人民出版社,2014,第2页。

种文化、一种信仰、一种核心价值，才能实现真正的良法善治。

（二）加强社会主义法治文化建设是全面实施依法治国基本方略的重要支撑

改革开放30多年来，中国共产党一直在着力推进中国的法治建设。从邓小平重新确立发展民主、健全法制的基本方针，到党的十五大提出将"依法治国，建设社会主义法治国家"作为治理国家的基本方略，再到党的十八大在提出全面推进依法治国的基础上对法治建设作出重大部署，直至党的十八届四中全会进行的具有实践操作意义的新思路与新方案的规划，中国稳步进入法治时代。我国法治建设取得了巨大成绩，中国特色社会主义法律体系已经形成，全民普法不断深入，整个社会的法治化管理水平和全体公民的法律素质有了明显提高。但必须清醒地看到，我国的法治社会并未形成，还存在大量与法治社会不和谐乃至严重冲突的现象，有法不依、有法难依、法律与乡规民约相冲突等现象不同程度存在，立法不良、执法违法、违法不究、司法不公等现象时有发生，不信仰法律、缺乏法治精神还较为普遍，背离法治的社会力量依然较大。反思深省，不难发现法治文化的缺失或滞后是其中的重要原因。法治文化奠定了尊崇法治的社会文化基础。一个社会能否建立起法治，先决条件之一就是这个社会有无尊崇法治的心理，是否培养起了追求法治的信念。建设社会主义法治国家，除了需要内容量化、体系完备的法律法规和完善的立法、执法、司法、法律监督制度，还必须具备制度得以良好运作的法治文化软环境，即全体社会成员对已有法律规范体系中所蕴含和追求的价值理念的认同和坚守。这不仅是法律规范能够在社会生活中良好运行的前提，更是法治得以实现的关键和核心。因此，在继续完善中国特色社会主义法律体系的同时，必须高度重视法治文化的培养。只有通过法治文化建设，把法律及其精神铭刻在公民的内心里，法律才能真正发挥作用，依法治国基本方略才能得到全面落实。

(三) 加强社会主义法治文化建设是提高法治建设水平的迫切要求

鉴于法治文化在法治建设中的重要价值，近年来，不少地方重视并开展了法治文化建设，取得了积极成效。但总体而言，法治文化建设还处于起步阶段，还存在不少问题和困难。一方面，我国数千年的封建"人治"、"礼治"等观念在人们心中根深蒂固，自古以来的重关系、讲人情的传统和习俗几乎渗透于现代社会生活的方方面面，中国传统法律文化遗留下来的"忍"、"克己"、"中庸"等观念，使得民众远离法、轻视法、畏怯法，缺失民主意识、权利意识、法治主体意识成为人们的普遍心理，重义务轻权利、重"官"轻民、重国家轻个人、重政策轻法律的观念在民间盛行，这些观点和理念都与现代法治精神明显不符甚至相悖，无疑都会对法治文化的建立和培育构成严重障碍。另一方面，公众特别是一些领导干部对法治文化建设的重要性认识不足，人员配备不足，经费保障不力，工作缺乏规划和指导，推进力度不大，法治文化建设的方法载体不多，活动形式简单陈旧，活动内容不够丰富，氛围不够浓厚，法治文化建设发展不平衡，等等，这些问题都会不同程度地影响法治文化建设工作的开展，影响法治文化建设的成效。法治文化建设面临的艰巨任务和严峻挑战，迫切需要我们进一步提高思想认识，加大工作力度，创新方式方法，从各方面努力提高法治建设水平。

(四) 加强社会主义法治文化建设是建设社会主义和谐社会的重要基础

任何社会建设都是在一定的文化环境中进行的，和谐社会建设也离不开必要的文化基础，中国特色社会主义法治文化是和谐社会建设的基础之一，可以在多重意义上满足和谐社会的内在需要。社会主义和谐社会的重要特征之一就是"民主法治"，其目标是化解矛盾、解决冲突，最大限度地实现公平正义，而法治的目标也是确保实现社会公平正义，由此可见，二者具有目的统一性。因此，加强以公正为核心价值取向的社会主义法治文化建设，引导全体公民普遍树立社会主义民主法治意识、公平正义意识，形成严格依法办事、崇尚法治的习惯，有助于社会公平正义的实现。和谐社会是充满活力的社会，一个充满活力的社会，必须调动整个社会的积极性，使整个社会的成员充满活力。整个社会的成员都充满活力，要求每个成员的合法权益都能够得到保护。每个人的合法权益都能得到保护以及整个社会的协调发展，都需要法律发挥至关重要的作用。法律通过它的这些作用，为社会的和谐提供最生动、最富有生机的力量。和谐社会要谋求安定有序，而任何安定有序都是在规则的基础上，无规则便无秩序。在所有的秩序中，法律的秩序规则是最明确、最具有外在强制性的，因此，法律在维护社会安定有序上有着它不同于道德、传统、习惯的独特作用。和谐社会要求人与自然和谐相处，法治在维护人与自然和谐共处，维护生态平衡、保护生态环境等方面，发挥着极为重要的作用。和谐社会要达到人与自然和谐共处的目标，没有法治文化作为基础是断不可能的。和谐社会要求构建具备现代性的社会、创造具备现代性的文化、建设具备符合国情且与时俱进的法治文化，我们必须将法治文化的建设作为构建和谐社会的基本内容之一纳入整个文化的基础建设和发展过程之中。

（五）加强社会主义法治文化建设是增强全民法治观念的根本路径

法治国家的真正标准是法治精神普及全面，人民大众拥有根深蒂固的法治观念。正如英国学者 K. C. 惠尔指出的那样，"人民有关宪法的思想以及对宪法的态度也能影响宪法。如果人们以崇拜的态度去看待宪法，如果宪法中体现的权力被认为是确定和有益的，那么便存在着一种保护宪法，反对企图强制地改进宪法的力量"[①]。一个国家的文化状况特别是传统文化状况直接制约着该国公民的法律意识的生成，影响法治的发展。缺乏与法律意识相应的观念、意识、精神的支撑，公民的法律意识将是

[①] K. C. 惠尔：《现代宪法》，翟小波译，法律出版社，2006，第54页。

无精神内涵的。从根本上说，法律意识来自文化，是文化内涵的外化和体现。一个社会的文化影响着法律意识是否具有坚实的信仰基础。党的十八届四中全会要求全面推进依法治国，加快建设社会主义法治国家。而"中国现代法治不可能只是一套细密的文字法规加一套严格的司法体系，而是与亿万中国人的价值、观念、心态以及行为相联系的"。因为任何制度都需要人去制定，更需要人去遵守，如果没有人的道德信仰、价值理念相配合，再好的制度也会被侵蚀得面目全非。只有当亿万中国人的价值、观念、心态以及行为中，有关法治的价值理念占有了稳固之地并渐成一种法治文化，并进而成为中国文化传统内容的一部分时，我国的法治才有了真正坚实的社会人文心理基础。因此，目前只有努力培养我国民众的法治理念，建设法治文化，改良、培育中国法治的"土壤"，才可能实现建设社会主义法治国家的宏伟目标。

三 中国特色社会主义法治文化的建设路径

党的十八届四中全会把建设社会主义法治文化作为全面推进依法治国的重要工作，这是具有远见卓识的战略决策，对于推动文化与法治的互动融合，充分发挥法治文化对法治建设的引领和促进作用，具有十分重要的意义。实践证明，文化建设事关人的精神灵魂的塑造，是一项利在长远的基础性工程。在全面推进依法治国进程中，只有把法治文化建设摆在突出位置，积极探索创新法治文化建设的新途径、新方式，以社会主义法治文化引领社会主义法治实践，才能不断提升法治建设整体水平。

（一）坚持走中国特色社会主义法治道路，牢牢把握社会主义法治文化的建设方向

社会主义法治文化既是社会主义文化建设的重要组成部分，又是社会主义法治建设的重要内容。建设法治文化，不仅要遵循文化建设的特有规律，还要牢牢把握法治建设的内在要求。这就要求我们，必须找准文化建设与法治建设的结合点、着力点，坚定不移地走中国特色社会主

义法治道路。坚持社会主义法治主张什么，法治文化就宣扬什么；社会主义法治反对什么，法治文化就批评什么。只有深刻领会社会主义法治建设的主基调，才能牢牢把握社会主义法治文化发展的主旋律。党的十八届四中全会明确提出，坚持走中国特色社会主义法治道路，建设中国特色社会主义法治体系，强调必须坚持中国共产党的领导，坚持人民主体地位，坚持法律面前人人平等，坚持依法治国和以德治国相结合，坚持从中国实际出发，那么，推进社会主义法治文化建设，就要紧紧围绕建设中国特色社会主义法治体系、建设社会主义法治国家的总目标展开，围绕必须坚持的五项原则，努力创作更多紧贴法治建设实践、贴近群众生活的文化作品，不断满足人民群众日益增长的法治文化需求，通过发挥文化的滋养、感召作用，促使社会主义法治建设各项要求深入人心。

要围绕深入推进司法体制改革，做好中国特色社会主义司法制度的宣传教育，认真总结宣传党领导人民实行法治取得的伟大成就和成功经验，深入剖析解读社会主义法治建设中的重大理论和实践问题，告诉人民群众为什么要进行司法改革，改革都取得了哪些成效，善于提炼发生在群众身边的司法进步和可喜变化，坚定全社会走中国特色社会主义法治道路的信心。要把握社会主义核心价值观与社会主义法治文化的内在统一性，注意在社会核心价值理念培育中体现法治取向，引导公民自觉履行法定义务、社会公德、家庭责任，促使爱国、敬业、诚信、友善、自由、平等、公正、法治等成为全体公民的基本遵循，为全面推进依法治国创造良好的人文环境。要认真贯彻习近平总书记在文艺工作座谈会上的重要讲话精神，坚持以人民为中心的创作导向，注意汲取中华传统法律文化精华，积极培育、深入挖掘法治文化元素，鼓励创作反映法治建设进程、体现时代特色、贴近基层实际的文艺精品，用优秀的法治文艺作品来教育人、鼓舞人、激励人，努力使人民群众在接受文化熏陶的过程中潜移默化地受到法治教育。要着眼于深化社会主义法治理念教育，善于运用群众感受至深的生动事例，创作更多具有广泛社会影响的法治文化作品，促使依法治国、执法为民、公平正义、服务大局、党的领导等理念深入人心。要着眼于深化政法干警核心价值观教育，围绕忠诚、为民、公正、廉洁要求,热情讴歌政法干警的先进事迹和奉献精神,让人民群众在强烈的情感共鸣中增进对政法工作和政法队伍的了解、理解和支持,进一步密切政法队伍与人民群众的血肉联系。

(二)突出弘扬社会主义法治精神这一主题,夯实社会主义法治文化的思想根基

依法治国是社会主义法治的核心内容,是我们党领导人民治理国家的基本方略。要全面推进依法治国,必须有全社会成员的法治精神作保障。党的十八届四中全会明确提出,法律的权威源自人民的内心拥护和真诚信仰。必须弘扬社会主义法治精神,推动全社会树立法治意识。法治精神的弘扬、法治意识的树立,须臾离不开法治文化的滋养和塑造。这就要求社会主义法治文化建设必须紧紧围绕弘扬社会主义法治精神这一主题。凡是符合社会主义法治精神的思想行动,都是我们要大力宣扬的;凡是背离社会主义法治精神的行为做法,都是我们要坚决反对的。要通过内容丰富、形式多样的文化作品和文化载体,在立法、执法、司法领域和广大社会成员中广泛宣传依宪法和法律治理国家的价值取向,努力使有法可依、有法必依、执法必严、违法必究成为全社会成员的共同追求。要围绕国家宪法日宣传活动,认真总结我国宪法初创、诞生、修改、完善的历史,深入挖掘背后的感人故事、动人细节及实施历程,大力弘扬宪法精神,凝聚全党全民维护宪法权威、加强宪法实施的共识,促使全社会增强宪法意识,增强认识宪法、学习宪法、遵守宪法的自觉性,促进依宪执政、依宪行政、依宪司法、依宪办事得到全面落实。要强化规则意识,倡导契约精神,弘扬公序良俗,积极引导社会公众通过法治渠道解决问题,用调解协商办法化解矛盾,引导公民依法理性表达诉求,努力消除社会对立情绪,推进社会主义和谐文化建设。

法治精神的树立从来都是两方面的,一方面有赖于执法司法部门的表率示范,一方面有赖于人民群众的信任遵守。这就要求:一方面,要加强立法、执法、司法部门的法治文化建设,促使各级领导干部、公职人员树立法治思维,养成运用法治方式办事、依法行使职权的习惯,切实把法治

精神融入立法、执法、司法等具体法治活动中，通过提高立法执法司法公信力、树立法治权威，为在全社会弘扬法治精神作出表率。另一方面，还要通过法治文化作品和法治文化载体，深入开展全民法治宣传教育，努力提高全民法律素养，引导群众知法守法敬法、遇事找法、解决问题靠法，促使全社会成员确立法律是人们生活基本行为准则的观念，使在法律范围内活动成为公众的基本生活方式和行为习惯。通过法治文化的引导和熏陶，培养公民对法律的依赖感和信任感，努力营造人人崇尚法治、信仰法治、尊重法律、遵守法律、依法办事的浓厚法治氛围。

（三）改善执法环境、维护司法权威，创设社会主义法治文化发展的法治环境

尽管我们已进入了社会主义社会，但与社会主义核心价值体系相适应的社会主义法治文化还没有完全建立起来。中国自古就是一个人情关系社会，人情在人们工作、生活中的地位很重。这种价值观念直接影响着人们的思维方式、行为模式。遇事找关系、讲人情，既有中华传统文化中重情尚义、讲求和谐的一面，也有现代法治社会中破坏规则秩序、不利社会公正的一面。在执法领域，人情关系、请托送礼对执法办案的干扰很大，"有关系的找领导批条子，没关系的上访拦轿子"。在这种执法环境面前，人们的心理和行为往往十分矛盾。一方面，人民群众对司法腐败、枉法裁判深恶痛绝；另一方面，当具体个人遇有案件纠纷时，又千方百计请托送礼，纵容受贿腐败。与此同时，我国司法权威不足，群众信访不信法，对裁判结果不信任、裁判结果执行难等问题还比较突出。这些都给法律的正常执行造成了很大困难。建设社会主义法治文化，就要紧紧盯住影响执法环境、损害司法权威的问题，着力扭转不适应法治社会要求的思想观念，不符合法治社会运转的行为方式，努力通过法治文化建设改善执法环境、维护司法权威。

在法治宣传教育和法治文化传播过程中，要注意坚持正确的舆论导向、先进的文化方向。教育群众既要讲权利、讲诉求，又要讲义务、讲责任，既要依法维护自身权益，也要依法参与诉讼活动。既要教育干警

廉洁自律，杜绝枉法裁判行为，不办关系案、人情案、金钱案；也要引导群众不搞请托关系、说情送礼等不正之风。要通过以案说法、风险警示等生动活泼的文化节目，着力提高公民的权责意识、风险承担意识、过错责任担当意识，引导群众正确理解法律，理性对待输赢，自觉接受司法机关做出的公正判决裁定。要协助政法机关积极推进司法公开、阳光执法，勇于揭批司法领域存在的各种潜规则，敢于曝光党政机关干预司法活动、领导干部插手具体案件的情况，大力宣传妨碍司法机关依法行使职权、拒不执行生效裁判决定等违法犯罪行为的社会危害，努力形成破除司法干扰、支持司法工作的良好氛围，促使尊重司法裁判、支持法律执行成为全社会成员的自觉行动。只有通过法治文化建设，使法治成为人们最可信赖的手段，才能为全面推进依法治国、实现国家各项工作法治化打下坚实的群众基础、社会基础、文化基础。

（四）加强公民道德建设，弘扬中华优秀传统文化，增强社会主义法治文化的道德底蕴

法律是成文的道德，道德是内心的法律。没有道德的滋养，法治文化就缺少源头活水，法律实施就缺乏思想基础。法律依赖道德而被认同和遵行，一个人的道德觉悟提升了，必然会自觉尊法守法；全社会的道德水准提升了，法治建设才会有坚实的基础。建设社会主义法治文化，必须重视发挥道德的教化作用，提高全社会的文明程度，为法治实施创造良好的人文环境。习近平指出，"发挥好法律的规范作用，必须以法治体现道德理念、强化法律对道德建设的促进作用"，"发挥好道德的教化作用，必须以道德滋养法治精神、强化道德对法治文化的支撑作用"[1]。"我国古代主张民惟邦本、政得其民，礼法合治、德主刑辅，为政之要莫先于得人、治国先治吏，为政以德、正己修身，居安思危、改易更化，等等"[2]，这些都能给人们以重要启示。自汉武帝"罢黜百家，独尊儒

---

[1] 习近平：《加快建设社会主义法治国家》，《求是》2015年第1期。
[2] 《牢记历史经验历史教训历史警示为国家治理能力现代化提供有益借鉴》，《人民日报》2014年10月14日，第1版。

术"后,儒家思想便成为统治者治理国家的指导思想。与此同时,"德主刑辅"的立法、司法原则也随之确立。在中国传统文化中,道德对人具有很强的规范作用,在人们对道德形成广泛共识的前提下,道德成为维持社会稳定的主要手段。相形之下,法则成为次要手段,是道德的辅助手段。同样,刑罚也是实现道德教化、纠正道德行为的工具。而且,对于固定的人群而言,道德可以控制的"域",永远比"法"更为宽泛。虽然每个人的身份不同,但都是社会人,必须遵循相同的道德准则。在人们追求达到"内圣外王"境界的路上,道德修炼成为重要内容。而且,身份越高者,越要以德服人。在这样的社会共识基础之上,便催生了以道德为基准的平等观念。道德面前人人平等,进而发展成为通过"德治"精神而形成的于"法"面前人人平等的观念,其影响是广泛而深远的。其一,历史上的清官们无一例外地将"王子犯法,庶民同罪"作为一句格言挂在嘴边,形成政治精英们的观念共识;其二,统治阶级将"以德服人"作为政治行为得当的准绳,约束当权者的行为,所谓"其身正,不令而行,其身不正,虽令不从";其三,形成"君臣上下贵贱皆从法,此谓为大治"的思想,强调法律适用于每个人,将法律凌驾于所有人之上,因此形成"刑过不避大臣,赏善不遗匹夫"的司法实质。我们应该清醒地认识到,中国传统文化中一直认为"不战而屈人之兵"、"化干戈为玉帛"方为上策,如果没有了道德前提,那么法就等于是诉讼双方厮杀时手中的武器。所以,中国传统法文化一贯强调的德治精神和由此形成的观念共识,正是我们在建设中国社会主义法治文化过程中应该发扬的。

在全面推进依法治国过程中,要大力弘扬中华传统美德,深入挖掘中华优秀传统文化的思想精华和道德精髓,使其成为法治文化的重要源泉。加强公民道德建设,加大道德领域突出问题治理力度,提高全社会的思想道德水平,使尊法守法成为全体人民的共同追求和自觉行动。一是在道德体系中体现法治要求。我国20字公民基本道德规范,第一个词就是"爱国守法";24字社会主义核心价值观,"法治"赫然在列;以"八荣八耻"为主要内容的社会主义荣辱观,重要一项就是"以遵纪守法为荣、以违法乱纪为耻"。可见，守法不仅是法律义务，也是重要的道德要求。要继续完善社会主义思想道德体系，使之更好地与社会主义法律规范相衔接、相协调。各行业的职业道德规范，各地的市民公约、乡规民约，以及学生守则等行为准则，都应把尊法守法作为重要内容突出出来，强化人们的法治观念、法治意识。二是在道德教育中突出法治内涵。道德教化是教人求真、劝人向善、促人尚美的过程，也是培育法治精神的重要渠道。要深入实施公民道德建设工程，加强社会公德、职业道德、家庭美德、个人品德建设。在这个过程中，特别要针对我国人情积习厚重、规则意识淡薄的情况，注重培育规则意识，倡导契约精神，弘扬公序良俗，引导人们自觉履行法定义务、社会责任、家庭责任。三是在文化传承中涵养法治精神。几千年悠久厚重的中华文化包含丰富的道德资源，也包含丰富的法制思想，是今天我们涵养法治精神的重要源泉。应大力弘扬中华优秀传统文化，深入挖掘其蕴含的"以法为本"、"缘法而治"、"刑无等级"、"法不阿贵"、"君臣上下贵贱皆从法"等思想精华，并做好创造性转化和创新性发展，使其在新的时代条件下发扬光大。四是在文明创建中促进法治实践。道德重在践行，法治也重在践行。最好的道德和法治教育，是在日常生活中、在具体实践中，感受道德和法治的力量，树立崇德尚法的思想。要把法治文化活动纳入群众性精神文明创建中，广泛开展以法律援助、普法宣讲等为主题的志愿服务，让人们在丰富多彩的活动中受到法治熏陶、增强法治意识。引导人们积极参与乡村、社区、企业等基层依法治理，积极参与公共管理，依法维护自身权益，让法治的种子在人们心里落地生根，在全社会开花结果。

（五）丰富法治文化建设载体，完善法治文化建设阵地，拓宽人民群众参与社会主义法治文化建设的途径

法治文化建设是思想文化建设领域的系统工程，必须遵循其固有的内在规律。我们要看到，社会主义法治文化同社会主义文化建设一样，永远都是大众的、社会的、开放的，离开人民群众的广泛参与和支持就不可能有旺盛生命力。建设社会主义法治文化，必须牢牢把握文化建设

的群众性这一特点，不断丰富法治文化建设载体，完善法治文化建设阵地，努力拓宽人民群众参与法治文化建设的途径。

1. 着力健全覆盖城乡、方便群众参与的法治文化公共设施

要以构建全面覆盖的法治文化传播格局为目标，加大法治主题公园、文化广场、街区、展馆、农家书屋等法治文化设施的建设力度，充分利用有线电视、网络通讯、城市大型电子屏、法制宣传栏等大众传播平台，推动法治文化与社会文化有机融合、法治文化设施与公共文化服务设施功能互补。充分发挥法治类报刊、电视、网络、微博等媒体作用，开设群众意见专栏，开通群众联络信箱，努力为人民群众监督法治运行、参与法治建设打造更多的桥梁纽带。要把法治文化融入社区文化、村镇文化、企业文化、校园文化中，深入开展法治文化示范点创建活动，着力打造法治文化建设品牌，不断增强法治文化对人民群众的吸引力、感染力。

2. 大力开展丰富多彩的群众性法治文化活动

要充分尊重人民群众在法治文化建设中的主体地位和首创精神，积极搭建公益性法治文化活动平台，依托重大节庆和民族民间文化资源，广泛开展群众喜闻乐见、乐于参加、便于参加的法治文化活动，引导群众在法治文化活动中自我表现、自我教育、自我服务。要精心培育植根群众、服务群众的法治文化载体和文化样式，及时总结来自群众、生动鲜活的法治文化创新经验，有效整合新闻出版、广播影视、文学艺术和普法教育等社会资源，不断拓宽法治文化传播渠道，丰富法治文化传播形式，努力增强法治文化的时代性、鲜活性、生动性。

3. 进一步推进法治文化理论创新、艺术创作

要充分发挥法学会、法研所、律师协会等学术团体和研究机构的作用，组织动员广大法学、法律工作者紧密结合法治工作实践，深入开展法治文化研究，推进法治理论创新，努力形成深层次、高质量研究成果，为提升法治文化建设水平提供坚强的理论支撑。要充分发挥文联、作协等人民团体、艺术团体的作用，倡导广大文艺工作者深入法治工作一线体验、采风，多出作品、出好作品，在全社会营造鼓励法治文化创新的良好氛围，让蕴藏在人民中的法治文化创造活力得到充分迸发。

第十四章

法治中国建设的组织和人才保证

习近平同志强调:"全面推进依法治国,建设一支德才兼备的高素质法治队伍至关重要。我国专门的法治队伍主要包括在人大和政府从事立法工作的人员,在行政机关从事执法工作的人员,在司法机关从事司法工作的人员。全面推进依法治国,首先要把这几支队伍建设好。"① 立良法、正司法、严执法、重守法,是实现法治的至高价值目标。高素质的法治工作队伍对立法、执法、司法工作以及培育全民法治精神都发挥着重要作用,从这个意义上讲,建设法治中国必须依靠高素质的法治工作队伍。党的十八届四中全会《决定》提出,要在坚持中国特色社会主义法治道路的前提下,加快构建法律职业共同体,加强以律师为重点的法律服务队伍建设,并从法学教育入手,创新人才培养机制,为建设法治中国提供坚实的组织和人才保障。

一 建设法治中国依靠高素质法治工作队伍

荀子曰:"羿之法非亡也,而羿不世中;禹之法犹存,而夏不世王。

---

① 习近平:《加快建设社会主义法治国家》,《求是》2015年第1期。

故法不能独立，类不能自行；得其人则存，失其人则亡。"① 荀子强调的是在法的运作过程中人是首要因素。"徒法不足以自行"的古训，昭示在现代法治中仍然需要重视人的因素。党的十八届四中全会绘就了全面推进依法治国的蓝图，加快推进社会主义法治进程，必须造就一支能够支撑中国法治发展的法治工作队伍。法治工作队伍包括立法者、执法者、司法工作者和法律服务工作者等，涵盖从法的制定到法的执行、从适用法律定分止争到运用法律服务人民等法治的方方面面。高素质的法治工作队伍是全面推进依法治国的基础，是建设法治中国的重要保障。

（一）高素质的立法者是提高立法质量的重要保障

《管子》认为：国有法则治，无法则乱；法正则治，不正则乱。这阐明了没有法则不能治理好国家的道理。法治社会不仅应当有法可依，而且应是良法之治。所谓良法，即所制定的法律要遵循正义、道德、公平、正当程序、个人权利和尊严的理念，并且在现实的政治和法律制度中加以贯彻。② 当代中国在推进法治社会建设的过程中，进一步完善中国特色社会主义法律体系，就是要以良法为目标，进一步提高立法质量。"立法者制定法律"③，充分昭示了立法者在构建法律体系中的正统地位和中心作用。立法者能力的大小和履行职能的情况都会对立法质量的提高产生影响。

众所周知，我国的立法概念与西方不同，最严格的立法概念是指全国人大及其常委会制定法律的活动，此外也承认国务院制定的行政法规、最高人民法院与最高人民检察院制定的司法解释，省、自治区、直辖市和较大的市的人大及其常委会制定的地方性法规，民族自治地方的人大制定的自治条例与单行条例，省、自治区和较大的市的人民政府制定的

---

① 《荀子·君道》。
② 蒋传光：《良法、执法与释法》，《东方法学》2011 年第 3 期。
③ 例如，张千帆表示，在法律的形成过程中，每一个公民都有平等的参与机会，但决策成本决定了公民主要通过选举议员代表自己立法，而不是直接参与立法过程。要使决策成本最小化，必须选举一定数量的专业人士，也就是议员，代表共同体的利益，商议并制定立法。又如刘松山认为："人大代表是将人民意志转化为国家意志即法律的直接决定者，是立法活动中的不可替代的主体。"张千帆：《宪政原理》，法律出版社，2011，第 131 页；刘松山：《论立法中民主原则的落实》，《法商研究》1999 年第 6 期。

地方政府规章和国务院部委制定的部门规章具有广义法律的地位。① 因此，广义的立法工作者在机构维度上既包括人大的工作人员，也包括享有立法权的行政机关的立法工作人员（如政府法制局、部委法制局、从事立法工作的人员），还包括最高人民法院和最高人民检察院中起草司法解释的工作人员。"立法人员必须具有很高的思想政治素质，具备遵循规律、发扬民主、加强协调、凝聚共识的能力。"② 只有这些立法工作者个人或者共同体以系统的法律学问和专门的思维方式为基础，并不间断地培训、学习和进取，保证具有较高的能力素质，才能为立法质量的提高提供保障。

(二) 高素质的行政主体是推进依法行政的重要保障

英国法学家威廉·韦德从法治的核心是依法行政的角度，论述了法治的四层含义。其中，第一层含义是，任何事情都必须依法而行；第二层含义是，政府必须根据公认的、限制自由裁量权的一整套规则和原则办事。③ 政府坚持依法行政，保证社会关系处于法治状态，是国家机器按照人民意志正常运转的重要保证。从这个意义上讲，没有依法行政，就没有依法治国。当今中国，经济体制深刻变革，社会结构深刻变动，利益格局深刻调整，思想观念深刻变化，依法行政出现了前所未有的新挑战。行政主体法律知识欠缺、执法能力不强、执法行为不规范等问题导致有法不依、执法违法现象屡见不鲜，甚至成为引发社会矛盾的诱因。

依法行政的过程实际上就是行政主体对国家公共权力行使的过程，由于这种国家公共权力具有强制性和单方面性，依法行政主体的素质和能力如何，就成为实现依法行政的核心问题。"执法人员必须忠于法律、捍卫法律，严格执法、敢于担当。"④ 强化行政主体法治意识，注重行政

---

① 卢群星：《隐性立法者：中国立法工作者的作用及其正当性难题》，《浙江大学学报》（人文社会科学版）2013年第2期。
② 习近平：《加快建设社会主义法治国家》，《求是》2015年第1期。
③ 参见张文显《二十世纪西方法哲学思潮研究》，法律出版社，1996，第612页。
④ 习近平：《加快建设社会主义法治国家》，《求是》2015年第1期。

主体职业道德培养，提高行政主体依法行政能力，成为依法行政、建设法治政府的当务之急。党的十八届四中全会提出，"把善于运用法治思维和法治方式推动工作的人选拔到领导岗位上来"，"积极推行政府法律顾问制度，建立政府法制机构人员为主体、吸收专家和律师参加的法律顾问队伍，保证法律顾问在制定重大行政决策、推进依法行政中发挥积极作用"，"严格实行行政执法人员持证上岗和资格管理制度"，这些举措正是看到了在依法行政中人的决定性因素。

（三）高素质的司法工作者是实现公正司法的重要保障

司法是一种适用法律的过程，其公正与否，首先取决于所适用之法是否公正，然后取决于适用过程是否秉承公正。"司法全然不仅仅是一个国人心目中的'打官司'概念，在现实性上它至少是由相关的价值、制度、组织、角色构成一个与社会互动着的结构。"[①] 因此，司法公正体现在人、组织及其与相关概念的关系上。在人的因素中，以法官为代表的司法工作者是第一位的。"法律借助法官而降临尘世。"法官作为法律职业人，必须具备专业的法律素养、娴熟的法律适用水平、高超的庭审掌控能力和高水平的自由裁量，还要树立正确的司法理念。

习近平同志强调："司法人员必须信仰法律、坚守法治，端稳天平、握牢法槌。"[②] 模范法官宋鱼水就是一个典型例子：独立办案11年，执着守护公正，审案1200余件，其中300余件疑案难案，没有一件因裁判不公被投诉或者举报，连败诉方也诚心送上锦旗，正所谓"辨法析理，胜败皆服"，被人民群众称为"阳光"法官、"满意"法官、"爱民"法官，更是领导眼中的"免检"法官。习近平同志曾指出，要"努力让人民群众在每一个司法案件中都能感受到公平正义"[③]。在这一目标之下，必须严格法官等司法工作者的职业准入，建立法官、检察官逐级遴选制度，

---

① 程竹汝：《司法改革与政治发展》，中国社会科学出版社，2001，第9页。
② 习近平：《加快建设社会主义法治国家》，《求是》2015年第1期。
③ 习近平：《在首都各界纪念现行宪法公布施行30周年大会上的讲话》，人民出版社，2012，第10页。

加强司法工作者的职前培训,确保依法独立公正行使审判权和检察权,真正使以法官为代表的高素质的司法工作者成为公正司法的推动力。

(四) 高素质法治工作队伍是培育法治精神的重要保障

法律的权威源自人民的内心拥护和真诚信仰。全体人民都成为社会主义法治的忠实崇尚者、自觉遵守者、坚定捍卫者,是政府和民众在良性互动中实现善治的前提,更是法治中国建设的终极目标。如果每个人都能做到"学法、尊法、守法、用法",这意味着法治得到了实现。法治欲在中国落地生根,必须依靠国民法治精神的培育。高素质的法治工作队伍是法治精神的播种者。

首先,法治工作者是推动法治教育的先锋队。深入开展法治宣传教育是提高全民法治意识的坚实基础,我国目前的普法教育在形式上限于宣传、训示或命令式灌输、考试等方式,民众还没有真正予以重视。实行国家机关"谁执法谁普法"的普法责任制,建立法官、检察官、行政执法人员、律师等以案释法制度,加强普法讲师团、普法志愿者队伍建设,让法治工作者真正成为增强法治教育效果的关键力量。

其次,法治工作者是提供法律服务、依法维权的主力军。只有人民权益得到法律的保障,人民才会自愿维护法律的权威。律师等法律服务工作者提供法律援助、司法救助,保证人民群众在遇到法律问题或者权利受到侵害时获得及时有效的法律帮助;法治工作者在调解、仲裁、行政裁决、行政复议、诉讼等法律适用活动中化解纠纷、维护合法权益,对畅通群众利益协调、维护群众权益方面发挥重要作用,促进人民群众增强对法律的信任。

二 推进法律职业化进程,加快构建法律职业共同体

法律职业者是以律师、检察官、法官为代表的,受过专门的法律专业训练,具有娴熟的法律技能与法律伦理的法律人。在建设法治中国的

进程中，强调法律制度构建的同时，也应愈加重视法律操作者的职业化造就。但是以往在法律职业造就过程中，把视角过分集中在法律职业内部角色差别上，认为法律职业内部不同部门的法律工作是各自独立、不同类型的工作。审判、检察、律师业务是不同性质和内容的法律活动。由此根据不同类型的法律工作特点建立起法律职业的分别化制度。包括不同的从业资格标准、资格授予程序、方式和职业准则。承担职能的不同并不能否定各部门在所需法律专业知识上的共同性和价值上的共同追求，分别化制度在实践中的弊端已愈显突出：从业资格的不同造成法官、检察官和律师职业者之间的互不认同；司法独立的法治原则在法律职业者之间也难以达成共识；分别的培养制度使本来就十分短缺的司法资源造成不应有的浪费。从法治目标的长远来看，建设高素质的法治专门队伍，必须大力推进法律职业化进程，构建法律职业共同体，畅通不同部门之间法律人才的交流渠道，完善法律职业准入制度和保障制度，才能最终实现法治专门队伍的正规化、专业化、职业化。

（一）完善法律职业准入制度

所谓法律职业准入制度是指法律职业从业人员从业资格的取得制度，通常也就是指相关人员必须经过法律知识和职业伦理水准的统一考试才能获得从业资格的制度。《法官法》和《检察官法》的修改及统一司法考试制度的设立，严格了从业资格条件，法学教育和培训的普及与繁荣，为法律职业输送了大量的优秀人才。我国的法律职业准入制度比以前有了较大的进步，但是还存在法学教育与实践脱节、司法考试形式单一、报考资格没有严格限制、职前培训流于形式等问题。完善法律职业准入制度必须从法学教育、司法考试、职前培训等几个方面入手。

1. 严格考试主体资格，完善考试方式

各国的司法考试均在法学毕业生的层面上，采取层层选拔和考核的机制，保证通过者有良好的法律教育背景及具有从事法律实务的基本知识与修养。根据我国新的《法官法》和《检察官法》，在考试主体资格的限定上，将参考人员的学历要求从原来的大专提升到了本科，但并未规定法律专业的教育背景。在考试内容与形式上，根据《国家司法考试实施办法》，我国的司法统一考试每年举行一次，主要测试应试人员所应具备的法律专业知识和从事法律职业的能力。司法考试改为两次考试。对非法律专业的考生，采取侧重考查大学所学基本理论知识的第一次考试。在此基础上举行所有考生都必须参加的侧重运用法律知识与技术分析解决法律问题的第二次考试，全面考察考生的法律思维、法律推理、法律应用与写作能力。也就是说，法学专业的考生可以直接参加第二次考试，这就充分肯定和承认了法学教育的专业性和权威性，使从法学专业毕业生中招录人才更为便捷。两次考试的通过者经职前培训后参加属于法律职业技能考核的第三次考试。三次考试通过后，由有关部门授予初任法官、检察官和律师资格。唯有提高考试主体资格，严格考试程序，增加考试难度，才能扩大社会对法律职业的认同，增强司法权威，提高法律职业者的整体素质。

2. 确立统一的职前培训制度

过去的初任法官、检察官和律师资格考试，通过者直接进入相应工作领域，由助审员、助检员或实习律师做起，经过一段时间的司法实践磨砺，成长为各专业合格或优秀的人才。这种通过自我积累业务经验和通过职业再教育的手段来取代任职前的专门实务培训制度的做法，不能确保未来司法官胜任将要从事的法律职务，难以适应现代法治对法律职业准入制度的需求。因此，在完善国家司法考试制度的同时，应当建立统一的法律职前培训制度。将现有的国家法官学院、国家检察官学院统一为国家司法培训学院，在各省市设立相应的司法培训学院分院，由资深法学家、资深律师、资深检察官、资深法官组成强大的师资队伍，对通过国家司法考试的人员进行为期一年的实务培训。培训旨在提高受训者的法律思维能力、法律分析能力、法律推理能力等法律实际运用技能及法律职业道德素质。培训结束后，可根据个人平时成绩和志向，选择检察院、法院、律师事务所进行为期半年的实习，实习结束后，应由所在部门出具实习意见，由此参加学院结业考核，考核通过者授予初任法官、检察官和执业律师资格。

3. 完善法官、检察官遴选制度

一是建立从符合条件的律师、法学专家中招录立法工作者、法官、检察官制度。法律职业间的自我封闭，必然形成职业壁垒和行业至上，法律职业共同体间难以达成一致的价值取向和职业认同。英美法系显著有效的法官准入制度同样值得我们借鉴，其法官从律师中选任的思路对我们应有所启发。在英美法系国家，法官享有较高声望和管理的独立性，他们与律师协会有密切关系，他们从那里被提升。被任命为法官是卓有成就的高级律师生涯的无上荣誉。十八届四中全会指出，"建立从符合条件的律师、法学专家中招录立法工作者、法官、检察官制度"，进一步肯定了借鉴英美法系法官准入的思路。但借鉴并不等于简单地照抄照搬，鉴于我国的历史文化背景、法治现状，如何立足国情，有益地借鉴与吸收，应是重点研究的问题。二是建立法官、检察官逐级遴选制度。初任法官、检察官由高级人民法院、省级人民检察院统一招录，一律在基层法院、检察院任职。上级人民法院、人民检察院的法官、检察官一般从下一级人民法院、人民检察院的优秀法官、检察官中遴选。

（二）完善法律职业保障制度

职业准入制度为选拔高素质人才把好了入口关，但是要真正吸引精英进入法律职业，没有相适应的职业保障是难以想象的。当前法律职业保障制度的欠缺，是司法机关整体素质不高、没有职业荣誉感、司法独立无法实现的重要原因。应进一步健全完善律师行业管理与自治制度、司法独立制度、法官和检察官职务保障制度，使完善的法律职业保障制度成为法律职业者防止不当侵害的天然屏障和吸收优秀人才的畅通渠道。

1. 完善律师的行业管理与自治制度

《律师法》规定，律师协会是社会团体法人，是律师的自律性组织，但律师协会行政化现象仍然存在。明确律师协会的自治权，理顺律师协会和司法行政机关的关系，建立司法行政机关宏观指导下的律师协会行业管理为主的管理体制，还需要通过立法进一步予以明确。律师协会作为独立的组织，一方面，要充分发扬律师民主，保证律师的各项权利；

另一方面，要对律师进行职业道德和执业纪律教育、检查、监督和管理，维护律师职业界的共同声誉。

2. 完善司法独立制度

我国宪法规定，人民法院依法独立行使审判权、人民检察院依法独立行使检察权，不受行政机关、社会团体和个人的干涉。实际上，由于人、财、权等一系列关系没有理顺，宪法规定的司法独立无法真正贯彻落实，法律地方保护主义严重存在。实行司法独立，一是要改革司法人员任命方式。担任法官、检察官必须通过统一的职前培训考试，法院院长、法院副院长、审判委员会委员、检察长、副检察长、检察委员会委员必须从法官、检察官中选任。取消庭长、副庭长、组长等中层设置，大量减少司法官职数并将其法定化。司法机关中的非法律职务按行政公务员程序任命。二是改革现行财政拨付制度，建立独立、统一的司法财政体系。三是司法官全国统一任命、统一调配，实行回避、流动制度。

3. 完善法官、检察官职务保障制度

法官、检察官职务保障制度的目的是保证法官、检察官队伍的相对稳定，实现法官、检察官公正司法，完成法律赋予的神圣职责。这些制度包括：①法官、检察官科学分类制度。应该明确，在法院、检察院工作的人不都是法官、检察官，法院、检察院工作人员中还有书记官、事务官、执行官、司法警官以及其他工勤人员。后者的管理与法官、检察官不同，更不可能晋升为法官、检察官。对法官、检察官本身也应进一步分类，以便管理。②司法官终身任职与考核、晋升制度。应明确司法官员任期终身制，即司法官员一经任命，非有法定理由并经法定程序，不得强行予以免职、调离或使之退休、离岗。同时，执行严格的任职资格、选拔任命、晋升程序。③法官、检察官劳动报酬制度。建立法官、检察官专业职务序列及工资制度。"高薪"应成为这一职业的特征和结果。④法官、检察官职业伦理和惩戒制度。要制定明确具体的职业守则，建立专门惩戒机构，依法定程序对司法官的失职、违纪和枉法行为予以处理。

三　加强法律服务队伍建设

法律服务是由律师、法律工作者等专业人员开展的专业性活动，因此法律服务工作者的能力和素质直接决定了法律服务的质量。目前，我国法律服务队伍由律师、公证员、基层法律服务工作者和法律援助机构工作人员组成，其中律师队伍是法律服务的主力军，更是我国社会主义现代化建设和民主法治建设的重要力量。加强法律服务队伍建设，重点是构建一支信念坚定、优势互补、结构合理的高素质律师队伍。

（一）推进律师队伍思想政治建设、业务建设和职业道德建设

"律师队伍是依法治国的一支重要力量，要大力加强律师队伍思想政治建设，把拥护中国共产党领导、拥护社会主义法治作为律师从业的基本要求。"[①] 要按照习近平总书记关于"五个过硬"和"三严三实"的要求，结合律师工作的特点，贴近律师行业的思想和实际，创新形式，改进方法，经常性地开展律师队伍教育培训，坚持把律师队伍思想政治素质、业务素质和职业道德素质"三个素质"一起抓，相互支持，融会贯通。

1. 在思想政治素质建设方面，增强走中国特色社会主义法治道路的自觉性和坚定性

政治素养体现律师的政治理论水平和政治信仰，也是律师首先要具备的素质。律师队伍加强思想政治素质建设，一是要提高理论水平。要以中国特色社会主义理论为思想指导，会运用理论分析问题，透过现象认识事物本质，解决好法律工作中出现的问题，提高鉴别问题的能力。二是要坚定政治方向。在我国，律师的本质属性是社会主义法律工作者，律师要为当事人提供法律服务，更重要的是承担着维护社会主义法治尊严、维护司法公正、推进依法治国、建设社会主义法治国家的职责。因

---

① 习近平：《加快建设社会主义法治国家》，《求是》2015年第1期。

此律师队伍必须坚持正确的政治方向，坚持社会主义法律工作者的本质属性。要通过开展多种形式的教育培训和实践活动，引导广大律师坚定中国特色社会主义理想信念，坚定中国特色社会主义道路自信、理论自信和制度自信。三是要筑牢法治信仰。法治信仰是社会主体对法治的一种心悦诚服的认同感和依归感。法律如果不被信仰，将变成一纸空文；法治如果不被信仰，依法治国就不可能得到落实。律师队伍作为法律服务的主力军，要深入学习贯彻十八届四中全会关于依法治国的重要精神，增强广大律师走中国特色社会主义法治道路的自觉性和坚定性，将法治作为坚定不移的信仰。

2. 在业务素质建设方面，抓好业务培训工作

律师职业是从事法律的专门行业，因此律师需要具备过硬的业务素质。律师业务素质的高低直接影响其服务的质量。在我国，具有高等院校本科以上学历的人员，只要通过司法考试，就可以申请律师资格，没有限定只有经过专门法学教育的人才有资格申请参加律师资格考试。在现实中，很多没有经过系统的法学专业学习的人通过了考试，取得了律师资格。要保证律师队伍较高的业务素质，就要加强律师业务培训。加强律师队伍业务素质建设，就是要适应新形势、新要求，增强律师业务培训工作的针对性、有效性，突出业务技能培训重点，不断提高律师业务能力和水平，促进律师依法规范诚信执业。

3. 在职业道德建设方面，健全律师职业道德规范制度

律师是一个特殊的职业，职业的特殊性对其提出了很高的职业道德要求，《律师法》第三条规定律师应"恪守律师职业道德和执业纪律"，这实际上就是对律师的道德素质要求。而不能像人们所说的那样："所谓'圣职'的光环势必消失殆尽，部分律师将堕落成浑身散发着铜臭气的奸商或者趋炎附势的政治掮客。"[①] 加强律师队伍职业道德建设，就是要认真贯彻落实《司法部关于进一步加强律师职业道德建设的意见》和全国律协《律师职业道德基本准则》，健全完善律师职业道德规范制度体系、

---

① 季卫东：《律师的重新定位与职业伦理》，《中国律师》2008年第1期。

教育培训机制、监督管理机制、扶持保障政策等长效机制，切实教育引导广大律师做到坚定信念、服务为民、忠于法律、维护正义、恪守诚信、爱岗敬业。

(二) 完善律师队伍建设管理制度

1. 进一步发挥"两结合"管理体制的作用

现行的律师管理体制是司法行政机关和律师协会"两结合"的管理体制。律师行业管理工作由司法行政部门和律师行业自律管理共同进行。"两结合"体制就是政府监管和行业自律的结合。

司法行政机关作为政府监管律师行业的职能部门，主要负责资质管理和市场监管。目前，对律师资质管理已经有一套办法，有关规章制度也比较健全，但对法律服务市场秩序、对律师的执业行为和竞争行为的监管还比较薄弱，缺少一整套预警、督察、处理、评价的办法。因此，维护正常的市场秩序，加强对律师流动、律师竞争秩序、律师收费、律师业务活动等方面的监管，制定相应的办法，已是加强政府监管的当务之急。

律师行业协会是行业自律任务的主要承担者。从国际上看，行业自律主要体现为制定行业规范、组织继续教育、加强职业道德建设、维护律师权益等。目前，我国律师行业自律的空间还相当大，比如，如何建立系统的行业规范体系和质量标准，如何实现继续教育的系统化、正规化，如何将行政机关的处罚转化为行业协会对会员的惩戒，如何进一步增强行业协会在律师维权中的对外交涉力和影响力，等等。

政府监管与行业自律既有区别，又有交叉。司法行政机关在履行监管职责时，也负有推进行业自律的责任；律师协会在履行行业自律职责时，也要积极配合政府监管的进行。只有这样，才能形成律师管理的合力，增强管理效能，共同推动我国律师业的发展。

2. 完善律师队伍监管的相关制度

有效的监管需要健全的制度。加强律师队伍的监管必须完善相关制度，实现律师队伍管理的规范化。规范化是法治社会的需要。要强化依法管理、规范管理，做到有规可依、有规必依，执规必严、违规必究；健全完善队伍建设的各项规章制度特别是促进律师队伍依法规范诚信执业的制度，做好《律师执业行为规范》和《律师协会会员违规行为处分规则》的修订工作，进一步明确具体要求，完善相关制度和程序；建立健全律师专业评价体系，探索建立律师执业评价办法，完善评价指标体系，促进律师法律服务专业化、规范化，引导律师事务所建设朝着规范化、品牌化、专业化方向发展；研究律师事务所表彰奖励办法，完善行业协会评优程序，提高行业奖励工作的科学化水平。

3. 健全律师队伍的监督惩戒机制

有效的监督惩戒机制是保证律师依法执业的重要制度。加强对律师执业的日常监督，特别是加强对重大案件办理律师的监督管理，依法处理律师违规违纪执业行为，才能推动律师队伍建设取得实效。完善律师和律师事务所年度考核制度，健全律师行业投诉查处工作机制，建立律师不良执业记录披露制度，建立律师执业舆情监督应对机制，强化律师协会自律管理约束机制，及时解决律师执业违法违纪问题。

（三）优化律师队伍结构

我国律师从执业资格上分为社会律师、公职律师和公司律师三类。党的十八届四中全会《决定》指出："构建社会律师、公职律师、公司律师等优势互补、结构合理的律师队伍。"要实现这一目标，优化律师队伍结构，充分发挥三类律师在法律服务中的作用，实现三类律师的优势互补，就要扩大公职律师的范围，提高公司律师的地位，提高社会律师参与法律援助工作的程度。

1. 扩大公职律师的范围

在《司法部关于公职律师试点工作的意见》中，公职律师被界定为"在政府职能部门或行使政府职能的部门专职从事法律事务的人员"，这一定义缩小了公职律师的外延。按照"在政府职能部门或行使政府职能的部门专职从事法律事务的人员"这一定义，公职律师指的就是"政府律师"。公职律师是否可以和政府律师画等号？从严格意义上来说，这个等式显然是不成立的。因为公职律师的外延比政府律师的外延要大。公职律师不仅指在政府职能部门或行使政府职能的部门专职从事法律事务的人员，还应包括以下各类：国家权力机关的公职律师，即各级人大及其常委会中任职或被招聘专门从事法律事务的人员；国家司法机关的公职律师；国家行政机关的公职律师，即政府律师；国家军事机关的公职律师，即军队律师；法律援助律师，即由政府出资组建的以专门为社会弱势群体提供无偿法律服务，以便使法律赋予每一位公民的法定权利得以实现的公职律师；国有企业律师，即大中型国有企业中的公司律师。除此之外，还有在党的各级委员会及其有关的部门、工会、共青团组织、妇联以及政协等机关里供职或受聘于上述机关专门从事法律事务的人员，也属于公职律师范畴。"公职律师"不等同于"政府律师"，使公职律师的范围增大了，极大地增强了公职律师在律师队伍中的影响力。

2. 提高公司律师的地位

提高公司律师的地位，增强公司律师队伍的整体实力，一是要整合公司律师与企业法律顾问的关系。公司律师制度与企业法律顾问制度在功能上基本相同，我国应尽快将企业法律顾问执业资格与法律职业资格并轨，建立我国统一的企业法律职业制度。二是要切实提高公司律师在企业中的地位。公司律师应在其职责范围内依法独立地处理各种法律事务，出具各类法律意见。为了使公司律师最大能量地发挥其应有的优势，应设立首席公司律师这一职位。事实上，在英美等国家，大中型公司都设立有首席律师或首席法务执行官。他们往往同时属于公司的高级管理人员。我国也可借鉴英美国家设立首席公司律师，明确其在公司中的地位、权利和职责，以便使其更好地发挥职能。三是要明确公司律师执业权利，保障其权利落到实处。根据《司法部关于开展公司律师试点工作的意见》，公司律师的权利包括：在职业活动中享有依法调查取证、查阅档案材料等执业权利；加入律师协会，享有会员的权利；可以参加律师职称评定；可以直接转换为社会律师；等等。公司律师应享有一般社会律师享有的合法执业权利，包括以公司律师身份出庭，参与诉讼仲裁，以公司律师身份开展调查取证，办理相关的法律事务。司法机关和公司应保障公司律师以上权利的行使。

3. 提高社会律师参与法律援助工作的程度

政府出资组建的专门为社会弱势群体提供无偿法律服务的法律援助律师属于公职律师的范畴，所以法律援助律师也被称为"困难群众的律师"。社会律师虽然是提供有偿法律服务的执业人员，但是其在法律援助工作中的作用也不可忽视，社会律师为法律服务工作提供必要的专业保障。当前实践中由于经费制约、重视程度不足、服务质量有待提高等原因，社会律师在法律服务工作中的作用还没有充分发挥。要从加强经费保障、拓宽筹资渠道、扩大法律援助范围、丰富法律援助工作形式、提高法律援助案件服务质量等方面进一步促进和提高社会律师的参与程度，不断提高法律援助质量，从而实现习近平总书记提出的"拓展法律援助服务领域，不断扩大法律援助覆盖面，加强法律援助案件质量监管，深化法律援助便民服务，进一步提高法律援助质量和水平"这一工作目标。

令人欣喜的是，2014年7月11日在人民大会堂召开的"1+1"中国法律援助志愿者行动2014年总结派遣工作会议中，包晨亮、黄中子、邓云等律师荣获"1+1"中国法律援助志愿者行动2013年"百姓心中最满意的模范志愿律师"及"守护边疆促进民族团结的模范志愿律师"称号。律师们自愿放弃优裕的生活、工作条件，奔赴西藏、新疆贫困县区开展法律援助工作。他们以奉献、友爱、互助、进步的志愿精神，积极履行法律援助职责，承担起化解社会矛盾、维护社会和谐稳定的重要职责，用专业知识维护困难群众的合法权益。模范律师的行动必将起到积极的辐射作用，带动更多律师参与到法律援助工作中来。

四 创新人才培养机制，造就大批高素质社会主义法治人才

全面推进依法治国，建设法治社会，人才培养是关键，法治教育是源头。良好的法治教育，对于促进社会发展与进步，为法治建设提供优质的智力支持，具有重大理论和现实意义。改革开放30多年来，我国法

治教育在不断调整和完善中飞速发展,但也暴露出培养方式、目标定位以及教育资源配置不合理,与法治社会需求相脱节等问题,制约了法治人才的培养和质量的提高。因此,必须立足我国实际,以终身教育思想和司法职业实践为指导,建构并全面推进与依法治国相适应的法治人才培养体系,把握新时期法治教育的历史责任和时代机遇。

(一) 以职业化为导向,创新法律人才培养模式

法学教育模式是在一定的经济、政治、文化等因素影响下,在一定的教育思想指导和制度环境中生成的教育培养目标、教育培养方式、教育内容、教育方法等基本构成元素的有机结合。考察世界各国法学教育的基本构成元素,可以发现世界法学教育大致可以分为两类:一类是以美国法学教育为代表的普通法系的法律职业教育模式,一类是以德国法学教育为代表的大陆法系的法律素质教育模式。相比之下,我国的法律人才培养模式不统一,法学教育呈现多形式、多途径、多层次发展的状况。20世纪90年代中期以来,随着我国法学教育规模的急剧扩张,法律人才培养中的问题日趋明显,法律人才呈现结构性过剩,就业危机和质量危机并存。"高端型"法律人才和"基层型"法律人才求而难得,特别是西部等贫困地区以及相关的企业和部门法律人才依然缺少,对外交往中高级法律人才更是紧缺。因此,法学教育应建立以法律职业为目标导向的法律人才培养模式,突出法律信仰的塑造和法律职业能力的培养,针对中国的社会发展需求,培养更多的合格的法律人才。

1. 定位培养目标

法学教育的准确定位在很大程度上决定着法学教育发展的走向。"如果根本不知道道路会导向何方,我们就不可能智慧地选择路径。"[①] 在我国,法律教育是精英教育还是大众教育,是素质教育还是职业教育,是科学教育还是人文教育,或是两者的融合,一直存在不同的理解。应当肯定的是,一种精英化的法学教育将有利于法律职业共同体的形成,因

---

① 苏力:《道路通向城市——转型中国的法治》,法律出版社,2004,第243页。

为高度的专业性和职业性以及技术、伦理要求会促成一个阶层的同构；相反，一种大众化、通识化的法学教育无法在受教者之中形成坚定的共同信仰和职业共性。法学教育的目标是培育具有现代法律精神、先进的法治观念、对公平正义的坚定信仰、独立而健全的法律人格和强烈的职业责任与社会责任感的精英。此外，应明确将法学教育定位于职业教育，除了博士研究生和博士后阶段以培养研究人才为目标之外，其他阶段的法学教育以职业化为其根本导向，使法学教育致力于法律职业目标的确立，致力于法律职业的共同体建设和促进法律职业素质的养成。

2. 优化教学内容

应当立足法学基础理论研究，形成完善的中国特色社会主义法学理论体系、学科体系、课程体系。应将课程体系设置为三大模块：一是公共基础课，包括教育部规定必须开设的政治理论类课程以及以增强学生基本知识、训练基本能力为目的的课程。二是专业基础课。在宽口径、厚基础思想的指导下，将全国高等学校法学学科教育指导委员会规定的14门核心课和文书写作、法律职业道德界定为专业基础课。这类课程的主要目的是对学生进行基础理论知识的系统化培训，以期形成开放的、具有很强的接受和再生能力的理论体系。三是专业技能课。主要开设证据学、辩论技巧、法律实务、司法技能等方面的课程，突出法律应用能力和职业技能的训练。此外，应加大实务培训的力度，提高实务培训的地位。法律职业是一门充满实践经验的技术行业，只有走出课本，深入实践，才能深入地理解理论的力量。在这方面，明确我国法官学院、检察官学院以及律师协会在整个法学教育体系中的地位也大有裨益。

3. 改革教学方法

法学教育要实现职业化，没有教学方法的改革，课程改革很难奏效。高等法学教育职业化目标的实现，关键点就在于教学方法的改革。要坚决改革安于现状的法学教育方法，创立一整套充分体现职业性的职业化教学方法。在这方面，美国JD教育模式值得借鉴，"苏格拉底教学法"、"案例教学法"和"法律诊所"制度也可以作为我国法学教育教学方式的一种参照。同时，法学教育的师资配备一定要考虑实务经验，配备最具有实务能力的高层次教师,切实培养和锻炼学生的实践能力。只有教学方法的职业化才能从根子上保障法学教育职业人才的培养。

(二) 以开放性为理念,培养涉外法治人才

伴随着信息、资源、资金、人才在全球的快速流动和跨国交流合作的日益密切,"地球村"正逐步成为现实。全球化必将对各国立法、司法产生现实性或潜在性的影响。在立法层面,全球化及其进程的加快发展使得国际法律关系变得越来越复杂;在司法层面,全球化制造了越来越多的全球诉讼。在这样的背景下,建设通晓国际法律规则、善于处理涉外法律事务的涉外法治人才队伍显得尤为重要。2011年初教育部就根据《国家中长期教育改革和发展规划纲要(2010—2020年)》的精神提出了"卓越法律人才教育培养计划",其中把培养涉外法律人才作为"培养应用型、复合型法律职业人才的突破口"。要求适应世界多极化、经济全球化深入发展和国家对外开放的需要,培养一批具有国际视野、通晓国际规则、能够参与国际法律事务和维护国家利益的涉外法律人才。

1. 树立开放性人才培养理念

法学教育和法律人才的培养要有前瞻眼光和全球视野,要能够为我国参与国际游戏规则的制定培养法律人才,必须树立开放性的理念。应从比较宽泛的视角来界定"涉外法律人才"。涉外法律人才泛指所有从事具有跨国因素法律工作的人才,既包括在律师事务所、企业、司法机关、政府部门和国际组织、机构中从事涉外或国际法律事务的工作者,也包括在高等院校和研究机构中从事国际法、比较法和外国法教学与科研工作的人才。我国应旨在培养具有世界知识、全球观念和中国立场的涉外法律人才。具体而言,涉外法律人才应满足如下要求:一是具备跨文化交际能力,即在理解、掌握外国文化知识与交际技能的基础上,灵活处理跨文化交际过程中出现的实际问题的能力。二是具有广博的法律专业知识。全面掌握中国法、主要外国法和国际法的专业知识是进行国际性法律实践的基础和前提。三是具备较强的法律实践能力。四是具备良好的法律职业伦理——应具备忠于法律、刚正不阿的职业品德,应有为民

谋福祉、为国谋富强的国家道德观念和责任意识。五是具有开放性的知识结构。涉外法律人才"尤其应该具有宽广的国际视野，善于从整个世界和国际社会的角度思考问题，对世界局势和国际关系形势都有宏观了解和把握，要能够'胸怀祖国，放眼全球'"①。

2. 开展中外合作办学和双语教学

中外合作办学是法学教育国际交流与合作的最直接方式。通过合作办学可以引进国外的优秀教师和教材、先进的管理方法和教学手段，有利于培养在知识和能力等方面具有国际竞争力的涉外法律人才。但是，中外合作办学也存在不容忽视的弊端。中外合作办学需要方方面面的协调和衔接，合作的持续性、合作的深度和广度具有很大程度上的不确定性。有学者指出，尽管目前中国法学教育的国际色彩日浓，但细察之，法学教育的国际化水平仍然处于初级阶段。与国外的院系合作除了外事会面别无下文；来去匆匆的外国教授拿着高额讲课费只讲讲外国法常识。② 因此，培养涉外法律人才应采用国内法学双语教学为主、中外合作办学为辅的路径。法学双语教学是将一种外国语言（主要是英语）直接应用于法学类课程教学，并使外语与法学知识和能力同步获取的一种教学模式。目的是培养学生从事国际性法律事务工作的能力，以适应我国经济和社会发展的需要。

3. 采取专门化培养模式

教学模式的合理构建是培养涉外法律人才的关键。涉外人才培养的教学模式应当是集中整合部分国际化教育资源，开展小范围"实验班"式的精英教学。在人才培养理念上，对于以培养涉外法律人才为己任的法学院而言，人才培养的专门化定位，应当成为法学院的整体追求。在课程设置上，专门化的知识结构需要专门化的课程设置体系，专门针对涉外法律人才培养的课程体系可以是多元形态的，可以根据各自院所的

---

① 石佑启、韩永红：《论涉外法律人才培养：目标、路径和教学模式》，《教育法制》2012年第16期。
② 万猛、李晓辉：《全球化背景下中国法律人才培养模式转型》，《中国大学教学》2010年第11期。

实际情况来安排,没有一个统一的模板。在教学内容和方法上,具有实质教学、研究内容的中短期国际交流项目的开展,可以有效弥补法学院国际化氛围的不足。例如承办国外法学暑期项目、夏令营等,还有自办主题性国际项目,如"知识产权法国际研修班"、"国际法研修班"、"国际法学人才项目夏令营"等。中国学生在这种交流项目中能够有机会充分接触外国教授和学生,共同开展外国法或国际法学习,为法学学习聚集全球资源创造一种国际环境。

(三) 健全高校和政法部门人才交流机制,打造高素质教师团队

法学作为一种实践科学,不论是从事法律理论的研究,还是从事法律事务工作,都要求具备一定的实践经验。高素质的法学教育必须要有高素质的教师团队。十八届四中全会指出:"健全政法部门和法学院校、法学研究机构人员双向交流机制,实施高校和法治工作部门人员互聘计划,重点打造一支政治立场坚定、理论功底深厚、熟悉中国国情的高水平法学家和专家团队,建设高素质学术带头人、骨干教师、专兼职教师队伍。"

1. 通过学习交流全面提高教师素质

我国当今所面临的一个问题是缺少既有理论水平和实践经验又懂外语的高素质的教师。教师担负着法律人才培养的重任,也是教学方法改革的关键环节。一名合格的高等院校法学专业老师需要具备以下条件:首先,要具备深厚的法学理论功底,能够深刻把握法律精髓,具备灵活运用法律解决实际问题的能力;其次,要善于追踪最新法律动态,把前沿的法律精神贯彻到教学当中;再次,要具备一定的科研能力,能够洞悉与本专业相关的最新学术动态,同时要具备哲学、逻辑学、政治学、伦理学、管理学、教育学与心理学等学科相关知识。因此,要注重学科带头人的示范作用,通过鼓励一批有能力的学科带头人,带动一系列的法学领域的研究和教学能力的进步;要重点培养中青年教师。一方面培养其法学理论素养,使其具备一定的创新能力,另一方面为其提供到实

践部门积累实践经验的时间和机会，以便其能更好地将理论与实践相结合。高校派一些教师到相应的司法实践部门从事挂职锻炼，能够促进法律实务能力的培养，同时也为政法部门补充高素质法治人才。通过法律职业共同体和法学教育机构的互动，全面提高法学教师的整体素质。

2. 完善促进人才交流的制度环境

目前我国高校人才交流机构尚未形成体系，与政府人事部门和社会人才交流机构的沟通不畅。配套措施不健全，社会保障体系不完备，教师队伍缺乏外部竞争，学校富余人员难以向外流动。首先，政府应把扩大高校的办学自主权落到实处，确立高校独立的法人地位，为高校自主的人事制度改革和人才流动创造必要的制度环境。其次，加强学校内部各项规章制度建设，明确学校各层级机构的职责权限，使学校内部权力中心逐步下移，让院系在学校发展中拥有更大的自主空间，逐步建立和健全具有教师自我管理和自我监督功能的学术组织，保障教师的学术自由。再次，要逐步弱化行政辅助机构的管理功能，强化行政部门的服务意识。要确立教师在学校办学中的主体地位，要使全体员工特别是机关职能部门的员工树立起"为教学科研服务、为学生教师服务"的理念。

第十五章

把党的领导贯彻到全面推进依法治国全过程

在中国，共产党执政是历史的选择、人民的选择。新中国法制建设的伟大成就是在党的领导下取得的。全面推进依法治国、加快建设社会主义法治国家必须在党的领导下进行。加强和改革党对法治工作的领导，把党的领导贯彻到全面推进依法治国全过程，是历史和人民赋予党的重大责任和光荣使命。全党要以只争朝夕的精神和善作善成的作风，切实把领导依法治国的各项工作落到实处。

一 抓关键：坚持依法执政

"天下之事，不难于立法，而难于法之必行。"依法治国是我国宪法确定的治理国家的基本方略。能不能做到依法治国，关键在于党能不能坚持依法执政。党的十八届四中全会明确提出，要增强依法执政意识，坚持以法治的理念、法治的体制、法治的程序开展工作，改进党的领导方式和执政方式，推进依法执政制度化、规范化、程序化。这既是坚持依法执政的现实要求，也是加快建设社会主义法治国家的紧迫任务。

（一）坚决维护宪法法律权威

宪法是国家的根本法，在依法治国中具有突出地位和首要意义。坚持依法执政,首先要在党内、各级党组织和领导干部中树立宪法法律的权威和尊严。我国宪法以国家根本法的形式,确立了中国特色社会主义道路、中国特色社会主义理论体系、中国特色社会主义制度的发展成果,反映了我国各族人民的共同意志和根本利益,成为历史新时期党和国家的中心工作、基本原则、重大方针、重要政策在国家法制上的最高体现,具有最高的法律地位、法律权威和法律效力。但在现实法治领域还存在许多不适应、不符合的问题,主要表现在:保证宪法实施的监督机制和具体制度还不健全,有法不依、执法不严、违法不究现象在一些地方和部门依然存在;关系人民群众切身利益的执法司法问题还比较突出;一些公职人员滥用职权、失职渎职、执法犯法甚至徇私枉法现象依然存在;部分社会成员尤其是一些领导干部的宪法意识还有待进一步提高;等等。这些现象和问题都违背宪法原则和精神,严重损害了宪法法律权威。坚持依法执政,首先要提高宪法至上观念,坚持法律面前人人平等,一切国家机关和武装力量、各政党和各社会团体都必须遵守宪法法律,必须在宪法法律范围内活动,必须依照宪法法律行使权力、履行职责;任何组织和个人都不得有超越宪法法律的特权,一切违反宪法法律的行为都必须予以追究和纠正。应当加强宪法法律的实施。宪法的权威在于实施。应当建立健全忠于、遵守、维护、运用宪法法律的制度,把各项执政活动纳入法治轨道,做到心中有法、虑必及法、行必依法。应当加强和改进党的领导方式和执政方式。依法执政的关键是依宪执政,党领导人民制定宪法和法律,党自身必须在宪法和法律范围内活动,真正做到党领导立法、保证执法、带头守法。应当加大监督力度,健全权力运行制约和监督体系,有权必有责,用权受监督,失职要问责,违法要追究,保证人民赋予的权力始终用来为人民谋利益。

(二) 促进党的政策和法律互联互动

党的政策和法律是党和人民共同意志的反映,是党领导人民治国理政的重要方式。坚持依法执政的前提是保持党的政策与法律的一致性。党的政策和法律作为两种不同的治国方略,在制定主体和程序、表现形式、适用范围、强制力和稳定性等方面各有特点。党的政策出台相对简单，具有灵活性、时代性、探索性、指导性，在研判国内外发展大势、解决社会发展不断出现的新矛盾和新问题等方面发挥着重要作用；国家法律制定程序较为复杂，具有普遍性、稳定性、反复适用性、国家强制性，在规范公民权利与义务、国家机关权力与责任、定分止争、维护社会公平正义等方面发挥着重要作用。同时，政策和法律在本质上是一致的，都是以人民利益为基础，相互补充、相互作用。但由于传统思维偏好、法治意识淡薄、权力缺乏制衡等原因，在具体社会管理上，重政策、轻法律，甚至相互矛盾的现象仍然存在。如：一些地方执政者借改革之名，不断地修改政策，却又于法无据，甚至与法相冲突。给群众的感觉是，政策像月亮，初一、十五不一样，更甚者是官换政改，弄得群众无所适从，甚至走向对立。这种现象不改变，依法执政就难以真正落实。必须紧紧抓住法治建设这个带有根本性、全局性的首要工作，坚持依法治国，领导立法、保证执法、带头守法，不断推进国家事务的法制化、规范化，从法律层面上保证党的路线方针政策的贯彻实施。同时，要完善政策决定机制，对政策制定要始终贯穿和体现法治思维，并采取和运用法治方式，确保政策的科学性、民主性、合法性，有意识地减少、消除政策与法律之间的矛盾和抵触，努力形成政策和法律相互补充、良性互动的格局。

（三）完善依法执政的工作机制

坚持依法执政、提高执政水平，必须要有行之有效的工作机制做保障。目前，我国社会主义法制体制还不健全，不少具体制度不完善，这就使一些不作为、乱作为的执政现象有了可乘之机。这种状况在一定范围内还会存在，需要通过改革来不断加以解决。我们既要在重大政治原则上毫不动摇地坚守，又要对具体制度和体制机制障碍进行大胆突破，真正把依法执政落到实处。要旗帜鲜明地坚持宪法确定的党的领导地位，把党对国家政权机关的领导作为依法执政的最根本原则，充分发挥党总揽全局、协调各方的领导核心作用；同时，要依法改进党领导国家政权机关的方式方法,把党总揽全局、协调各方同人大、政府、政协、审判机关、检察机关依法依章程履行职能、开展工作统一起来,善于使党的主张通过法定程序成为国家意志,善于使党组织推荐的人选通过法定程序成为国家政权机关的领导人员,善于通过国家政权机关实施党对国家和社会的领导,善于运用民主集中制原则维护中央权威、维护全党全国集中统一。要健全党领导依法治国的制度和工作机制,完善保证党确定依法治国方针政策和决策部署的工作机制和程序,实现对全面推进依法治国的统一领导、统一部署、统筹协调。各级人大、政府、政协、审判机关、检察机关的党组织要领导和监督本单位模范遵守宪法法律,坚决查处执法犯法、违法用权等行为。各级政法委员会要把工作着力点放在把握政治方向、协调各方职能、统筹政法工作、建设政法队伍、督促依法履职、创造公正司法环境上,做依法办事的表率,保障宪法法律正确统一实施。要大力加强政法机关党的建设,建立健全机关党组织重大事项向党委报告制度,充分发挥党组织在法治建设中的政治保障作用。

二 硬自身:运用党内法规管党治党

打铁还需自身硬。只有把党建设好,国家才能治理好。全面推进依法治国,既要求党依据宪法法律治国理政,也要求党依据党内法规管党治党。党内法规既是管党治党的重要依据,也是建设社会主义法治国家的有力保障。邓小平同志指出:"没有党规党法,国法就很难保障。"① 以党内法规制度管党治党建设党,是中国共产党的一大政治优势。在革命战争年代,我们就是靠严明的党规党纪维护党的集中统一,保持党的创造力、凝聚力、战斗力。新中国成立后,国家法律和党内法规共同成为党治国理政、管党治党的重器。经过90多年的实践探索,我们党已形成了一整套系统完备、层次清晰、运行有效的党内法规制度。这个制度体系包括党章、准则、条例、规则、规定、办法、细则,体现着党的先锋

---

① 《邓小平文选》第2卷,人民出版社,1994,第147页。

队性质和先进性要求,使管党治党建设党有章可循、有规可依。必须充分发挥这一政治优势,把党要管党、从严治党落到实处。

(一) 维护党章的严肃性

依规管党治党建设党,首要的是维护党章的严肃性。党章是规范和制约全党行为的总章程,是最根本的党内法规,在党内具有最高的权威性和最大的约束力。党章对党的性质和宗旨、党的路线和纲领、党的指导思想和奋斗目标都作了明确规定,对党内政治生活、组织生活的所有重大原则问题都提出了明确要求,既为全党统一思想、统一行动提供了根本准则,又为制定党内其他规章制度提供了根据和基础,全党必须一体严格遵行。广大党员都要无条件地履行党章规定的各项义务,严格遵守党的纪律。各级党组织要切实把党章作为指导党的工作、党内活动、党的建设的根本依据。党员干部要树立党的观念,学习党章、遵守党章、贯彻党章、维护党章,加强党性修养,切实维护党章的严肃性和权威性。一是要强化党章意识。党章意识来源于党员对党章的深刻认识,植根于党员的内心深处,作用于党员的一言一行。每一位党员都要原原本本、认认真真地学习党章,全面掌握党章的基本内容,深刻领会党章的精神实质,真正把党章作为加强党性修养的根本标准,把党章各项规定落实到具体行动中。二是要严明党的政治纪律。要深入开展政治纪律教育,促使广大党员干部坚定党的信念,在思想上政治上行动上同党中央保持高度一致,做到中央的大政方针坚决贯彻,中央的决策部署坚决落实,中央的安排要求坚决执行;对违反党规党纪的要严肃处理,切实做到纪律面前人人平等、遵守纪律没有特权、执行纪律没有例外。三是要加强监督检查。各级纪检机关要切实维护党章和其他党内法规,加强对党的纪律执行情况的督促检查,做到党章规定的就要不折不扣地执行,党章禁止的就必须坚决查处和纠正,形成依据党内法规管党治党的强大合力。

(二) 党规党纪严于国家法律

党的纪律是党内规矩,党规党纪严于国家法律,这是由我们党的先锋队性质决定的。党只有以更严的标准、更严的纪律要求约束各级党组织和广大党员干部，才能永葆先进性和纯洁性。党是肩负神圣使命的政治组织，党员是有着特殊政治职责的公民，必须接受更加严格的纪律约束。入党的人首先要认真学习党规党纪，了解党员的义务和党的纪律，看看自己能不能做得到、守得住。有些事情，普通公民可以做，党员就不行。入了党，就成了有组织的人，就必须多尽一份义务，就要在政治上讲忠诚、组织上讲服从、行动上讲纪律。党的领导干部尤其是高级干部责任和担当要更大。治国必先治党，治党务必从严。党规党纪执行不严、不紧，党就会降格为一般社会团体，党员就成了普通公民。如果执政党连自己的党规党纪都守不住、执行不下去，依法治国、依法执政就是一句空话。因此，党的各级组织和广大党员干部不仅要模范遵守国家法律，而且要按照党规党纪以更高标准严格要求自己，坚定理想信念，践行党的宗旨，坚决同违法乱纪行为作斗争。要与时俱进修改完善党风廉政法规制度，凡是法律已有明确规定的违反法律的行为，也一定是违反党纪的行为。凡是党员和党员领导干部违法犯罪的，必是违纪在前。当前，要按照全面推进依法治国和从严治党的要求，抓紧深化纪律检查体制改革、完善党风廉政建设法规制度等党内法规，建立协调顺畅的案件查处机制。发现党员违纪问题，纪检监察机关要查清其违纪事实，及时作出党纪处分。如涉嫌违法犯罪，必须移送司法机关依法处理。党员和党员领导干部要正确对待党组织纪律审查的决定，必须如实反映相关情况，配合组织查清事实。干扰、妨碍组织审查和进行非组织活动，必须从严从重处理，真正把党纪严于国法的要求落到实处。

（三）加强党内法规制度建设

党内法规制度对管党治党建设党带有根本性、全局性、稳定性和长期性。要把从严治党的各项规定和要求真正落到实处，归根到底要靠法规制度作保障。目前，主要包括：党内法规制度建设还存在不少问题，党内法规制度建设理论研究相对薄弱，党规党纪的历史渊源、地位作用、体例形式、产生程序系统研究不够；有的党规党纪与国家法律交叉重复；

有的过于原则、缺乏细节支撑，可操作性不强。这对推进依法治国、从严治党提出了严峻考验。只有加快推进党内制度建设和创新，不断完善党内法规制度体系，才能保障党的建设和党内生活制度化、规范化。要提高党内法规制度的科学性，坚持从实际出发，认真总结我们党90多年、无产阶级政党100多年、世界政党300多年来制度建设的理论和实践成果，有针对性地建立健全相应的制度措施，尤其要注意把那些经过实践的成功做法上升到法规制度，把那些通过查处和解剖案例得出的规律性认识运用于法规制度，保证制定的各项法规制度行得通、做得到。要增强法规制度的系统性，加强整体规划和统筹协调，既重视基本的法规制度又重视具体的实施细节，既重视单项制度的建设又重视基本制度与具体制度、实体性制度与程序性制度的配套，既重视党内法律制度的建立健全又注意与国家法律法规的有机衔接，使各项法规制度彼此协调匹配，真正发挥法规制度的整体合力。要维护法规制度的权威性，加强对制度的学习和宣传教育，抓好经常性的监督检查，增强法规制度的约束力，加大对违反法规制度的行为查处的力度，做到令行禁止、违者必究，真正使党内法规制度成为全党共同遵守的行为准则。

三 提能力：提高党员干部依法治国素养

政治路线确定之后，干部就是决定因素。全面推进依法治国，党员干部是重要的组织者、推动者、实践者。党员干部特别是各级领导干部，在建设社会主义法治国家的进程中担负着重要的责任，其法治思维和依法办事能力，对其他社会群体起着形象塑造和榜样引领的作用。但在社会实践中，一些党员干部特别是领导干部法治观念不强，运用法治思维和法治方式管理经济社会事务的能力不够。有的把法治建设喊在嘴上、贴在墙上，搞形式主义、口号化，就是不抓落实；有的存在特权思想和官本位意识，认为法律是管老百姓的，是约束别人的，知法犯法、以言代法、以权压法、徇私枉法现象依然存在。这些问题解决不好，老百姓势必"上行下效"，"民以吏为师"，自然也就不把法律当回事，依法治国将无从谈起。为此,党的十八届四中全会《决定》明确提出:要自觉提高运用法治思维和法治方式深化改革、推动发展、化解矛盾、维护稳定的能力,高级干部尤其要以身作则、以上率下。

(一) 提高党员干部法治素养

法律是治国之重器,法治是国家治理体系和治理能力的重要依托。随着经济社会的发展、全面深化改革的展开和人民法治意识的提高,法治作为治国理政的基本方式,在国家治理体系中的地位越来越重要。党员干部特别是各级领导干部是国家治理的主体,是否具有法治思维和依法办事能力,直接关系着治国理政的方式方法是否正确,直接关系着领导工作的有效性与否,也直接关系着社会主义法治国家建设的成败。现在,一些党员干部仍然存在人治思想和长官意识,认为依法办事条条框框多、束缚手脚,凡事都要自己说了算,根本不知道运用法治思维、法治手段推动工作、解决问题,大搞以言代法、以权压法、徇私枉法。这些问题说明,提高党员干部法治素养已成为一项重大而紧迫的任务。一是要主动学法。法治素养要以法律知识为前提,不懂法,何谈用法守法。正因为不学法不知法,才导致不信法不畏法。中央有关部门在分析违法犯罪的多名原领导干部的反省材料后发现,81.4%的人认为自己犯罪与不懂法有关。因此,党员干部特别是领导干部要带头学法,不仅要学履行职责所需要的法律知识,而且要学法的原则、原理,学法的价值、精神。通过学习,提高法治素养,破除人治、官本位和特权思想,牢记有权必有责、用权受监督、失职要问责、违法必追究,防止以言代法、以权压法、徇私枉法,带动全社会学法知法、守法用法。二是要自觉守法。守法是党员干部的行为底线。党员干部要忠于宪法、遵守法规,做到依法用权、以法制权,确保在宪法法律范围内活动;严格遵循法治原则,坚持权责统一,强化自我约束,保持清正廉洁,让权力在法治轨道上运行;自觉接受法律和人民的监督,杜绝违法违规现象。三是要善于用法。提高法治素养,关键要靠实践。推进依法治国,党员干部必须扑下身子、躬身实践,想问题、作决策、办事情,都要做到于法有据。同时,要深入法治工作第一线，注意剖析个案，善于总结经验教训，从而不断提高法治思维和依法办事能力。

（二）创造依法办事的法治环境

良好的法治环境有利于引导和督促各级干部自觉做学法尊法信法守法用法的模范。改进干部考核评价工作，坚持正确的用人导向，对形成依法办事的良好环境至关重要。不同历史时期，我们党对干部考核评价的标准和对干部德才的具体要求有所不同。在全面建成小康社会、全面深化改革开放、全面推进依法治国的新形势下，党的十八届四中全会《决定》明确提出："把法治建设成效作为衡量各级领导班子和领导干部工作实绩重要内容，纳入政绩考核指标体系。""把能不能遵守法律、依法办事作为考察干部重要内容，在相同条件下，优先提拔使用法治素养好、依法办事能力强的干部。"这是继党的十八届三中全会提出纠正单纯以经济增长速度评定政绩后，对干部考核评价机制又一重要调整完善，突出了干部德才标准的时代内涵，为当前做好干部工作指明了方向。要把尊宪守法作为衡量干部德才素质的重要标准，把法治素养和依法办事能力作为提拔使用干部的重要依据，发挥考核评价和选人用人这个指挥棒的作用，引导和督促各级干部把依法治国的要求落到实处。要坚持党规党纪严于国家法律，促进各级领导干部不仅模范遵守国家法律，而且按照党规党纪以更高标准严格要求自己。要坚持奖惩并举。一方面，要优先提拔使用法治素养好、依法办事能力强、推进法治建设成效明显的干部。另一方面对那些特权思想严重、法治观念淡薄的干部要批评教育，不改正的要调离领导岗位。要加强激励约束机制，促使各级党员干部自觉在宪法法律范围内活动，以上率下，形成良好的法治风尚，影响和带动全社会形成办事依法、遇事找法、解决问题用法、化解矛盾靠法的良好法治环境。

（三）加强法治干部队伍建设

相比于普通个体，法治干部队伍是实施法律法规的重要主体，其是否具有法治思维、善不善于运用法治方式推动工作，在依法治国中有着重要的示范作用。在现代社会中，执法者的一切法治活动，不可避免地影响到社会各个领域、各个层面。试想，倘若执法者奉行"权大于法"、"以言代法"的思维，人们又怎么能相信法律？倘若执法者养成"以权压法"、"以权枉法"的习惯，人们又怎么会选择法治？全面推进依法治国，必须切实加强法治干部队伍建设。要加强思想政治教育，坚持用中国特色社会主义理论体系武装头脑，牢固树立法治意识，始终保持忠于党、忠于祖国、忠于人民、忠于法律的政治本色。要通过加强能力建设，把依法治理的理念根植于头脑中，自觉用法律厘清权力边界，用法律约束权力行使，确保严格按照法定权限和程序行使权力，防止随意执法、粗暴执法，更不能徇私枉法、执法犯法；坚持用法治保护公民、法人的合法权益，自觉把维护人民权益作为法治工作的根本出发点和落脚点，从实体、程序、时效上充分体现依法保护公民、法人合法权益的要求；在法治轨道上解决问题，既要做到不越权、不滥权，又要做到不失职、能办事，特别是要能打赢依法处理复杂敏感案件的法律仗。自觉运用法治思维解决工作中遇到的各种冲突和矛盾，正确处理好政策与法、维权与维稳、实体正义与程序正义、法理情等重大关系，不断提高依法履职的能力和水平。同时，要把那些法治素养好，为党和人民的事业想干事、能干事、干成事的人，优先提拔使用到法治部门的主要领导岗位上来；对特权思想严重、法治观念淡薄的干部要批评教育，不改正的要退出领导岗位，进而不断增强整个法治干部队伍的法治意识和法治能力。

四　牢基础：推进基层治理法治化

基层治理法治化，就是要在党的领导下，按照法律来管理基层的政治、经济、文化、社会等各项工作事务。推进基层治理法治化，是依法治国方略在基层的具体实践，是法治中国建设的重要组成部分。党的十八届四中全会指出："全面推进依法治国，基础在基层，工作重点在基层。"基础不牢，地动山摇。实现依法治国的目标，必须以基层为根本。当前，我国经济社会发展进入新阶段，由于城乡之间、地区之间发展不平衡，收入分配不公平和贫富差距扩大，社会结构和利益格局深刻调整，产生的社会矛盾和问题大量存在于基层，基层化解矛盾和维护社会稳定的任务在增加。与此同时，基层治理组织体系不适应性日益突出，法治型政府建设相对滞后，法治力量严重不足，群众参与基层治理的积极性不高，等等，这些都对基层治理提出了严峻挑战。面对新形势新任务，要密切干群关系，理顺群众情绪，解决各种纠纷，有效解决各种影响社会发展稳定的矛盾和问题，必须运用法治的手段，把问题解决在基层，把矛盾化解在"源头"。可以说，推进基层治理法治化，是维护改革发展稳定大局的必由之路，是推进依法治国的必然要求。

（一）发挥基层党组织的关键作用

党的领导是基层治理法治化的重要保证。基层党组织是党全部工作和战斗力的基础，是落实党的路线方针政策和各项工作任务的战斗堡垒，也是提高社会治理法治化水平最基本、最直接、最有效的力量。目前，我们党有8600多万名党员，活跃在430多万个基层组织中。正是通过各个基层组织，党把广大党员组织起来，使党成为一个有统一目标、统一纲领、统一意志、统一行动的整体；正是通过各个基层组织，党团结和带领广大人民群众，不断开创改革、发展、稳定的新局面。推进基层治理法治化，必须充分发挥基层党组织把握方向、模范带头、协调各方的战斗堡垒作用，引领基层工作依法开展、基层事务依法办理、基层关系依法理顺、基层问题依法解决。要充分发挥党的理论优势、政治优势、组织优势、制度优势和密切联系群众的优势，努力把党组织的组织资源转化为基层治理法治化的资源。要加强和改进基层组织建设，引导基层党组织围绕基层法治建设，确立工作目标、工作内容、工作方式、工作机制，着力解决影响和制约法治建设的突出问题，充分发挥基层党组织在基层治理法治化中的领导核心和政治核心作用。要进一步创新基层党组织和党员联系服务群众的工作方式方法，推动基层党员服务中心等服务网络建设，形成开放式、综合性、互联互通、新型高效的服务体系。强化基层干部特别是领导干部的理想信念、党的宗旨教育、廉政教育和法治教育,增强基层干部的法治观念和法治为民意识,提高依法办事能力。要加强基层法治机构建设,强化基层法治队伍,创新和完善社会治理的各种工作机制,改善基层基础设施和装备条件,不断提高推进基层治理现代化的积极性、主动性和创造性。

(二)激发基层社会组织活力

基层治理是一项复杂的系统工程,需要全社会共同努力。其中最为重要的,是要激发基层社会组织的活力,形成强大的治理合力。这是推进基层治理法治化的基本路径选择。基层社会组织具有最为丰富的生活实践,对社会问题的反映最直接、最生动,是社会治理的重要力量。改革开放以来,我国相继出台了一系列鼓励社会组织发展、规范社会组织活动的法律、法规和政策。近年来,我国社会组织得到快速发展,它们在履行政府赋予的行业管理职能、加强行业自律、解决贸易纠纷、发展教育科学和文化卫生事业、保护生态、扶贫济困、化解社会矛盾等方面都发挥了积极作用。但也要看到,我国社会组织发展还处于低水平的初级阶段:总体数量偏少,社会动员能力孱弱,角色定位模糊不清,人员素质参差不齐,内部治理结构和治理机制不够完善,等等。这些问题严重影响着社会组织功能和作用的发挥。推进基层治理现代化,必须改革社会组织管理体制,激发社会组织活力,鼓励和支持社会组织积极参与社会治理,提供社会服务。要厘清国家和社会的分界,基层政府必须严格依据"权力清单"行使权力,法定职责必须为,法无授权不可为。通过党内监督、人大监督、民主监督、行政监督、司法监督、审计监督、社会监督、舆论监督等各种机制,强化对基层政府行使公权力的制约。要注重培育和发展社会组织,并为其提供充分的自治空间,支持其自我约束、自我管理,保障其自治权利,发挥市民公约、乡规民约、行业规章、团体章程等社会规范在社会治理中的积极作用。要构建基层政府与社会之间的良性沟通机制,为民众提供参与公共决策的平台和机会,提高公众参与的水平,使民众成为良好社会秩序的创造者。要加大财政支持力度,健全政府向社会组织购买服务机制,通过项目化招标方式,培育和发展一批提供矛盾调解、治安联防、法制宣传、法律援助、法律咨询等法律服务的社会组织，壮大基层法治工作队伍，形成推进基层治理法治化的合力。

(三) 培育基层法治文化

基层治理法治化的基础是培育法治文化。法治文化具有潜移默化、润物无声的功能。在全面推进依法治国进程中，法律制度和法治实践是骨骼和肌肉，法治文化是血液，为法治现代化提供须臾不可或缺的滋养。"徒法不足以自行"，仅有制定出来的法律是不够的，人们只有真正信仰法治，法律才能化为社会文明进步的强大动力。改革开放以来，我国基层治理法治化取得显著成效，基层群众自治制度不断完善，村委会组织法、城市居委会组织法修订实施，地方性法规不断修订完善，社区居委会建设、社区服务体系建设、村委会换届选举、村级组织运转经费保障机制等文件先后下发，为基层群众自治实践提供了有力的法律和制度保障。但客观来看，与基层治理现代化的目标任务相比还有很大差距，存在不少问题，如部分干部群众尊法、信法、守法、用法、护法的意识不强，不少人崇拜权力、迷信金钱、深谙"关系"，群众之间或者群众与政府之间的利益关系发生冲突时，人们常常通过非法治方式解决问题，群众信访不信法。其根本原因，就在于法律的权威性还不强，法治信仰、法治理念还没有在全社会牢固树立，宪法法律还没有成为人们的普遍遵循。推进基层治理法治化，要积极培育社会主义法治文化，不断推进社会主义法治理念创新，为基层法治现代化提供强大正能量。要大力开展法治宣传教育，在全社会树立对法治的信仰，尊重法律权威，坚守公平正义，确立以法治为基础的生活方式，使人们认识到法律不仅是全体公民必须遵循的行为规范，而且是维护公民权利的有力武器，增强人们学法尊法守法用法的意识。要加大普法宣传力度，充分利用各类中心、展馆、公园、广场、街区、长廊等场所建立法治文化阵地，形成守法光荣、违法可耻的良好氛围。要把法制教育与法治实践紧密结合起来，使立法工作、监督工作、行政执法、司法审判的过程都成为宣传宪法法律、弘扬法治精神的过程。同时，还要加强公民道德建设，弘扬中华民族的优秀传统文化，增强法治的道德底蕴，以道德滋养法治精神，强化道德对法治文化的支撑作用。

五　强保障：深化依法治军从严治军

建设强大的人民军队，是党和人民的期待，是依法治国的重要保障。军队作为国家机器的重要组成部分，在全面推进依法治国进程中，必然要求建设法治军队。依法治军从严治军，是依法治国方略在军队建设领域的具体运用。我军是党绝对领导下的人民军队，历来重视依法治军从严治军，以严密的组织、严肃的纪律、严明的作风著称于世。从深入人心的"三大纪律八项注意"，到深入开展的普法教育，从中国特色军事法规体系逐步形成，到把"依法治军"先后写入《内务条令》和《国防法》，依法治军从严治军的力度不断加大，部队的正规化水平不断提高。当前，我国安全环境更趋复杂，维护国家主权、安全和发展利益的任务更加艰巨繁重；意识形态领域的斗争异常尖锐复杂，各种社会思潮和观点交锋激烈，对军队的渗透影响具有隐蔽性、侵蚀性、危害性；国防和军队改革进入深水区和攻坚期，迫切需要解决大量体制性障碍、结构性矛盾和政策性问题，改革任务艰巨复杂。所有这些，都对依法治军从严治军提出了新的更高要求。同时，我军法治化水平总体还不高，军事法规制度体系不够健全，军事法治工作体制不够完善，以言代法、以权压法甚至徇私枉法现象依然存在，影响公平公正的不良风气在一些单位还比较突出，一些领域特别是新型安全领域还有法律空白。面对新形势新任务，只有深入推进依法治军从严治军，密织法律之网，强化法治之力，建设人人遵章守法、处处依法办事的法治军营，锻造律令如铁、威武文明的钢铁之师，才能完成党和人民赋予的使命任务。

（一）依法推进国防和军队改革

坚持在法治轨道上积极稳妥地推进国防和军队改革，是当前依法治军最现实、最紧迫的任务。变革必然伴随"变法"。当前,我国正处于实现强国梦强军梦的关键时期,国防和军队改革进入攻坚期和深水区,破解体制性障碍、结构性矛盾的困难之大、任务之重前所未有,迫切需要发挥法治的引领和推动作用。习近平主席提出的凡属重大改革都要于法有据,为深入推进国防和军队改革提供了根本遵循。要坚持把依法治军方针和深化改革战略有机结合,通过法治使国防和军队的重大决策及时法律化、规范化,并成为国家意志,把改革实践证明行之有效的,及时上升为法律,用法治引领和保障改革,以改革推进和完善法治,确保国防和军队改革有步骤、有重点地扎实推进;坚持改革决策遵循宪法精神和法治原则,确保重大改革有利于维护党的领导,有利于提高部队战斗力,有利于维护最广大官兵的根本利益。要坚持改革与立法相向同步并行,改革项目需要制定或修改法规制度的,先立法后改革;需要通过法律解释来解决问题的应当及时释法,先释法后改革;对不适应改革要求的法规制度,应及时修订、废止和完善;对立改废条件不成熟而改革实践又迫切需要先行先试的,必须依照法定程序先授权再推进。要按照法治方式推进改革,自觉维护法律权威,坚持改革过程依法办事、遵守法定程序、维护正当权益,以法治方式作为推进改革的行为准则,坚决防止利益集团或个人意志干扰或影响改革举措的落实,让各项改革沿着法治轨道顺利推进。

(二) 健全军事法规制度体系

军事法规制度是军队建设的基本依据,是官兵行为的基本准则,是依法治军从严治军的重要前提和基础。经过多年建设,我军已制定18件军事法律、340多件军事法规、3700多件军事规章,中国特色军事法规制度体系基本形成,各领域各类军事活动基本有法可依。但是,军事法规制度体系还不够完善,一些法规制度反映规律不够、结合实际不紧、实用性操作性不强,与国防和军队现代化建设以及现代战争发展还不相适应,立法部门化、部门利益法制化问题还比较突出。推进依法治军从严治军,必须紧紧围绕党在新形势下强军目标要求,以新的视野和理念审视立法,从全局和顶层上搞好设计,规划完善反映现代军事规律、体现我军特色、覆盖国防和军队建设各领域各环节的军事法规制度体系,增强系统化、精细化和实用性。要进一步完善军事立法体制,科学确定军事法规制度制定权限,清晰界定各级领导机关的立法权限;探索建立由军事法制工作机构主导的立法起草工作组织模式,克服立法部门化、部门利益法制化问题。坚持科学立法、民主立法,优化军事立法工作机制,拓宽官兵和专家学者参与立法的渠道,提高军事立法的质量和效率,增强军事法规制度科学性、针对性、适用性。突出立法工作重点,从解决军事斗争准备突出矛盾、官兵反映强烈问题、腐败易发多发领域入手,加快相关立法,特别是制定完善新型安全领域以及信息化建设、非战争军事行动等方面法律法规。要进一步完善军事规范性文件审查制度,将所有军事规范性文件纳入审查范围,确保军事法规制度体系协调统一。

(三)加大军事法规执行力度

习近平主席强调,法律的生命力在于实施,权威性也在于实施。不严格执法,法律法规就会成"纸老虎"和"稻草人"。必须遵循军队建设的基本规律,针对军事法规制度执行方面存在的突出问题,坚持从严治军铁律,加大军事法规执行力度,明确执法责任,完善执法制度,健全执法监督机制,严格责任追究,推动依法治军落到实处。要坚持和发扬我军优良传统,把握军队建设新特点新要求,坚持在军队各项工作和建设中贯彻从严要求,狠抓条令条例和规章制度贯彻落实,坚决克服有法不依、执法不严、违法不究的问题。同时,从严治军要贯彻法治原则,严在法内、严之有据、严之有度,不能层层加码、搞土政策。要科学界定各级党委、领导、机关、部门的职责权限,明确具体执法责任,确保法规制度执行明确到部门、落实到岗位;对涉及多个部门管理的事项,要区分主次责任,明确牵头部门,防止争权诿责;对执行主体发生变更的事项,必须及时明确新的执行主体、相关责任及移交办法,防止职能交叉、多头管理,确保每一项法规制度都有人抓、有人管。要按照标准化、流程化、精细化原则,细化执法标准、步骤、时限、方法和要求,增强法规制度的刚性和约束力，防止粗放型、变通式、选择性执法。要综合运用党内、层级、专门、群众、社会等各类监督形式，形成严密有效的监督体系，确保法规制度有效执行。要加大责任追究力度，对违法违纪行为"零容忍"，发现一起查处一起，做到有权必有责、用权受监督、失职要问责、违法必追究，切实维护法规制度的严肃性、权威性。

总之，党的领导是中国特色社会主义最本质的特征，是社会主义法治最根本的保证。恩格斯曾说："一个新的纲领毕竟总是一面公开树立起来的旗帜，而外界就根据它来判断这个党。"[①] 全面推进依法治国，只要我们党旗帜鲜明了，全党都行动起来了，全社会就会跟着走。把党的领导贯彻到依法治国全过程和各方面，不断加强党对法治工作的组织领导，我们就一定能完成好执政使命，建设好法治中国，实现中华民族伟大复兴的中国梦。

---

① 《马克思恩格斯选集》第 3 卷，人民出版社，2012，第 350 页。

第十六章
积极主动推进法治新发展

"国无常强，无常弱。奉法者强则国强，奉法者弱则国弱。"党的十八届四中全会鲜明提出"依法治国"这一时代主题，法治成为我们党治国理政的基本方式。从执政行政到日常生活，从经济活动到社会民生，法律的作用日益凸显，法律的力量越发强大。在全面建成小康社会进程中，全面依法治国与全面深化改革、全面从严治党相辅相成，相互促进。尤其是扫清全面深化改革征程中的障碍，厘清林林总总的利益纠葛，解决好"四风"泛滥、腐败严重的紧迫问题，更加需要积极推进法治新发展。

一　充分认识推进法治新发展的重要意义

"法者，治之端也。"今日中国，法治正在成为国家治理理念、社会共同信仰、人民普遍愿望。积极推进法治新发展，坚持和拓展中国特色社会主义法治道路，不断提高我们党治国理政的能力和水平，对于实现全面推进依法治国基本方略，实现依法治国的总目标，具有重要而深远的意义。

推进法治新发展，是科学总结新中国成立以来法治实践经验形成的新思路。新中国成立初期，我们党在废除旧法统的同时，积极运用马克思列宁主义法制思想，全面总结新民主主义革命时期根据地法制建设的成功经验，初步奠定了社会主义法治的基础。党的十一届三中全会以来，我们党汲取"文化大革命"的深刻教训，把依法治国确定为党领导人民治理国家的基本方略，把依法执政确定为党治国理政的基本方式。党的十五大将依法治国列为基本方略。1999年宪法修订时写入了"依法治国、建设社会主义法治国家"。十六大提出党的领导、人民当家作主、依法治国的有机统一。十七大强调要全面落实依法治国基本方略，加快建设社会主义法治国家。十八大提出，法治是治国理政的基本方式，要注重发挥法治在国家治理和社会管理中的重要作用。十八届三中全会提出，建设法治中国，必须坚持依法治国、依法执政、依法行政共同推进，法治国家、法治政府、法治社会一体建设。可以说，中国特色社会主义法律体系已经形成，国家和社会生活各方面总体上实现有法可依，中国特色社会主义法治道路成为实现全面推进依法治国总目标的必由之路。我国的法治实践证明，实现国家长治久安，创造人民美好生活，实现中华民族伟大复兴的中国梦，必须依靠依法治国。面对新形势下的法治实践，观察与思考新问题需要新视角、新框架，特别是新思路。面对新的形势和任务，只有推进法治新发展，保证国家沿着中国特色社会主义法治道路前进，才能解决法治建设中的重大问题，更好发挥法治的引领和规范作用，更好发挥法治在统筹社会力量、平衡社会利益、调节社会关系、规范社会行为中的建设性作用，使我国社会在深刻变革中既生机勃勃又井然有序，实现经济发展、政治清明、文化昌盛、社会公正、生态良好，实现中国特色社会主义事业总体布局的战略目标。

　　推进法治新发展，是为实现中华民族伟大复兴中国梦提供保障和支撑。实现民族复兴的伟大梦想，不可能一帆风顺，必须用法治来提供全方位的保障和支撑。党的十八大以来，以习近平同志为总书记的党中央始终坚持依法治国这个根本，把法治作为改革发展的重中之重。在党的群众路线教育实践活动中，要求"建章立制"，抓好党的作风建设；在党风廉政建设和反腐败斗争中，要求"把权力关进制度的笼子"，做到权为民所用，正确用好权；在推进改革中，要求"在法治轨道上推进"，实现科学发展；在新一轮深化改革大潮中，更是把总目标定为"国家治理体系和治理能力的现代化"。这些都是在新的形势下形成的法治新发展，必将对实现中国梦的伟大实践产生积极而深远的影响。党的十八届四中全会通过确定全面推进依法治国的若干问题，把依法治国的大旗牢牢地插在中国的大地上，就是向全世界昭示，依法治国是中国发展改革的必然选择，也是实现中华民族伟大复兴的重要保障和强大支撑。

推进法治新发展，是我们党进行具有许多新的历史特点的伟大斗争的必然选择。习近平总书记指出："现在，全面建成小康社会进入决定性阶段，改革进入攻坚期和深水区。我们党面对的改革发展稳定任务之重前所未有、矛盾风险挑战之多前所未有，依法治国在党和国家工作全局中的地位更加突出、作用更加重大。"[①] 面对复杂的国内外形势，以习近平同志为总书记的党中央带领全国人民励精图治、攻坚克难，使当今中国呈现一系列充满希望和活力的新特点、新变化。党的十八届四中全会审议通过了《中共中央关于全面推进依法治国若干重大问题的决定》。该决定立足我国社会主义法治建设实际，直面我国法治建设领域的突出问题，明确提出了全面推进依法治国的指导思想、总体目标、基本原则，提出了关于依法治国的一系列新观点、新举措，回答了党的领导和依法治国的关系等一系列重大理论和实践问题。中国特色社会主义法治的形成与发展，已经成为中国政治生活的重要主题之一。只有积极推进法治新发展，才能使法治建设和国家治理与当下中国发生的新变化、新要求相适应，才能使国家治理不断走上现代化的正确轨道。只有积极推进法治新发展，充分吸纳新成果、创造新形式，我们党和政府才能更好地落实全面推进依法治国的新要求，主动适应具有许多新的历史特点的伟大斗争，担当起时代赋予的重要使命。

推进法治新发展，是贯彻全面依法治国、坚持依规治党的政治要求。在两年多来治国理政的生动实践中，习近平总书记提出许多富有创见的

---

① 习近平：《关于〈中共中央关于全面推进依法治国若干重大问题的决定〉的说明》，《人民日报》2014年10月29日，第2版。

新思想、新观点、新论断、新要求,深刻回答了新形势下党和国家发展的一系列重大理论和现实问题,进一步升华了我们党对中国特色社会主义规律和马克思主义执政党建设规律的认识,特别是,紧密结合全面深化改革的实际,围绕全面依法治国、坚持依规治党作出了许多重要论述。从"坚持国家一切权力属于人民的宪法理念"到"提高立法科学化、民主化水平",从"法律要随着实践发展而发展"到"凡属重大改革都要于法有据",从"让人民群众在每一个司法案件中都感受到公平正义"到"把权力关进制度的笼子里"……一系列重大思想、重要论断,一系列关键部署和核心举措,为全面推进依法治国指明了方向,为党治国理政提供了根本遵循。这充分体现了新一届中央领导集体鲜明的执政理念和执政风格。只有积极推进法治新发展,才能处理好党的领导和法治的关系,才能使党领导立法、保证执法、支持司法、带头守法真正落到实处,才能通过依规治党来带动依法治国,使两者相得益彰、相互促进。

二 深刻理解推进法治新发展的科学内涵

党的十八大以来,新举措不断,新风气劲吹,新气象尽显,特别是十八届四中全会召开后,依法治国成为国家治理和社会发展的新主题,国家政治生活呈现积极健康的新态势,推进法治新发展也成为法治实践的重要课题。

从宏观层面看,推进法治新发展是实现中华民族伟大复兴历程中的法治实践形成的新态势。中华法律文明历史悠久,公元前6世纪,管子提出"治国使众莫如法,禁淫止暴莫如刑。威不两措,政不二门。以法治国,则举措而已"的理念,提倡"以法治国"。此后,"法为治具"成为历代的传统认识。在中国古代,国家制定的良法对于经济社会的发展、社会关系的调整与控制、犯罪行为的制裁以及法律秩序的确立,都起过不可或缺的积极作用,是中国古代法制的重要渊源,也是缔造盛世的重要条件。但由于中国古代实行的是封建君主专制制度,皇帝是国家法律的制定者和最高的审判官,他的权威超越法律之上。这就使历史上"以

第十六章 积极主动推进法治新发展

法治国"形成某一时期、某一特定领域内的法制,说到底是君主人治主宰下的法制,它的作用的发挥是有很大局限的。今天,我们比历史上任何时期都更接近中华民族伟大复兴的目标,如何创造性继承、创新性发展中华法律传统,使法治为国家富强、经济发展、社会安定、文化繁荣、人民幸福作出更大贡献,是在一个较长历史时期内我们党治国理政的重大课题。我们党提出的全面推进依法治国,相对于历史上法治鼎盛的时期,既打下了中华法治传统的深刻烙印,又体现出现代法治文明的鲜明特征,是实现中华民族复兴中国梦的法治实践过程中形成的新态势。要推动我国经济社会持续健康发展、不断解放和增强社会活力、促进社会公平正义、维护社会和谐稳定、不断开拓中国特色社会主义更加广阔的发展前景,就必须全面推进社会主义法治国家建设,更好地统筹社会力量、平衡利益关系、化解社会矛盾、凝聚改革共识,使经济社会在法治的轨道上平稳发展。因此,推进法治新发展充分体现出我们党对历史大势观察的阔度、把握的深度,必将开拓中国法治文明发展的光辉前景。

从中观层面看,推进法治新发展是加快国家治理体系与治理能力现代化迈出的新步伐。法律是治国之重器,法治是国家治理体系和治理能力的重要依托。党的十八大以来,正式废止劳动教养制度,表达着我们党推进法治的决心;"让审理者裁判,由裁判者负责",确立着司法改革的原则;"政府职能转变到哪一步,法治建设就要跟进到哪一步",展现着依法行政的步伐;首次集中清理党内法规制度,其中近四成被废止或宣布失效,传递着依法执政的决心;坚持用法治思维和法治方式反腐败,强调"凡属重大改革都要于法有据",党和国家建设的各层次领域,都在前所未有的广度和深度上,向着制度化、规范化、程序化不断推进。法治新发展的这些表现,既回应了公平正义的群众诉求,又诠释着现代治理的题中之义,更体现了国家治理体系的不断完善和治理能力的不断提升。国家治理体系,应该以法规制度体系为基础;国家治理能力,首先表现为依法执政、依法行政的能力。高效科学、行之有效的法规制度,让组织管理更为有序,让资源配置更为合理优化,让治理效果更为理想;反之,如果国家的基本制度朝令夕改、反复无常,则官无定准、民无依归，社会就容易失范失序。以法为大、循法而行，是各种制度良性运行的基础要求，是各级政府动员、分配、组织、监管、服务等功能正常发挥、正向发挥的基本保障。党的十八届四中全会提出了政府"机构、职能、权限、程序、责任法定化"的要求，提出建立"重大行政决策法定程序"、"政府权力清单制度"、"行政裁量权基准制度"、"行政机关内部重大决策合法性审查机制"、"重大决策终身责任追究制度及责任倒查机制"、"把法治建设成效纳入政绩考核指标体系"等一系列重要制度安排，使"权"与"法"的关系不再成为困扰国家治理行为的老大难问题，从而在更高起点上迈出了国家治理体系升级和治理能力提高的新步伐。

从微观层面看，推进法治新发展是全面深化改革对法治建设提出的新要求。今天的改革已经进入深水区，社会转型期矛盾日益凸显，多年遗留下来的经济与社会发展中积累的问题大多触及深层矛盾。涉激流，过险滩，靠什么冲破观念障碍、纾解发展之困？只有运用法治思维和法治方式推动全面深化改革，才能更好地实现全面深化改革总目标；只有依法而行的改革，才能更大地凝聚改革共识，顺利解决改革过程中的矛盾和问题，助推改革突破旧体制、旧习惯、旧利益格局的束缚。法治是指引中国改革这艘航船在风雨中不迷失航向的灯塔，是阻拦奔腾的市场经济之川不溢出河道的堤坝，是守护30多年改革开放成果不被蚕食的坚强卫士。在一个高速发展的转型社会中，法治对社会秩序和价值理念起到了"定海神针"的稳定作用。两年多来，中央不断出台各类规章制度，颁布19项反"四风"禁令，有力地推动了"把权力关进制度的笼子里"的政治改革；国务院一年多来取消和下放600多项行政审批事项，让市场"法无禁止即可为"、让政府"法无授权不可为"，极大地释放了社会活力。法治精神渗透在各项具体改革领域里，从"凡属重大改革都要于法有据"到"确保在法治轨道上推进改革"，从激活市场到简政放权，从变换节奏到调整结构，法治新发展与中国经济政治社会等方面的新发展相伴随，使全面深化改革的列车在法治轨道上平稳前行。

三　系统把握推进法治新发展的实践要求

对于现代中国，法治国家、法治政府、法治社会的一体化建设，才是真正的法治；科学立法、严格执法、公正司法、全民守法的全面推进，才是真正的法治新发展。为了实现这一目标，就必须坚持党的领导，夯实执政根基，引领公平正义，树立法治信仰，建设法治文化。

（一）坚持党的领导

中国共产党是中国特色社会主义事业的领导核心，我国宪法确立了中国共产党的领导地位。党的领导是根本的，毋庸置疑、不能动摇，否则就会迷失方向、一事无成。正如党的十八届四中全会《决定》指出的，党的领导是中国特色社会主义最本质的特征，是社会主义法治最根本的保证；党的领导和社会主义法治是一致的，社会主义法治必须坚持党的领导，党的领导必须依靠社会主义法治。因此，我们必须坚持党的领导与依法治国有机统一，把党的领导贯彻到依法治国全过程和各方面。中国是一个有十几亿人口的多民族大国，具有2000多年的封建帝制传统，在这样一个国家形成依靠法治治国理政的政治共识和行动自觉，是一项艰巨复杂的任务。只有坚持党的领导，依法治国才有根基，人民当家作主才能充分实现，政治生活和社会生活法治化才能有序推进。我国法治的社会主义性质，最鲜明地体现在以宪法为核心的中国特色社会主义法律体系之中，它既奠定了中国特色社会主义的法治根基，也确认了中国共产党的领导核心地位，集中反映了党的主张、人民意愿和国家意志的高度统一。这种高度统一决定了党要把依法治国基本方略同依法执政基本方式统一起来，把党总揽全局、协调各方同人大、政府、政协、审判机关、检察机关依法依章程履行职能、开展工作统一起来，把党领导人民制定和实施宪法法律同党坚持在宪法法律范围内活动统一起来，善于使党的主张通过法定程序成为国家意志，善于使党组织推荐的人选通过法定程序成为国家政权机关的领导人员，善于通过国家政权机关实施党对国家和社会的领导,善于运用民主集中制原则维护中央权威、维护全党全国团结统一。可以说,要实现全面推进依法治国的总目标,党的领导是推进法治新发展下必须坚持的首要原则。

(二) 夯实执政根基

党的十八大结束后不久,习近平总书记就强调,"新形势下,我们党要履行好执政兴国的重大职责,必须依据党章从严治党、依据宪法治国理政","注重改进党的领导方式和执政方式"。[①] 两年多来,随着社会主义法治国家建设的不断推进,许多体现法治精神的改革举措不断推出,一些不符合法治精神的旧政策规定被废止,各级政府依法执政、依法行政的意识不断加强,体现出我们党执政理念的新变化、执政水平的新提升、执政方式的新改进。国务院取消和下放 600 多项行政审批事项,防范冤假错案的制度规定不断出台,建立涉法涉诉信访依法终结制度,全国瞩目的"呼格吉勒图案"被纠正并启动国家赔偿……这些有力的法治举措,彰显的是我们党通过法律治国理政的清晰思路。"坚持依法治国、依法执政、依法行政共同推进,坚持法治国家、法治政府、法治社会一体建设",这两个"三位一体",不仅表明我们党对社会主义法治建设有了更加完整系统的规划,也说明我们对现代化历程中治国理政的规律有了更加准确的把握。同时,用法治推进党风廉政建设与反腐败斗争,也是夯实执政基础的法治新发展的体现。十八大以来,从依法严肃处理周永康、徐才厚、令计划、苏荣,到调查处置中管干部达 80 多人;从"老虎苍蝇一起打",到 2014 年 7 月底近 6.3 万名党政官员被查处;从党的群众路线教育实践活动,到活动成果的深化巩固和制度升华;从派出中央巡视组,到落实党风廉政建设党委主体责任制;从禁止大操大办,到狠抓大吃大喝……这些治贪惩腐、澄清吏治的新举措释放出明确信号:党纪面前人人平等,党内没有特殊党员;不存在制度"笼子"之外的权力,

---

[①] 习近平:《在首都各界纪念现行宪法公布施行 30 周年大会上的讲话》,《人民日报》2013 年 12 月 5 日,第 2 版。

不存在凌驾于党纪国法之上的特殊党员。官无大小，事无巨细，只要触犯党纪国法，就必须坚决惩处，决不手软。随着党规党纪的严格执行，必将逐步织密一张带电的"高压网"，扎紧制度的"笼子"，使党员干部心存戒尺、有所敬畏，坚守底线、不越红线。

（三）引领公平正义

习近平总书记曾意味深长地说："司法是维护社会公平正义的最后一道防线"，"如果司法这道防线缺乏公信力，社会公正就会受到普遍质疑，社会和谐稳定就难以保障"。[①] 司法公正与否，不仅影响人民群众对法治中国建设的信心、对党风政风的评判，更关系到依法治国总目标的实现。党的十八大以来，法治对公平正义的呵护与保障得到了极大发展，成为法治画卷上最亮丽的色彩。比如依法维权机制、化解纠纷机制、利益表达机制、协商沟通机制、救济救助机制建立健全，已经在实践中发挥着弥合社会分歧、消解社会矛盾、减少社会戾气、凝聚改革共识的巨大作用。实现社会公平正义，是我们党的一贯主张，也是坚持和发展中国特色社会主义事业的重大任务。随着社会主义民主政治的发展和依法治国方略的实施，人民群众的权利意识不断增强，对公平正义的追求更加强烈。如果执法不严、司法不公，甚至办关系案、人情案、金钱案，社会就会失去最起码的公平公正。法治是社会稳定的"压舱石"，也是人民维护合法权益的"重武器"。让每一个坏人受到惩罚，让每一个好人得到好处，让每一个案件都有一个公平合理的结果，是群众对司法公正的基本期待。使任何罪恶都无所遁形，使任何矛盾都能顺利化解，是推进依法治国应该孜孜以求的方向。《荀子·君道》曰："明分职，序事业，材技官能，莫不治理，则公道达而私门塞矣，公义明而私事息矣。"要实现国家治理的这一美好愿景，就必须铸牢公正这一法治的生命线，不断夯实国家治理现代化的社会基石，使公理和正义的光辉照耀建设法治中国的

[①] 习近平：《关于〈中共中央关于全面推进依法治国若干重大问题的决定〉的说明》，《人民日报》2014年10月29日，第2版。

征程。

(四) 树立法治信仰

党的十八届四中全会《决定》强调"法律的权威源自人民的内心拥护和真诚信仰",并提出坚持依法治国和以德治国相结合。小到遵守交规、文明过马路,大到依法执政、依宪治国,法律的权威,源自人民自觉自愿的拥护践行;法治的伟力,来自群众发自内心的真诚信仰。法律要充分发挥作用,离不开尊法、信法、守法、用法、护法的深厚土壤和良好氛围。如果一个国家没有法治信仰,一个社会缺乏法治精神,法治就会成为无本之木、无根之花、无源之水,法虽立而难行。从强调"党自身必须在宪法和法律范围内活动",到告诫"法律红线不能触碰、法律底线不能逾越";从反对"以权谋私、以权压法、徇私枉法",到要求"把法治建设成效作为衡量各级领导班子和领导干部工作实绩重要内容"……全面推进依法治国,不仅是国家治理领域的革命,也是触及党员干部灵魂的革命。在推进法治新发展中树立法治信仰,就必须使人民群众感受到法律的权威,体验到法治带来的好处。完善和健全公共法律服务、法律援助、司法救助,让老百姓打得起官司,让群众的合理诉求得到及时就地解决,全社会尊法学法守法用法必然渐成风尚;推进多层次、多领域依法治理,畅通群众权益保障法律渠道,建立健全人民群众依法维权、化解纠纷、利益表达等机制,使群众合法权益、人民生命财产安全得到切实维护和保障,增强全社会厉行法治的积极性和主动性,为法治信仰落地生根找到坚固支点;严格执法、公正司法,坚决破除各种潜规则,让违法者付出代价,杜绝法外开恩,对每一起司法个案都公正审理,使群众对法律的公正性、权威性深信不疑,使法治精神、法治意识、法治观念深入人心,让法治信仰成为推进经济社会发展的主流价值观。

(五) 建设法治文化

党的十八届四中全会《决定》明确指出,在全面推进依法治国的系统工程中,"必须弘扬社会主义法治精神,建设社会主义法治文化"。这深刻阐明了法治文化对于法治建设的重要作用,使建设法治文化成为依法治国的重要内容。法治文化是法治的灵魂和基石。但长期以来,由于受传统文化观念的影响,很多人对法治的认识比较模糊。有的人认为打官司是丢面子的事,遇到纠纷习惯于找门路、托关系,甚至宁肯吃哑巴亏,使自己的合法权益受到损害;有的人"信访不信法,信权不信法",凡事都要找政府、找领导,认为"黑头不如红头,红头不如笔头,笔头不如口头"。社会生活中的这些不信法、不尊法、不懂法、不守法现象,除了传递出必须推进依法执政、依法行政的强烈信号,也反映出建设法治文化的迫切需要。只有把建设社会主义法治文化置于法治建设全局的重要位置,持续发力,久久为功,才能让法治在人民心中生根,在社会运行中生效。要开展深入细致、富有成效的宣传教育。通过深入基层、走进社区等方式,深化和创新法治宣传,扩大和增进人民群众对法治的了解,进一步推动全社会树立法治意识,形成守法光荣、违法可耻的社会氛围。培养知法懂法守法的现代公民,建设社会主义法治文化,需要把法治教育纳入国民教育体系和精神文明创建内容,让法治进校园、进教材,将法治精神和道德建设结合起来,提高普法教育的有效性。要让法治与培育和践行社会主义核心价值观相辅相成。法治作为社会主义核心价值观的重要内容,能够起到凝聚正能量、校正价值观的作用。法治可以通过遏制人性之恶、张扬人性之善,达到规范社会秩序、维护和谐稳定的目的。法治本身就是一种规则治理体系,本质上是社会利益的调节器,不论人们的思想、理念、行为有多大差异,在法治社会中人的所有活动都必须在法治规则下进行。只有把依法治国从顶层设计里的"宏大叙事",日益变成贴近日常现实、润物无声的"排忧解难",才能用法治维护社会的稳定与和谐,才能使法治渗透进人们的生活。

参考文献

一 中文文献

（一）中文著作

《邓小平文选》第 2 卷，人民出版社，1994。
《戈尔巴乔夫言论选集》，人民出版社，1987。
《江泽民文选》第 2 卷，人民出版社，2006。
《梁启超论诸子百家》，商务印书馆，2012。
《列宁全集》第 12 卷，人民出版社，1987。
《列宁全集》第 28 卷，人民出版社，1956。
《列宁全集》第 36 卷，人民出版社，1985。
《列宁全集》第 41 卷，人民出版社，1986。
《列宁全集》第 43 卷，人民出版社，1987。
《列宁选集》第 3 卷，人民出版社，2012。
《列宁选集》第 4 卷，人民出版社，2012。
《列宁专题文集 论社会主义》，人民出版社，2009。
《马克思恩格斯全集》第 1 卷，人民出版社，1995。
《马克思恩格斯全集》第 20 卷，人民出版社，1971。
《马克思恩格斯文集》第 2 卷，人民出版社，2009。

《马克思恩格斯文集》第 4 卷，人民出版社，2009。

《马克思恩格斯文集》第 10 卷，人民出版社，2009。

《马克思恩格斯选集》第 1 卷，人民出版社，2012。

《马克思恩格斯选集》第 2 卷，人民出版社，2012。

《马克思恩格斯选集》第 3 卷，人民出版社，2012。

《马克思恩格斯选集》第 4 卷，人民出版社，2012。

《毛泽东选集》第 2 卷，人民出版社，1991。

《毛泽东选集》第 3 卷，人民出版社，1991。

《十四大以来重要文献选编》（中），人民出版社，1997。

《十五大以来重要文献选编》（上），人民出版社，2000。

《十六大以来重要文献选编》（上），中央文献出版社，2005。

《十七大以来重要文献选编》（上），中央文献出版社，2009。

《十八大报告辅导读本》，人民出版社，2012。

《斯大林文集》，人民出版社，1985。

《习近平总书记系列重要讲话读本》，学习出版社、人民出版社，2014。

《〈中共中央关于全面推进依法治国若干重大问题的决定〉辅导读本》，人民出版社，2014。

埃尔曼：《比较法律文化》，三联书店，1994。

埃尔曼：《比较法律文化》，贺卫方、高鸿钧译，清华大学出版社，2002。

伯尔曼：《法律与宗教》，梁治平译，生活·读书·新知三联书店，1991。

博登海默：《法理学法律哲学与法律方法》，邓正来译，中国政法大学出版社，1999。

程竹汝：《司法改革与政治发展》，中国社会科学出版社，2001。

戴维·M.沃克：《牛津法律大辞典》，光明日报出版社，1988。

董必武：《董必武政治法律文集》，法律出版社，1986。

付思明：《中国依法行政理论与实践》，中国检察出版社，2002。

高全喜、张伟、田飞龙：《现代中国的法治之路》，社会科学文献出版社，2012。

国防大学党史党建政工教研室编《"文化大革命"研究资料》上册，国防大学出版社，1988。

何勤华主编《现代西方的政党、民主与法治》，法律出版社，2010。

何增科等：《中国政治体制改革研究》，中央编译出版社，2004。

卡尔威因·帕尔德森：《美国宪法释义》，徐卫东、吴新平译，华夏出版社，1989。

卡罗尔·哈洛、理查德·罗林斯：《法律与行政》（上卷），杨伟东等译，商务印书馆，2004。

李培林等主编《2014年中国社会形势分析与预测》，社会科学文献出版社，2013。

李秋芳主编《反腐败思考与对策》，中国方正出版社，2005。

刘星：《法理学导论》，法律出版社，2005。

卢梭：《论人类的不平等的起源》，三联书店，1957。

卢梭：《社会契约论》，商务印书馆，1980。

孟德凯、高振强：《法治精神要论》，法律出版社，2013。

孟德斯鸠：《论法的精神》，张雁深译，商务印书馆，1963。

孟德斯鸠：《论法的精神》（上册），张雁深译，商务印书馆，1982。

尼·格·亚历山大洛夫：《苏维埃社会中的法制和法律关系》，宗生、孙国华译，中国人民大学出版社，1958。

沈家本：《法学盛衰说》，中华书局，1985。

沈宗灵主编《法理学研究》，上海人民出版社，1990。

苏力：《道路通向城市——转型中国的法治》，法律出版社，2004。

孙国华主编《社会主义法治论》，法律出版社，2002。

王斐弘：《治法与治道》，厦门大学出版社，2014。

王立峰：《法治中国》，人民出版社，2014。

王利明：《司法改革研究》，法律出版社，2000。

王云霞等：《外国法制史》，商务印书馆，2014。

威廉·韦德：《行政法》，徐炳等译，中国大百科全书出版社，1997。

武书臣等：《中国传统法律文化》，北京大学出版社，2007。

习近平：《在首都各界纪念现行宪法公布施行30周年大会上的讲话》，人民出版社，2012。

习近平：《在中央党校建校80周年庆祝大会暨2013年春新学期开学典礼上的讲话》，人民出版社，2013。

於兴中：《法治东西》，法律出版社，2015。

俞可平主编《西方政治学名著提要》，江西人民出版社，2000。

袁曙宏、宋功德：《统一公法学原论》，中国人民大学出版社，2005。

张恒山等：《法治与党的执政方式研究》，法律出版社，2004。

张晋藩：《中国法律的传统与近代转型》，法律出版社，1997。

张千帆：《宪政原理》，法律出版社，2011。

张文显：《二十世纪西方法哲学思潮研究》，法律出版社，1996。

张文显：《法理学》，高等教育出版社，2003。

张岩：《转型时期中国法治特点研究》，中国法制出版社，2014。

周振想、邵景春主编《新中国法制建设四十年要览（1949—1988）》，群众出版社，1990。

К.С.惠尔：《现代宪法》，翟小波译，法律出版社，2006。

Ю.Е.维诺库罗夫主编《检察监督》（第7版），刘向文译，中国检察出版社，2009。

（二）中文期刊

陈书笋：《行政执法绩效评估指标研究》，《社会科学》2014年第3期。

谌中乐、王敏：《行政程序法的功能及其制度》，《中外法学》1996年第6期。

戴治勇：《选择性执法》，《法学研究》2008年第4期。

杜睿哲、赵潇：《行政执法检察监督：理念、路径与规范》，《国家行政学院学报》2014年第2期。

韩雪：《新移民报告：他们为什么"逃离"祖国》，《中国民商》2014年第6期。

贺译葶：《新公共行政之于我国行政诉讼制度的挑战》，《成都行政学院学报》2013年第5期。

胡宝岭：《中国行政执法的被动性与功利性——行政执法信任危机根源及化解》，《行政法学研究》2014年第2期。

季卫东：《律师的重新定位与职业伦理》，《中国律师》2008年第1期。

蒋传光：《良法、执法与释法》，《东方法学》2011年第3期。

蒋立山：《为什么有法律却没有秩序——中国转型时期的社会秩序分析》，《法学杂志》2005年第4期。

黎军：《审判委员会改革的几个基本问题》，《法治论丛》2006年第3期。

李林：《社会主义法治文化概念的几个问题》，《北京联合大学学报》（人文社会科学版）2012年第2期。

林怀艺：《我国的政党立法问题探析》，《华侨大学学报》2004年第2期。

刘树桥：《当代中国法治文化建设的省思》，《广西社会科学》2013年第8期。

刘松山：《论立法中民主原则的落实》，《法商研究》1999年第6期。

刘用军：《经济发展模式与中国法治模式的建构》，《学习论坛》2013年第12期。

龙一平：《西方市民社会法治对架构我国法治之路的启示》，《法制与社会》2014年第4期。

卢群星：《隐性立法者：中国立法工作者的作用及其正当性难题》，《浙江大学学报》（人文社会科学版）2013年第2期。

陆益龙：《影响农民守法行为的因素分析——对两种范式的实证检验》，《中国人民大学学报》2005年第4期。

青峰：《行政处罚权的相对集中：现实的范围及追问》，《行政法学研究》2009年第2期。

沈瑞英：《法治理念：希腊城邦政治文化的精粹》，《上海大学学报》

（社会科学版）2003年第5期。

石佑启、韩永红：《论涉外法律人才培养：目标、路径和教学模式》，《教育法制》2012年第16期。

孙谦：《设置行政公诉的价值目标与制度构想》，《中国社会科学》2011年第1期。

孙笑侠：《法治国家及其政治构造》，《法学研究》1998年第1期。

万猛、李晓辉：《全球化背景下中国法律人才培养模式转型》，《中国大学教学》2010年第11期。

王青斌：《公共治理背景下的行政执法权配置——以控烟执法为例》，《当代法学》2014年第4期。

王寿林：《依法治国与党的领导断想》，《中国党政干部论坛》1999年第9期。

王寿林：《加强党的制度建设的几点思考》，《新视野》2009年第3期。

王寿林：《全面推进依法治国需要正确把握的若干范畴》，《观察与思考》2015年第1期。

王锡锌：《中国行政执法困境的个案解读》，《法学研究》2005年第3期。

王英津、刘海滨：《司法独立的由来及其在我国的实现》，《学术探索》2005年第2期。

习近平：《全面贯彻落实党的十八大精神要突出抓好六个方面工作》，《求是》2013年第1期。

习近平：《加快建设社会主义法治国家》，《求是》2015年第1期。

肖扬：《关于司法公正的理论与实践问题》，《法律适用》2004年第11期。

杨伟东：《推进法治中国建设》，《时事报告》2014年第6期。

姚莉：《法制现代化进程中的审判组织重构》，《法学研究》2004年第5期。

殷啸虎：《关于设立行政监督室以加强执法内部监督的思考与构想》，

《政法论丛》2011年第4期。

袁曙宏：《深化行政执法体制改革》，《行政管理改革》2004年第7期。

詹姆斯·L.吉布森、阿曼达·古斯：《新生的南非民主政体对法治的支持》，《国际社会科学杂志》（中文版）1998年第2期。

张晓燕：《我国权力制约与监督的五大难题》，《中国党政干部论坛》2004年第1期。

张泽想、赵娟：《"法治运动化"现象评析》，《南京社会科学》2000年第7期。

赵兴华：《立之以道富国强兵》，《解放军理论学习》2015年第2期。

周继东：《深化行政执法体制改革的几点思考》，《行政法学研究》2014年第1期。

（三）中文报纸

高尚全、陆琪：《依法治国与国家治理现代化》，《经济参考报》2014年10月17日，第A07版。

江必新：《怎样建设中国特色社会主义法治体系》，《光明日报》2014年11月1日，第1版。

马怀德：《解决执法不规范重在程序制度建设》，《学习时报》2012年1月5日，第5版。

王寿林：《科学配置权力是制度建设的核心》，《检察日报》2014年3月11日，第7版。

习近平：《在十八届中央政治局常委同中外记者见面时的讲话》，《人民日报》2012年11月16日，第4版。

习近平：《在首都各界纪念现行宪法公布施行30周年大会上的讲话》，《人民日报》2012年12月5日，第2版。

习近平：《顺应时代前进潮流，促进世界和平发展——在莫斯科国际关系学院的演讲》，《人民日报》2013年3月24日，第2版。

习近平：《在纪念毛泽东同志诞辰120周年座谈会上的讲话》，《人民日报》2013年12月27日，第2版。

习近平:《青年要自觉践行社会主义核心价值观——在北京大学师生座谈会上的讲话》,《人民日报》2014年5月5日,第2版。

习近平:《在纪念孔子诞辰2565周年国际学术研讨会暨国际儒学联合会第五届会员大会开幕会上的讲话》,《人民日报》2014年9月25日,第2版。

习近平:《关于〈中共中央关于全面推进依法治国若干重大问题的决定〉的说明》,《人民日报》2014年10月29日,第2版。

习近平:《在庆祝澳门回归祖国15周年大会暨澳门特别行政区第四届政府就职典礼上的讲话》,《人民日报》2014年12月21日,第2版。

习近平:《领导干部要做尊法守法学法用法的模范带动全党全国共同全面推进依法治国》,《人民日报》2015年2月3日,第1版。

习近平:《科学统筹突出重点对准焦距让人民对改革有更多获得感》,《人民日报》2015年2月28日,第1版。

袁曙宏:《奋力建设法治中国》,《法制日报》2013年3月26日,第7版。

周强:《积极推进社会主义法治国家建设》,《人民日报》2013年8月12日,第7版。

《中共中央关于全面推进依法治国若干重大问题的决定》,《人民日报》2014年10月29日,第1版。

《中共中央国务院印发〈关于加大改革创新力度加快农业现代化建设的若干意见〉》,《人民日报》2015年2月2日,第1版。

二 外文文献

Clinton Rossiter, "The American Consensus, 1765–1776", in *The Causes of the American Revolution*, edited and introduced by John C. WahIke, third edition, D. C. Heath and Company, 1973.

John M. Kelly, *A Short History of Western Legal Theory*, Oxford University Press, 1997.

K. C. Davis, *Discretionary Justice: A Preliminary Inquiry*, University of Illinois Press, 1971.

R. G. Gettell, *History of Political Thought*, Appleton-Century-Crofts, Inc., 1924.

后 记

党的十八届四中全会作出《中共中央关于全面推进依法治国若干重大问题的决定》，全面部署建设中国特色社会主义法治体系、建设社会主义法治国家，是以习近平同志为总书记的党中央协调推进"四个全面"战略布局的基础工程，开启了建设法治中国的新征程。

建设法治中国，确定了治国理政的基本方式和国家治理现代化的根本路径，是对人类政治文明成果的学习、借鉴和发展，推动着国家各个领域、社会各个层面的法治化进程，促进着公平正义在法治实践各个环节的贯彻落实，是国家治理领域一场广泛而深刻的革命，也是一个崭新的、重大的时代课题。

党的十八届四中全会后，国防大学、解放军报社、南京政治学院、西安政治学院、后勤学院、空军指挥学院、武警广州指挥学院等单位的部分军队理论工作者通力合作、集体攻关，撰写了《建设法治中国》一书。本书根据十八届四中全会精神，把历史与当代、中国与世界、理论与实际、思想与政策结合起来，对全面推进依法治国的主要问题作出了较为系统深入的阐述，为党员干部、部队官兵、高校学生、广大群众和理论工作者提供了一本关于建设法治中国的理论读物。

本书由颜晓峰任主编，王寿林、邓海英任副主编。各章作者及所在单位如下：第一章，颜晓峰（国防大学）；第二章，赵兴华（国防大学);第三章,巩秋仁(空军指挥学院);第四章,蔺春来(南京政治学院);第五章,邬沈青(南京政治学院);第六章,苏加毅(后勤学院);第七章、第十一章,王寿林(空军指挥学院);第八章,吕红波(西安政治学院);第九章,王梅(国防大学);第十章,傅达林(西安政治学院);第十二章,朱学萍(武警广州指挥学院);第十三章,邓海英(国防大学);第十四章,吴丹(武警广州指挥学院);第十五章,杨永利(国防大学);第十六章,黄昆仑(解放军报社)。主编、副主编负责全书总体设计和统稿。

  本书的撰写和出版,得到全国哲学社会科学规划办公室的帮助和支持,得到国防大学和其他单位有关部门领导的帮助和支持,得到社会科学文献出版社社会政法分社曹义恒总编辑的帮助和支持,刘荣副编审认真负责、精心编辑、反复校订书稿,在此一并表示衷心的感谢!

  本书不足之处,恳请各位读者批评指正。

颜晓峰
2015 年 3 月

图书在版编目(CIP)数据

建设法治中国 / 颜晓峰主编 . —北京:社会科学文献出版社,
2015.9
ISBN 978 - 7 - 5097 - 7630 - 8

Ⅰ.①建… Ⅱ.①颜… Ⅲ.①社会主义法制 - 建设 - 研究 -
中国 Ⅳ.①D920.0

中国版本图书馆 CIP 数据核字(2015)第 130866 号

建设法治中国

主　　编 / 颜晓峰

出 版 人 / 谢寿光
项目统筹 / 曹义恒
责任编辑 / 刘　荣

出　　版 / 社会科学文献出版社·社会政法分社(010)59367156
　　　　　地址:北京市北三环中路甲 29 号院华龙大厦　邮编:100029
　　　　　网址:www.ssap.com.cn
发　　行 / 市场营销中心(010)59367081　59367090
　　　　　读者服务中心(010)59367028
印　　装 / 三河市尚艺印装有限公司

规　　格 / 开　本:787mm × 1092mm　1/16
　　　　　印　张:20.75　字　数:307 千字
版　　次 / 2015 年 9 月第 1 版　2015 年 9 月第 1 次印刷
书　　号 / ISBN 978 - 7 - 5097 - 7630 - 8
定　　价 / 89.00 元

本书如有破损、缺页、装订错误,请与本社读者服务中心联系更换

▲ 版权所有 翻印必究